光华中国史学研究丛刊

华东师范大学历史学系　主编

田丰　著

"孝宣情结"
与东汉政治

上海古籍出版社

项目名称：华东师范大学历史学系优质研究生培养计划

项目编号：40600-30302-515100/006（子项目）

光华中国史学、世界史学研究丛刊缘起

学位论文是历史学研究生多年求学的成果，也是他们多年求学质量的检验，代表着一个历史学系的培养水准。

华东师范大学历史学系自1951年建系伊始就重视学位论文的撰写与相关各环节的把控，以此为抓手全方位提升研究生培养质量。为将此项工作深入推进，在2021年历史学系建系70周年之际，经过系学术委员会讨论，决定在每年的优秀学位论文（特别是硕士学位论文）中进一步遴选选题独到、问题意识明确、篇幅充盈的作品，给予资助，进入光华中国史学、世界史学研究丛刊。

此套丛书的设立意在展示华东师范大学历史学系研究生培养的成果；培育中国史、世界史两个一级学科的卓越后备人才；塑造不以量的发表为依归，而是要出精品力作，出传世作品的学术氛围。

我们要求入选的作品需要经过至少一年以上的继续打磨和持续修改，完成从学位论文到成熟书稿的跨越，以能经受住学界同行和社会读者的批评与考验。望丛书推出后，各界能不吝赐教，给予意见，让我们把这套丛书越办越好。

华东师范大学历史学系

2022年10月

目　　录

绪　　论

一、选题缘起、概念界定与研究意义

西汉宗室疏属刘秀以眇眇之胤，起白水之滨，凭刘氏旧泽，借群贤佐命，十余年间，翦灭群雄，再造大汉王朝。东汉这一由前朝宗室建立的国家，因其"中兴"性质，在政治上存在着向西汉盛世学习的风潮，其中又以汉宣帝所缔造的孝宣中兴最受时人瞩目。阎步克认为孝宣政治是一种理性行政传统，而东汉初年"经术"与"吏化"的兼用，是向汉宣帝所申明的"霸王道杂之"的政治路线的回归。[①]中川祐志就光武朝政治举措所提出的"光武的宣帝观"，则在前贤的基础上推进了相关研究。[②]学人对东汉初年政治走向的敏感及相关研究的深入，对本书的构思颇具启发意义。

而时彦对东汉中后期出现的社会改良风潮的关注，亦揭示出东汉政治的冰山一角。王彦辉关注东汉中后期产生的改良思潮及改良活

[①] 阎步克：《士大夫政治演生史稿》，北京：北京大学出版社，2015年，第368—369页。本书涉及学者较多，为行文简洁，概不称先生，请见谅。

[②] ［日］中川祐志：《光武帝の宣帝観》，《史学論叢》第42号，2012年3月。中川祐志在此基础上另有"光武的前汉皇帝观"一说，可视作对前说的补充，参见［日］中川祐志：《光武帝の宣帝観：補論》，《ゆけむり史学》第7号，2013年3月。

动,认为此具有广泛的社会性和较强的实践性。^①汪华龙在考察了"中兴"内涵于两汉时期的流变后,指出东汉和、安二帝以下,因政治衰败,"中兴"的内涵更为丰富,"'中兴'成为东汉士大夫迫切渴望政治改革与王朝善政的政治理想"^②,时人也常引"中兴"批评时政、规范帝王。在这一大背景下,孝宣政治似乎再次成为时人救世的寄托。如侯外庐指出:"汉末学者稍敢说话的人,多不侈谈三代,而以取法文宣为已足,左雄、王符、崔寔都是如此。"^③又川胜义雄根据左雄、崔寔的相关政论认为在东汉时期的知识阶层之间,似乎存在"文宣治世是值得学习的'君臣和睦,百姓康乐'的时代"^④这种共识。上述前贤时彦的研究,则使笔者对这一长久萦绕在东汉士人心间的,关乎"孝宣中兴"的情感有了进一步的思考。

诚然,东汉帝国对孝宣故政的游移夹杂着士人对前汉政治的复杂情感。对于这一政治与政治思想相互关联交叉的部分,学者历来倾向于使用现代政治学中的政治文化概念,如美国政治学家阿尔蒙德(G. A. Almond)对此有着经典的定义:"政治文化是一个民族在特定时期流行的一套政治态度、信仰和情感。这个政治文化是由本民族的历史和现在社会、经济、政治活动的进程所形成的。人们在过去的经历中形成的态度类型对未来的政治行为有着重要的强制作用。政治文化影响各个担任政治角色者的行为、他们的政治要求内容和对法律的反应。"^⑤中国史学界引入这一概念后,在实践中生成了自己的解释,如邓小南指出:"作为政治体系观念形态的政治文化,反映着

① 王彦辉:《东汉中后期改良思潮及改良活动浅议》,《东北师大学报》1992年第2期。
② 汪华龙:《"中兴"说的缘起与东汉士大夫的"中兴"理想》,《南都学坛》2012年第5期。
③ 侯外庐等:《中国思想通史》(第二卷),北京:人民出版社,2011年,第378页。
④ [日]川胜义雄著,李济沧、徐谷芃译:《六朝贵族制社会研究》,上海:上海古籍出版社,2018年,第36页。
⑤ [美]加布里埃尔·A·阿尔蒙德、小G·宾厄姆·鲍威尔著,曹沛霖等译:《比较政治学:体系、过程和政策》,上海:上海译文出版社,1987年,第29页。

长期历史过程中形成的比较稳定的政治倾向和心理。"①陈苏镇则结合国内外学者如S·韦伯、高毅、阎步克等人的观点后认为:"政治文化就是一个民族在特定时期和特定环境中形成的群体政治心态。这种心态构成政治生活的软环境,对人们的政治行为有制约作用,与政治演进、制度变迁等现象存在互动关系。"②近来青年学者如方诚峰、仇鹿鸣对此也有自己的阐释和总结。③

关于本书所涉及的政治文化,一定程度上与中川氏之"宣帝观"重合,笔者对此提法并无异议,但考虑到两汉之间的密切联系,更愿称其为"孝宣情结",即指东汉士人对汉宣帝、宣帝朝辅臣及其所共同构成之政治的认同感与归属感。④这一从属于政治文化范畴的群

---

① 邓小南:《祖宗之法:北宋前期政治述略》(修订版),北京:生活·读书·新知三联书店,2014年,第14页。
② 陈苏镇:《〈春秋〉与"汉道":两汉政治与政治文化研究》引言,北京:中华书局,2020年,第6页。
③ 方诚峰:《北宋晚期的政治体制与政治文化》前言,北京:北京大学出版社,2015年,第2—3页;仇鹿鸣:《事件、过程与政治文化——近年来中古政治史研究的评述与思考》,《学术月刊》2019年第10期。
④ 现代意义上的情结(complex)一词是由德国人泰奥多尔·齐亨(Theodor Ziehen)于1898年所创,由心理学家荣格在与弗洛伊德合作时期发扬光大,逐渐成为精神分析学派的一个主要概念。在心理学中,学者多强调情结的无意识性。在当今学界,"情结"一词,在心理学领域外的人文学科被较为广泛地使用,在文学界比较普遍,在史学界亦非罕事,如曲柄睿《东汉皇室的史学情结》(《学习时报》2017年9月11日,第7版)、牟发松《论隋炀帝的南方文化情结——兼与唐太宗作比》(《文史哲》2018年第4期)、王子今《〈论衡〉的海洋论议与王充的海洋情结》(《武汉大学学报》2019年第5期)等文。在人文学科学者较为普遍地使用"情结"一词的过程中,该词被规约出不同于心理学领域旧有词义的新意义。在学者的论文中,"情结"表达的是一种受诸如生活环境、文化传统等外界因素长期影响而逐渐形成的感情。在《现代汉语词典》中,"情结"意为心中的感情纠葛与深藏心底的感情(详见中国社会科学院语言研究所词典编辑室编:《现代汉语词典》[第7版],北京:商务印书馆,2016年,第1068页)。笔者亦借用这一概念来展开全文,在本书的语境中,笔者将东汉士人对汉宣帝、宣帝朝辅臣及其所共同构成之政治的认同感、归属感称为"孝宣情结"。通过研究可以发现,这种流行于东汉的,士人群体对国家政治的精神寄托,不仅反映在章奏、政论性文章、文学作品之中,亦渗透到国家的实际政治运作层面。

体政治心态放在更长的时间段来看,贯穿了东汉一朝,不仅是东汉前期士人在国家政治建设中兼杂王霸、积极推行孝宣故政的指导思想,亦是东汉中后期一些士人在国家偏离这一轨道后欲复行孝宣之政以挽救国家危亡的精神动力,更是东汉末年另一些士人最终三分东汉天下的行动指南。

在展开论述前,首先需要界定本书所谓"士人"的涵义与范围。自春秋至东汉数百年间,是士人阶层形成、发展和壮大的重要时期。西周封建体制中的低级贵族"士"的概念在漫长的历史进程中逐渐发生了变化。至汉代,士人进入国家行政系统,渐趋士大夫化。于迎春认为:"'士'在汉代的士大夫化,相当程度上就是被体制化(institutionalized)。……士大夫一词意味着,被体制化了的士人显现出较为清晰统一的整体面貌,国家行政官僚几乎就是他们的组织形式……"[1]东汉上下两级的行政官吏是本书的重点关注对象。不过,进入体制的士大夫仅是本书所要讨论对象的一个面相,此外另有处士与皇帝,皆不在其中,故用士大夫一词实难覆盖,而更具包容性,多用以形容古代知识分子的士人则更为贴切。

士人拥有多面角色。于迎春指出:"士人的身份缺乏鲜明、固定的外在标志,国家行政官员、知识和道德的教育者、文化的创造者,这些角色不仅分别,而且往往同时在他们身上存在着。"[2]需要指出的是,虽然皇帝与士人似乎存在本质的区别,古今学人在探讨皇帝士人化倾向时亦鲜有将东汉皇帝纳入其讨论范围之中的。如孙正军认为士人皇帝的制造进程主要发生在皇权相对薄弱的六朝时代,且更多

---

[1] 于迎春:《秦汉士史》引言,北京:北京大学出版社,2000年,第2页。
[2] 于迎春:《秦汉士史》引言,第2页。

地仅是对士人舆服的模仿。①但如汉末魏王曹丕谦让帝位时曾云："丹石微物，尚保斯质，况吾托士人之末列，曾受教于君子哉？"②又晋武帝司马炎为其父司马昭服丧过礼，群臣劝谏，司马炎下诏答复群臣语云："吾本诸生家，传礼来久，何心一旦便易此情于所天！"③魏王曹丕自觉忝列士林，晋武帝司马炎亦以诸生自诩，由是观之，在彼时诸侯王乃至皇帝的自我认知中，士人与之并非泾渭分明。东汉皇帝具有良好的儒学修养，士人色彩在前期诸帝身上表现得尤其明显，加之他们对国家政治所产生的实际影响，因此笔者在考虑时也将东汉皇帝归入"士人"之列。④

在既往的秦汉史研究中，东汉史研究颇为薄弱。就东汉史研究本身而言，东汉一代所存在的特有的政治文化亦没有得到普遍关注。传统的思想史视阈下，学者们或思考经学对东汉政治的影响，或梳理

---

① 孙正军：《制造士人皇帝——牛车、白纱帽与进贤冠》，游自勇执行主编：《切偲集：首都师范大学历史学院史学沙龙论文集（第一辑）》，上海：上海古籍出版社，2016年，第126—155页；孙正军：《皇帝还是士人？》，《文汇报》2015年7月3日，第12版。

② ［晋］陈寿：《三国志》卷二《文帝纪》，北京：中华书局，1982年，第67页。

③ ［唐］房玄龄等：《晋书》卷二〇《礼志中》，北京：中华书局，1974年，第614页。

④ 由相关史籍可知，东汉皇帝大多自幼便熟读经传，崇尚儒道。清人王夫之称光武为千年来起于学士大夫、习经术、终陟大位者之一。此言不虚，刘秀少时游学长安，师从中大夫庐江许子威习《尚书》，略通大义。明帝通《春秋》《尚书》，且为四姓小侯开立学校。章帝好儒术，又亲自主持白虎观会议。和帝少时"初治尚书，遂兼览书传，好古乐道，无所不照"。安帝"年十岁，善史书，喜经籍，和帝甚喜重焉，号曰'诸生'"。学者亦不将"士"视为一个固定的身份，如余英时把"士"看作中国文化传统中的一个相对的"未定项"。在余先生看来，这一"未定项"承认"士"有社会属性，但并非完全由社会属性决定而绝对不能超越存在（详见余英时：《士与中国文化》，上海：上海人民出版社，2003年）。于迎春对东汉皇帝的士人色彩尤其关注，认为光武接受士大夫的基本文化学养并身体力行，还自觉地站在学术拯救者、弘扬者的立场之上，描述汉明帝积极地投入纯粹的儒学活动中，还时常满腔热情地以儒士学人自视，在明帝尊师中，更认为他像一位发迹显赫而又时刻不忘师恩的士大夫（详见于迎春：《秦汉士史》，北京：北京大学出版社，2000年）。如此，东汉历代皇帝对儒术的尊崇以及自身的亲身实践符合本书强调的意为古代知识分子的士人身份范畴。

各时段东汉士人对汉政的认识,在叙事上则偏重于宏大叙事,忽视了东汉政治文化的独特性和持续性。政治文化与东汉政治的互动也值得关注,东汉政治的变化发展问题始终是历代史家展开东汉史研究的核心,而以政治文化视角来重新探讨东汉政治尚有可以研究的空间。故笔者对东汉特有的政治文化变化发展的探讨,以及对东汉政治演进的重新思考,都试图在学界传统的基础上有所推进。本书以两汉为时间断限,主要集中于东汉一朝。而在相关问题上,于前试图进一步深入考察西汉的情况,以寻找两汉间的联系;于后则稍探三国初年史事,以求完备。笔者尝试以重新界定的东汉士人的"孝宣情结"为中心线索,运用政治史与思想史相结合的研究方法,在书写东汉士人之"孝宣情结"的变化发展过程的同时,亦思考东汉的政治演进问题,希望能为此问题提出新的思路和见解。

二、学术史回顾与反思

(一)关于孝宣政治的相关研究

东汉士人对汉宣帝及其政治的认同缘于宣帝中兴汉朝之功,诸如王充、班固、荀悦等均作文盛赞孝宣中兴。王充称颂宣帝德过周王,其文云:"汉之高祖、光武,周之文、武也。文帝、武帝、宣帝、孝明、今上(章帝),过周之成、康、宣王。"①班固则认为宣帝中兴继往开来,可媲美三代圣王,其赞曰:"孝宣之治,信赏必罚,综核名实,政事文学法理之士咸精其能,至于技巧工匠器械,自元、成间鲜能及之,亦足以知吏称其职,民安其业也。遭值匈奴乖乱,推亡固存,信威北夷,单于慕义,稽首称藩。功光祖宗,业垂后嗣,可谓中兴,侔德殷宗、周宣

---

① 黄晖:《论衡校释(附刘盼遂集解)》卷一九《宣汉》,北京:中华书局,2017年,第957页。

矣。"①荀悦亦称宣帝"功光前世，号为中宗"②。不独东汉士人，其后诸如司马光、叶适、洪迈、王夫之、赵翼等均就孝宣政治抒发己见，颇有见地。③笔者以为，治平四年（1067）十月九日宋神宗赵顼为《资治通鉴》作序时所书之赞语可目为古人对汉宣帝及其政治的经典评价，其文云："荀卿有言：'欲观圣人之迹，则于其粲然者矣，后王是也。'若夫汉之文、宣，唐之太宗，孔子所谓'吾无间焉'者。"④

　　近代以来，诸多学人致力于中国通史或秦汉断代史的研究，对孝宣政治的相关问题均有涉及，其中中国通史的代表性著作如钱穆的《国史大纲》，日本学者西嶋定生的《秦汉帝国》，西方学者联合撰写的《剑桥中国秦汉史》《早期中华帝国：秦与汉》等，以及钱穆、翦伯赞、劳榦、吕思勉、林剑鸣等诸位学人分别完成的《秦汉史》，显然为今日的汉宣帝研究提供了全景式的认识。⑤基于此，下文将以问题为导向，对相关研究进行宏观回顾，而某些与正文直接相关的研究成果及观点，将随文注出，此不多言。囿于学识，笔者所见目前学界关于

---

① ［汉］班固：《汉书》卷八《宣帝纪》，北京：中华书局，1962年，第275页。
② ［东汉］荀悦撰，张烈点校：《汉纪》卷二三《孝元皇帝纪下》，北京：中华书局，2017年，第407页。
③ 可详参［宋］司马光编著：《资治通鉴》，北京：中华书局，2011年；［宋］叶适：《习学记言序目》，北京：中华书局，1977年；［宋］洪迈撰，孔凡礼点校：《容斋随笔》，北京：中华书局，2005年；［清］王夫之著，舒士彦点校：《读通鉴论》，北京：中华书局，2013年；［清］赵翼著，王树民校证：《廿二史劄记校证》，北京：中华书局，2013年。
④ ［宋］赵顼：《资治通鉴序》，司马光编著：《资治通鉴》，第32页。
⑤ 可参见钱穆：《国史大纲》，北京：商务印书馆，2010年；［日］西嶋定生著，顾姗姗译：《秦汉帝国：中国古代帝国之兴亡》，北京：社会科学文献出版社，2017年；［英］崔瑞德、［英］鲁惟一编，杨品泉等译：《剑桥中国秦汉史》，北京：中国社会科学出版社，1992年；［美］陆威仪著，王兴亮译：《早期中华帝国：秦与汉》，北京：中信出版社，2016年；钱穆：《秦汉史》，北京：生活·读书·新知三联书店，2018年；翦伯赞：《秦汉史》，北京：北京大学出版社，1999年；劳榦：《秦汉史》，台北：中国文化大学出版部，1980年；吕思勉：《秦汉史》，上海：上海古籍出版社，2005年；林剑鸣：《秦汉史》，上海：上海人民出版社，2003年。

汉宣帝与本书关联的研究主要集中于以下几个方面:

1. 关于汉宣帝中兴的研究。这一研究多依托传世文献,以宏观视角全面考察汉宣帝中兴汉朝的各项政策。如周九香从政治、经济、文化、社会等角度讨论了汉宣帝中兴汉朝的史事。[①]罗庆康分析了宣帝即位后汉朝的内外政治局势,宣帝的相关政策举措以及其之所以能中兴汉朝的原因。[②]谢道光则试图全面地研究汉宣帝及其臣僚,以求重新客观地认识汉宣帝的历史功过,并探究孝宣之政与西汉灭亡的深层联系。[③]近年来,学者们或借助跨学科背景,或提出不同观点,从多方视角来考察汉宣帝中兴史事,如王文涛引入近代社会科学概念,从社会救助视角来探讨宣帝中兴,意在褒扬其中兴之功,丰富了学界对汉宣帝中兴和社会救助史关系的认识。[④]亦有学者对汉宣帝中兴持怀疑态度,南宋张栻所谓"西京之亡,自宣帝始"[⑤]和明人方孝孺所谓"夫宣帝汉室基乱之主"[⑥]的认识为部分学者所认同,如丁光勋、李峰的研究先后发展了这一认识,可备一说。[⑦]

2. 有学者以宏观视角观察孝宣中兴,亦有学者聚焦于汉宣帝的某项或某一方面的具体政策,并以此为切入点,试图通过微观视角,

---

① 周九香:《论汉宣帝》,中国秦汉史研究会编:《秦汉史论丛》第三辑,西安:陕西人民出版社,1986年,第266—285页。

② 罗庆康:《汉宣帝中兴管窥》,《求索》1987年第1期。

③ 谢道光:《汉宣中兴研究》,西北师范大学硕士学位论文,2009年。

④ 王文涛:《社会救助视角下的汉宣帝中兴》,《苏州大学学报》2017年第2期。

⑤ [南宋]张栻著,邓洪波校补:《南轩先生文集》卷一六《史论》,长沙:湖南大学出版社,2015年,第595页。

⑥ [明]方孝孺著,徐光大校点:《逊志斋集》卷五《杂著》,宁波:宁波出版社,2000年,第143页。

⑦ 丁光勋:《论西汉经济之溃决——"汉室基祸之始"不自元帝》,《历史与档案》,上海:上海三联书店,2005年,第34—60页;李峰:《宣帝弊政及对西汉后期政局的影响》,《北方论丛》2012年第1期。

以小见大,考察宣帝中兴史事。宣帝朝循吏频出,《汉书·循吏传》详载六位循吏事迹,其中五人显于宣帝朝。班固赞曰:"是故汉世良吏,于是为盛,称中兴焉。"①因此学者围绕宣帝朝的吏治建设,就其产生原因、具体措施、特点及影响等展开探讨。如郑铁巨全面分析了汉宣帝整顿吏治的措施、表现和原因,对汉宣帝中兴有清醒的认识。②杨静婉认为"宣帝中兴"正是得益于其大刀阔斧的吏治整顿。惩前世之失,安定民心;削弱权臣势力,巩固汉代万世之业;推行休养生息政策,发展经济是其整顿的原因。整顿的主要内容和目的是以选拔培养良二千石为重点带动县及中央吏治的整顿,维护封建统治的长治久安。汉宣帝大力整顿吏治,因而成就中兴大业。③雷戈则引入吏治生态概念,以此来观察和描述皇权官僚制在西汉中后期的变化,其中言及宣帝朝吏治史事,令人耳目一新。④汉宣帝吏治建设中非常重要的一项举措就是普增吏俸。关于宣帝朝加俸史事,《汉书》明文可查,但唐人杜佑《通典》录有东汉应劭的不同说法,史家对这一问题颇感兴趣,如陈梦家、陈直、黄惠贤、陈锋、杨际平等多位学者先后整合传世文献和出土文献,探究讨论汉宣帝加俸史事。⑤不过囿于史料,这一问题尚无定论,但由此引出的政治问题,应还有进一步思考的空间。

3."霸王道杂之"。宣帝明言汉家以"霸王道杂之"治国,这一异于三代、嬴秦的独特政治文化模式受到了古今学者的持续关注。所

① 《汉书》卷八九《循吏传》,第3624页。
② 郑铁巨:《试论西汉宣帝时期的吏治》,《中南民族学院学报》1987年第3期。
③ 杨静婉:《浅谈汉宣帝的吏治整顿》,《湘潭大学学报》1997年第5期。
④ 雷戈:《三吏分治:西汉中后期吏治生态研究》,《史学月刊》2013年第9期。
⑤ 可详参陈梦家《汉简缀述》,北京:中华书局,2004年;陈直:《居延汉简研究》,北京:中华书局,2009年;黄惠贤、陈锋:《中国俸禄制度史》(修订版),武汉:武汉大学出版社,2012年;杨际平:《中国财政通史·秦汉财政史》,长沙:湖南人民出版社,2015年。

谓"霸王道杂之",拆解开来便是中国传统治术的两端——王道和霸道,王道崇儒,霸道尚刑,正是儒法两家的不同诉求,故汉家"霸王道杂之"的政治文化模式在思想层面上可视为儒法间的互动,需置于两汉社会思想变动的大背景中考查。作为其时儒法思想载体的儒生和文吏的互动亦颇受学者关注。①

儒法的合流最早可追溯到荀子。汉家自始便以霸王道治国,如高祖刘邦十一年二月诏书中有并举周文王与齐桓公为典范之语,实已表明了汉家兼综王霸的内核。②武帝时的外儒内法,宣帝时的汉家制度,元帝以降王道的复兴乃至王莽的篡立,足见西汉兴衰与王霸分合息息相关,唐人令狐德棻总结前代王霸二道的浮沉云:"自三王以上,皆行王道;唯秦任霸术,汉则杂而行之;魏、晋已下,王、霸俱失。"③如阎步克所言,帝国政治形态在总体上是所谓"霸王道杂之"。④时至东汉,儒法的融合逐渐深化。桓谭即认为王霸乃一体两面,其《新论》云:"唯王霸二盛之美,以定古今之理焉。夫王道之治,先除人害,而足其衣食,然后教以礼仪,而威以刑诛,使知好恶去就,是故大化四凑,天下安乐,此王者之术。霸功之大者,尊君卑臣,权统由一,政不二门,赏罚必信,法令著明,百官修理,威令必行,此霸者之

---

① 需要说明的是,汉人所谓的王霸与先秦学说有别。田余庆认为:"王道霸道之说,在汉人观念中主要指用法的宽严,施政的缓急,赋敛的轻重而言,而不是先秦学说中严格意义的王道和霸道。"田余庆:《论轮台诏》,《秦汉魏晋史探微》(重订本),北京:中华书局,2011年,第61页。而西汉的政治思想先后有法道儒三家,如阎步克所言,想要将秦汉时的法道儒三家完全剥离开来并不现实,阎先生认为:"相对地说来,儒术看来具有最为浓厚的意识形态性质,道术显现了更多一些的政治哲学色彩,法家则主要地是一种专制官僚政治行政理论。"阎步克:《士大夫政治演生史稿》,第238页。故本书采信田、阎二位先生之说。
② 《汉书》卷一下《高帝纪下》,第71页。
③ [后晋]刘昫等:《旧唐书》卷七三《令狐德棻传》,北京:中华书局,1975年,第2598页。
④ 阎步克:《士大夫政治演生史稿》,第319页。

术。王道纯粹，其德如彼；伯道驳杂，其功如此。俱有天下，而君万民，垂统子孙，其实一也。"[1] 又王充撰《论衡》，中有《程材》《量知》《谢短》《效力》等篇论及彼时文吏与儒生，可见期间二者虽存争端，却有合流的迹象，如《程材》云："聪慧捷疾者，随时变化，学知吏事，则踵文吏之后，未得良善之名。……是以世俗学问者，不肯竟经明学，深知古今，急欲成一家章句。义理略具，同趋学史书，读律讽令，治作请奏，习对向，滑习跪拜，家成室就，召署辄能。"[2] 宋人刘敞有云："夫东西汉之时，贤士长者未尝不仕郡县也。自曹掾、书史、驭吏、亭长、门干、街卒、游徼、啬夫，尽儒生学士为之。"[3] 此时儒法虽较西汉时融合得更为自然，却因东汉政治屡遭变动而难行于世。建安以后，汉失国柄，三国创业君臣复行霸王道，最终三分天下，导致东汉灭亡。东汉士人的"孝宣情结"在很大程度上可目为其人对前汉"霸王道杂之"的追慕。这驱使着他们试图重建与维持孝宣故政，这将是本书的主要线索。

近代以来，前贤时彦围绕"霸王道杂之"，或上溯三代，或放眼西汉、秦汉乃至更长的时段，探究其学术思想渊源。安作璋、刘德增全面地考察了"霸王道杂之"的渊源、具体表现、影响及意义。[4] 陈苏镇以两汉为时间断限来考察《春秋》三传的内在演进及其与两汉政治的互动，以《春秋》学说的角度分析"霸王道杂之"的汉家制度，创见

---

[1] ［汉］桓谭撰，朱谦之校辑：《新辑本桓谭新论》卷二《王霸》，北京：中华书局，2009年，第3—4页。

[2] 黄晖：《论衡校释（附刘盼遂集解）》卷一二《程材》，第626—628页。

[3] ［宋］刘敞：《彭城集》卷三四《送焦千之序》，［清］纪昀等总纂：《景印文渊阁四库全书》第1096册，台北：台湾商务印书馆，1986年，第334a页。刘敞之说当指东汉情况，儒生与文吏的合流使得儒生吏化为士大夫，构成了维系东汉政治的基本因素，而这一现象在西汉并不明显。

[4] 安作璋、刘德增：《论"汉家制度"》，《秦汉史论丛》第九辑，西安：三秦出版社，2004年，第13—27页。

良多。①吴涛细究《穀梁传》的思想内核,则认为其"尊尊""亲亲"之道与宣帝"霸王道杂之"的施政风格相合,故为宣帝所重。②杨生民立足于西汉,探讨"霸王道杂之"与"纯任德教"两种思想之争。③韩星则在"霸王道杂之"这一大框架下探讨秦汉政治文化模式的流变,认为所谓"霸王道杂之"的汉家制度,也就是在王道霸道结合的同时杂取其他学派的政治思想来治理国家。④曹胜高的认识与韩星类同,他认为汉人眼中的"霸王道杂之",不是王道和霸道的并用,而是一套兼容诸多学说的"霸王之道"。⑤孙志超从"王霸"观念和霸王道政治的变化发展两个方面去考察先秦秦汉时期"王—霸"观念的演变。⑥

一些学者则讨论"霸王道杂之"在政治实践中的具体表现,评价其历史影响与现实意义。如余英时在阐释汉代循吏在文化传播中所发挥的作用时认为汉廷大体上巧妙地运用了代表儒家德治的循吏和代表法家刑政的酷吏这两种相反相成的力量,逐步建立了一个统一的政治秩序。⑦杨民则以西汉蜀郡太守文翁为例,探讨"霸王道杂之"的政治运作模式对于国家统一和思想控制的作用和意义。⑧屈

---

① 陈苏镇:《〈春秋〉与"汉道":两汉政治与政治文化研究》,北京:中华书局,2020年。
② 吴涛:《"霸王道杂之"与汉宣帝时期〈穀梁传〉的上升》,上海社会科学院《传统中国研究集刊》编辑委员会编:《传统中国研究集刊》第9、10辑,上海:上海人民出版社,2012年,第210—221页。
③ 杨生民:《汉宣帝时"霸王道杂之"与"纯任德教"之争考论》,《文史哲》2004年第6期。
④ 韩星:《"霸王道杂之":秦汉政治文化模式考论》,《哲学研究》2009年第2期。
⑤ 曹胜高:《"霸王道"的学理形成与学说调适》,《中原文化研究》2014年第5期。
⑥ 孙志超:《先秦秦汉时期"王—霸"观念的演变》,华东师范大学硕士学位论文,2014年。
⑦ 余英时:《汉代循吏与文化传播》,《士与中国文化》,第117—189页。
⑧ 杨民:《外籍蜀官与"霸王道杂之"的"汉家制度"》,《四川师范大学学报》2007年第2期。

涛从吏治的视角重新审视"霸王道杂之",他认为宣帝时所谓"霸王道杂用之"并非是儒、法融合的体现,而只是各用其所长,是近于机械式的并用。[①]沈星棣则另辟蹊径,从管理学的视角分析"霸王道杂之",颇有新意。[②]关于这一问题的经典之作当推阎步克的《士大夫政治演生史稿》。阎先生以政治文化的视角重新审视了自周至汉的政治文化演进过程,学士和文吏这两个群体的分合关系构成了贯穿这一过程的主线,儒法两家、王霸二道、礼治与法治、儒生与文吏的矛盾演进包含其中。这一复杂变迁过程的结局经过"礼法"与"法治"的对立与渗透而演生出了一种独特的政治文化模式——士大夫政治。以上研究使笔者对王霸二道在两汉间的浮沉有了更为清晰的认识。此外关于汉宣帝的研究还包括刘询及相关利益集团在其即位前后与刘贺、霍光在内的其他势力的政治博弈,亦不乏精彩论述,值得关注。[③]

---

① 屈涛:《汉宣帝时期吏治考——"霸王道杂之"再认识》,《文教资料》2011年第6期。
② 沈星棣:《"霸王道杂之"的宏观管理思想——先秦秦汉时期治道的理论与实践》,《江西社会科学》1994年第12期。
③ 宣帝朝前后的政治斗争是汉宣帝研究的重点之一。宣帝起自民间,最终登上帝位,是多方政治势力角力的结果,因此学者对此颇为关注。这一问题要放到武帝末年政治斗争的延长线上考虑,如张小锋(《西汉中后期政局演变探微》,天津:天津古籍出版社,2007年)、李峰(《政治博弈视域下汉宣帝微时史事辨析》,《贵州社会科学》2015年第10期)对此多有研究。一些学者根据出土文献如《甘露二年丞相御史书》对宣帝时期的政局做了相应的探究,如裘锡圭(《关于新出甘露二年御史书》,《考古与文物》1981年第1期)、朱绍侯(《对〈居延简册《甘露二年丞相御史律令》〉考述〉的商榷》,《河南师大学报》1982年第4期)、邬文玲(《〈甘露二年御史书〉校读》,徐世虹主编,中国政法大学法律古籍整理研究所编:《中国古代法律文献研究》第5辑,北京:社会科学文献出版社,2012年,第46—60页)等诸位学者皆以此为核心作文,钩沉出一桩可追溯至武帝朝的政治斗争史事。自2011年江西南昌海昏侯刘贺墓的相关文物陆续出土以来,围绕刘贺而展开的相关研究也层出不穷。刘贺的特殊身份使得他与宣帝的关系十分微妙,出土文献和相关器物的发现有助于推进这一原本仅凭传世文献展开的研究,如王刚《身体与政治:南昌海昏侯墓器物所见刘贺废立及命运问题蠡测》(《史林》2016年第4期)、黄今言《从海昏侯墓出土奏牍看刘贺的举动与失落》(转下页)

（二）关于东汉士人与孝宣政治的相关研究

士人自诞生之日起即与政治密切相关,兼综儒法的东汉士人更是东汉政治中的活跃因素。本书在传统学界原有的基础上进一步扩大了士人的范围,但也只是将东汉皇帝考虑在内,因此传统学界对于士人的研究仍具有极高的参考价值。依笔者陋见,与本书相关的东汉士人与孝宣政治研究主要有以下三类:

1. 东汉士人的"孝宣情结"。如前所述,阎步克、川胜义雄均已认识到东汉时人对孝宣政治的认同,却都没有专文展开。关于东汉士人的"孝宣情结",抑或东汉士人追慕前汉政治的专门研究,国内学界相关论著所见不多,而日本学者中川祐志的《光武帝の宣帝観》及其《補論》二文则很好地弥补了这一缺憾。[①]

中川氏从光武帝为强调自身的正统性而把宣帝推崇到中兴之位的观点出发,对宣帝的中兴形象进行了探讨,从建武十九年光武帝的宗庙改革入手讨论光武帝的宣帝观,其所构建的"宣帝=中兴之主=明君=光武"的等式表明了光武在儒家思想和谶纬之说的基础上,通过推崇宣帝来彰显自己复兴后汉的功绩,宣扬继承前汉统治的合法性。[②]中川氏之后的《補論》在继续深化前作所谓光武之宣帝观

（接上页）（《史学集刊》2018年第5期）两文皆是这一研究的突出成果。此外,汉宣帝与霍光的关系颇受史家关注,如宋超（《"霍氏之祸,萌于骖乘"发微:宣帝与霍氏家族关系探讨》,《史学月刊》2000年第5期)、李峰（《汉宣帝与霍光的权力博弈探析》,《历史教学》[下半月刊]2015年第6期)、侯旭东（《宠:信—任型君臣关系与西汉历史的展开》,北京:北京师范大学出版社,2018年)、侯婕（《昌邑王刘贺废立史实考——兼论霍光的真实形象》,中国历史文献研究会编:《历史文献研究》[总第41辑],扬州:广陵书社,2018年,第65—84页)、辛德勇（《海昏侯刘贺》,北京:生活·读书·新知三联书店,2019年)等诸位学者的研究均涉及汉宣帝与霍光及霍氏家族的关系,可备一说。

① 由于本书对士人的范围界定是包括处士、官僚乃至东汉皇帝在内的古代知识分子,因此中川氏的研究适用于本书的场域。
② ［日］中川祐志:《光武帝の宣帝観》,《史学論叢》第42号,2012年3月。

研究的同时，将这一思路扩大到光武对前汉皇帝，尤其是文、宣二帝
的推崇上，发展成光武的前汉皇帝观，通过分析光武帝诸如减免田
租、恢复五铢钱、重建二十等爵制、上泰山封禅、改革陵寝制度等具体
政策来说明光武对前汉皇帝良政的推崇。[①]此文的展开，仍以光武帝
的宣帝观为核心，其所提出的，光武帝以宣帝的政治思想为范本来治
理朝政的观点无出阎步克之右。

　　中川氏聚焦于光武帝，而将视阈放大，东汉除光武帝以外的士人
似乎也存在这样的观念，尤其是对宣帝所奉行之"信赏必罚，综核名
实"的相关举措推崇备至。因笔者所设置的"孝宣情结"（宣帝观）
这一政治文化视角的特殊性，故前贤时彦对汉代思想史的梳理并不
一定以此为出发点，但这依旧无妨如徐复观、侯外庐、金春峰、刘泽
华、葛兆光、孙家洲等学人关于汉代思想史的综合性论著，抑或其他
学者对东汉政论家及其思想的专门研究对本书的裨益。[②]

　　2. 汉家故事。汉家故事在汉代政治中占有重要的地位。借鉴西
汉故事是东汉士人议政行政的常用手段，宣帝朝治道粲然，故彼时故
事就常为东汉士人所援引。从某种意义上来说，这代表着其人对孝
宣政治的认同。关于汉家故事内涵的变化，及其与汉代政治互动的

---

①　［日］中川祐志：《光武帝の宣帝観：補論》，《ゆけむり史学》第 7 号，2013 年
　　3 月。

②　可参见徐复观：《两汉思想史》，北京：九州出版社，2014 年；侯外庐等：《中国思
　　想通史》（第二卷），北京：人民出版社，2011 年；金春峰：《汉代思想史》，北京：
　　中国社会科学出版社，2018 年；刘泽华主编：《中国政治思想史》，杭州：浙江人
　　民出版社，2020 年；葛兆光：《中国思想史》，上海：复旦大学出版社，2013 年；孙
　　家洲：《两汉政治文化窥要》，济南：泰山出版社，2001 年。东汉政论家如王充、
　　王符、崔寔、仲长统、徐幹的思想颇受学者关注，相关研究如黄朴民：《东汉中晚
　　期儒学反思律动》，《东岳论丛》1990 年第 3 期；欧阳小桃：《汉末、曹魏时期的名
　　实之争》，《江西社会科学》1992 年第 6 期；陈启云、张睿：《崔寔政治思想渊源新
　　论》，《史学月刊》2012 年第 6 期；赵逵夫、赵玉龙：《论王符对京房思想的继承与
　　发展》，《安徽大学学报》2019 年第 2 期等。

研究成果颇丰。邢义田撰文分析了汉代故事的性质、典藏、歧义与选择，认为在汉代的现实政治中，为顺应经常权变的需要，遂有"如故事"与"便宜从事"之制。"如故事"即因循前事，而"便宜从事"则为汉代行政在常规之外提供了弹性应变的可能，与君臣权力关系相连。邢先生进而梳理不遵或改变故事的情况，并就此讨论便宜和便宜从事以及便宜从事限度等问题，是文并附两《汉书》"故事"分类辑录，共有十二类，可资一用。① 邓小南在讨论北宋祖宗之法时亦上溯至两汉观察君臣对祖宗的尊崇，考察了两汉故事对彼时政治的影响。② 朱圣明认为："在汉匈关系史上，冒顿、呼韩邪、南单于比时期与汉朝构筑了三种不同的关系模式。这些模式成为三种故事，为后世汉匈处理彼此关系所因循或借鉴。故事的产生与维系需要多种条件。当条件发生变化时，汉匈会要求更改当前故事而重新选择新的故事。此时，双方均会坚持或选择对自己有利的故事。三种故事的存在使汉匈关系呈现出明显的阶段性，对双方处理彼此关系起到了参考作用，同时也使得转型期汉匈关系的确立变得尤为艰难。"③ 其中宣帝处理匈奴问题的相关举措，在东汉就屡屡为群臣所援引，用以商讨国家对匈奴的和战，值得关注。李沈阳讨论了东汉故事的含义、内容、使用场景以及故事对东汉社会的复杂影响。李先生认为较之西汉，东汉人对待"故事"的态度更加多元化，"故事"类型中祭祀类增加和行政类中涉及较多宦官等特点在一定程度上预示了魏晋南北朝"故事"的发展态势。④ 根据李先生的统计，东汉史料中出现频次最

① 邢义田：《从"如故事"和"便宜从事"看汉代行政中的经常与权变》，《治国安邦：法制、行政与军事》，北京：中华书局，2011年，第380—449页。
② 邓小南：《祖宗之法：北宋前期政治述略》（修订版），第26—31页。
③ 朱圣明：《论汉匈关系中的三种"故事"》，《北方民族大学学报》2011年第1期。
④ 李沈阳：《东汉"故事"考》，《南都学坛》2018年第4期。

高的故事为"霍光故事""孝宣故事""石渠故事"和"元始中故事",
其中前三事皆与宣帝相涉,可见东汉士人对孝宣故事的认同。

故事对汉代法律的补充亦引起了学者的广泛关注。阎晓君认
为在两汉主要的法律形式律、令、科、比之外,故事也是一种重要的
法律形式,在汉代的政治与法律生活中起着重要作用。阎先生在
搜集两汉故事的基础上,考述了两汉故事的形成与废止,两汉故事
的内容,两汉故事的法律效力与地位等问题。[1]吕丽则从法律的
角度论证了汉魏晋故事的性质及其在实践中的运用规律,揭示了
故事与品式章程、制诏、律令的辩证关系,明确了故事与例、比之间
的异同。[2]

3. 历史书写。历史书写是东汉士人与孝宣政治之间的重要桥
梁,东汉士人对西汉皇帝,尤其是对宣帝的书写明显带有时人对前朝
政治的看法。历史书写或史料批判在目前中古学界颇为流行,日本
学者安部聪一郎、津田资久、佐川英治、山下将司以及中国学者徐冲、
孙正军等对此多有创见。[3]《中国史研究动态》2016年第4期更开辟

---

[1] 阎晓君:《两汉"故事"论考》,《中国史研究》2000年第1期。
[2] 吕丽:《汉魏晋"故事"辨析》,《法学研究》2002年第6期。
[3] 相关学术史回顾可参看徐冲《"汉魏革命"再研究:君臣关系与历史书写》(北京
大学博士学位论文,2008年)研究史回顾之《汉唐间的史学》部分,其中对中国
学者如胡宝国、逯耀东及日本学者安部聪一郎、津田资久、佐川英治、山下将司等
人关于历史书写(史料论)的观点有所梳理。徐先生自己对这一主题亦关注有
年,可参见徐冲:《中古时代的历史书写与皇帝权力起源》,上海:上海古籍出版
社,2017。近年来徐先生对汉献帝历史书写的系列研究亦值得参考,可详见
徐冲:《〈献帝起居注〉与献帝朝廷的历史意义》,《华东师范大学学报》2018年第
4期;徐冲:《〈献帝纪〉与〈献帝传〉考论》,《首都师范大学学报》2018年第6
期。孙正军的相关研究同样值得关注,可参见其《中古良吏书写的两种模式》
(《历史研究》2014年第3期)与《魏晋南北朝史研究中的史料批判研究》(《文史
哲》2016年第1期)两文。但坦率地说,这些研究多聚焦于中古时代,且由于西
汉武帝以后至光武以前的传世文献所见不多,故学者对中古以前的秦汉历史书
写涉猎不多。

专栏"'历史书写'的回顾与展望",孙正军、徐冲、赵晶、安部聪一郎等诸位学者分别撰文讨论,颇有指导意义。①

《汉书》作为记载汉代历史的经典传世文献,是研究东汉历史书写的基础。安部聪一郎认为历史书写研究是"以特定的史书、文献,特别是正史的整体为对象,探求其构造、性格、执笔意图,并以此为起点试图进行史料的再解释和历史图像的再构筑"②。那么考察班固与《汉书》,讨论其书的思想内容、编纂背景和列传编次就成为历史书写研究的关键一环。

施丁探讨了班固与《汉书》史学思想中为皇世一统、究政治得失、评为人为政等三方面的问题。③陈君在考察东汉前期的政治状况、学术环境对《汉书》编撰及其内容的影响后指出:"《汉书》文本逐步形成的西汉后期到东汉前期,正处于汉帝国从政权崩溃到重建秩序的历史阶段,《汉书》本质上是东汉明、章之世帝国精英参与创造的时代共识,可以视为知识与权力合谋的产物。"④曲柄睿认为班固基于自己的儒学背景和东汉初年的政治风气创作《汉书》,在继承《史记》开创的以人叙传,按照时间编次列传的基础上,将按照人物的行事合传进一步明确为按照人物的官职位次合传。此举成为人物合传的基本秩序,为后代纪传体史书因袭。⑤而关于《汉书》对西汉

---

① 可参见《中国史研究动态》2016年第4期"'历史书写'的回顾与展望"专栏所载孙正军《通往史料批判研究之途》、徐冲《历史书写与中古王权》、赵晶《谫论中古法制史研究中的"历史书写"取径》、[日]安部聪一郎《日本学界"史料论"研究及其背景》等诸文。

② [日]安部聪一郎:《日本魏晋南北朝史研究的新动向》,《中国中古史研究》编委会编:《中国中古史研究·第一卷:中国中古史青年学者联谊会会刊》,北京:中华书局,2011年,第8页。

③ 施丁:《班固与〈汉书〉的史学思想》,《历史研究》1992年第4期。

④ 陈君:《政治文化视野中〈汉书〉文本的形成》,《文学遗产》2017年第5期。

⑤ 曲柄睿:《〈汉书〉列传编纂研究》,香港浸会大学孙少文伉俪人文中国研究所主办:《学灯》第二辑,上海:上海古籍出版社,2017年,第103—128页。

人物书写的相关研究,日本学者小林春树的系列文章值得关注。^①

（三）关于东汉政治的相关研究

中国古代政治的演变,历来为史家所醉心。政治的不同走向,往往会促使国家趋近兴与亡两个不同的结果。史家常以此回溯过往,从历史进程中思考国家政治得失,东汉王朝亦不例外。自东汉以来,诸如袁宏、范晔、葛洪、司马光、叶适、洪迈、王夫之、赵翼等人均曾纵谈东汉政治,思考国家兴亡,其论至今仍有重要价值。^②时至近代,治中国通史或秦汉断代史的通才大家对东汉政治变化发展的观察可谓独到,无论是中国学者如钱穆、翦伯赞、吕思勉、何兹全、林剑鸣等诸位先生分别撰写的秦汉史专著,还是海外学者撰写的相关著作,都对东汉政治的演进有着高屋建瓴的认识。^③

东汉政治的相关研究实际上是以东汉何以兴与何以亡两个问题

---

① ［日］小林春树:《〈漢書〉の谷永像について》,《東洋研究》第167号,2008年1月;同氏著:《〈漢書〉帝紀の著述目的——〈高帝紀〉から〈元帝紀〉を中心として》,《東洋研究》第176号,2010年7月。

② 可详参［东汉］荀悦、［东晋］袁宏撰,张烈点校:《两汉纪》,北京:中华书局,2017年;［南朝宋］范晔:《后汉书》,北京:中华书局,1965年;杨明照:《抱朴子外篇校笺》(上),北京:中华书局,1991年;杨明照:《抱朴子外篇校笺》(下),北京:中华书局,1997年;［宋］司马光编著:《资治通鉴》,北京:中华书局,2011年;［宋］叶适:《习学记言序目》,北京:中华书局,1977年;［宋］洪迈撰,孔凡礼点校:《容斋随笔》,北京:中华书局,2005年;［清］王夫之著,舒士彦点校:《读通鉴论》,北京:中华书局,2013年;［清］赵翼著,王树民校证:《廿二史劄记校证》,北京:中华书局,2013年。其中如范晔直接书写东汉历史,对东汉兴亡有自己的认识,有些学者对此展开研究,可详参靳宝:《范晔对东汉衰亡的记述与思考》,《唐都学刊》2006年第5期。

③ 可参见钱穆:《国史大纲》,北京:商务印书馆,2010年;翦伯赞:《秦汉史》,北京:北京大学出版社,1999年;吕思勉:《秦汉史》,上海:上海古籍出版社,2005年;何兹全:《秦汉史略》,北京:北京出版社,2018年;林剑鸣:《秦汉史》,上海:上海人民出版社,2003年;［日］西嶋定生著,顾姗姗译:《秦汉帝国:中国古代帝国之兴亡》,北京:社会科学文献出版社,2017年;［英］崔瑞德、［英］鲁惟一编,杨品泉等译:《剑桥中国秦汉史》,北京:中国社会科学出版社,1992年;［美］陆威仪著,王兴亮译:《早期中华帝国:秦与汉》,北京:中信出版社,2016年。

为原点出发的。关于东汉何以兴的研究主要集中于东汉前三朝，即光武、明、章三朝，也有学者将和帝朝归于东汉的兴盛时期。[①]关于这一问题，学人多从不同的侧面讨论。有学者认为东汉前期诸帝对功臣外戚的控制非常关键。光武建国后，"退功臣而进文吏"[②]，又抑制外戚，为学者所称。吕思勉认为光武致治之术，"实在以吏事责三公，而功臣不用"[③]。秦学颀认为："从总体上看，东汉前期的外戚都出自士族，东汉王室从士族地主中遴选外戚乃是皇权与士族地主政治联盟的一种形式；但另一方面，光武、明帝为了加强皇权，又对身兼功臣元宿的外戚姻党施行禁制和裁抑。二者之间既相互依赖又相互矛盾，便构成了这一时期皇权与外戚的特殊关系。"[④]陈勇对光武这一举措的讨论也是值得关注的。[⑤]

有学者则认为东汉前期具体的政策得当。臧云浦认为东汉初年一改两汉之际的弊政，在官制、政区、经济、文化教育等方面的改革取得了显著的成效，国家由此兴盛。[⑥]曹金华分析了东汉前期的统治方略，认为其间发生了由"柔道"到"严切"再到"宽厚"的重大变化。政治发展演变的轨迹，虽基本符合宽严相济的历史发展原则，对东汉前期的兴盛起到了一定的作用，但也因政治的极端发展和不当的举措，对东汉产生了不可低估的消极作用和影响。[⑦]曹旭东则以历史地

---

① 可参见王云度：《东汉史分期刍议》，《南都学坛》1991年第1期。王先生将东汉分为光武帝建武元年至和帝兴元年（25—105）；殇帝延平元年至顺帝永和六年（106—141）；顺帝永和六年至灵帝中平五年（141—188）；少帝光熹元年至献帝延康元年（189—220）等前、中、后、晚四个时期，这一分类即将汉和帝朝归于东汉前期盛世。林剑鸣亦赞同此说，可参见林剑鸣：《秦汉史》，第777页。
② 《后汉书》卷一下《光武帝纪下》，第85页。
③ 吕思勉：《秦汉史》，第226页。
④ 秦学颀：《东汉前期的皇权与外戚》，《西南师范大学学报》1995年第1期。
⑤ 陈勇：《论光武帝"退功臣而进文吏"》，《历史研究》1995年第4期。
⑥ 臧云浦：《略论东汉初年的改革》，《徐州师范学院学报》1987年第2期。
⑦ 曹金华：《东汉前期统治方略的演变与得失》，《安徽史学》2003年第3期。

理的视角考察东汉初年省并西北边郡和内徙吏民的举动,认为此举并非消极退让,而是保民安边之策,并为西北边防形势的好转创造了条件。①

再有学者认为东汉前期正确处理了与周边民族的关系。陈新海认为,东汉时期在青海地区推行的诸如规固湟中,威逼诸羌;完善护羌校尉等制度,加强对羌族的管理;内徙诸羌,以化其势等举措,取得了良好的效果。东汉王朝在指导思想上崇文偃武,在具体实践中轻视西部边陲在政治中的作用,则是汉羌战争伴随东汉始终的两大原因。②王伟则讨论东汉治羌政策的合理性和可行性,多涉及东汉前期史事。③杨懿与章义和师关注东汉治边政策与"鲜卑"族群认同生成的互动,在描绘一段由朦胧走向自觉的族群认同历程的同时,更叙述了一则中原王朝直接影响游牧国家形成的典型案例,可旁证东汉的治边策略。④

以上讨论基本勾勒出了东汉前期兴盛原因的不同侧面。总而言之,皇权的加强,"俱存不扰"的统治政策和正确处理周边民族关系是东汉前期兴盛的主要原因。⑤而自和帝以降,东汉开始逐渐衰败,直至公元220年刘协禅位于曹丕,东汉灭亡。相较于东汉何以兴,学界关于东汉何以亡的研究相对丰富,但系统性的研究同样较少,亦多为不同视角的研究。⑥综合史家考虑东汉灭亡的相应线索,可以发

---

① 曹旭东:《东汉初年西北边郡的省并与徙吏民问题》,《中国历史地理论丛》2005年第2期。
② 陈新海:《试论东汉在青海地区的施政》,《青海社会科学》1997年第5期。
③ 王伟:《东汉治羌政策之检计》,《中国边疆史地研究》2008年第1期。
④ 杨懿、章义和:《东汉王朝的治边策略与"鲜卑"的族群认同》,《学习与探索》2017年第9期。
⑤ 林剑鸣:《秦汉史》,第777—824页。
⑥ 如陈启云认为东汉覆亡的因素大致有:外戚、宦官间的权力斗争,使得政府机能受到损害;大小官吏,上中下层知识分子和大小地主势力膨胀,逐渐形(转下页)

现,目前关于这一问题的研究主要在以下几种视角中进行:

1. 从国家层面来看,最高统治阶层与官僚集团的愚昧昏庸及其低下的战略素养,无休止的政治斗争和内耗侵蚀了东汉内在的稳定基础。东汉一朝,特别是中后期外戚、宦官的反复斗争,交替执政,是东汉政治的一个特点。由之引发的外戚、宦官专权,皇权不张,是东汉政治败坏乃至乱亡的重要原因。这一点为历代史家所认同,如吕思勉将外戚、宦官、黄巾归结为东汉三大乱源。①除了外戚宦官外,另一势力,即经过漫长历史演变而在东汉逐渐形成的士大夫对东汉末年的政治影响尤为突出,余英时、卫广来均认为东汉末年皇权与士大夫阶层的矛盾致使东汉灭亡。②高兵则认为东汉末年官僚士大夫集团对政局缺乏全面的认识最终引发了东汉政治的崩溃。③

2. 从地方层面来看,东汉中后期频繁的农民起义与普遍的地方武装割据破坏了国家大一统的局面。东汉中后期中央政治黑暗,控

（接上页）成多元性的力量与以刘氏帝室为中心的单元力量分庭抗礼;贫富不均导致极大的经济和社会危机。可参见陈启云:《汉晋六朝文化·社会·制度——中华中古前期史研究》,台北:新文丰出版公司,1986年。又陈先生认为王莽改革的失败导致儒生改革理想和精神的丧失,决定了光武、明、章的改革是"保守主义"性质,陈先生指出:"这种缺乏远大理想和宽宏视野的政策举措,是导致东汉衰落和终于灭亡的'中距程'原因。"可参见陈启云著,高专诚译:《荀悦与中古儒学》中译版自序,沈阳:辽宁大学出版社,2000年,第2页。赵国华简述了东汉王朝由盛转衰的原因,可视为东汉灭亡的前兆,在他看来,主要是出现在安、顺时期空前严重的自然灾害造成巨大的损失,持续不断的羌人暴动带来严峻的边疆危机,统治集团的恶性内耗损伤整个国家机器,加上安、顺二帝的昏庸无能等原因导致东汉由盛转衰。可参见赵国华:《东汉史研究需要补偏救弊》,《史学月刊》2011年第5期。

① 吕思勉:《三国史话》,北京:中华书局,2014年。关于外戚宦官的论著可谓汗牛充栋,兹不一一列举,其中值得注意的如杨联陞:《东汉的豪族》,《清华学报》1936年第4期;余行迈:《从尚书职权的变化看两汉中央集权制与外戚宦官专政的关系》,《江苏师院学报》1980年第3期等。

② 可参见余英时:《士与中国文化》,上海:上海人民出版社,2003年;卫广来:《汉魏晋皇权嬗代》,太原:书海出版社,2002年。

③ 高兵:《东汉政治崩溃新论》,《东方论坛》1999年第4期。

制力衰减，地方官吏恣意妄为，激化了吏民矛盾。诸如扬、徐等地的
农民起义频繁，东汉末年的黄巾起义更是给帝国的统治以沉重打击。
相关研究可参见诸家秦汉断代史专著和关于东汉农民战争研究的论
著。①频繁的地方叛乱进一步削弱了中央权威，为扭转不利局面，汉
廷重设州牧，试图以此来加强中央对地方的控制，而这一举措却成为
东汉最后分裂的源头。古人对此有着清醒的认识，荀悦、刘昭均有所
议论，今人如沈星棣等亦不乏论述。②而地方军阀得以武装割据则有
赖于东汉特有的庄园经济，周天游对此有独到见解。③

3. 错误的边疆政策导致国家陷入区域战争的泥沼。东汉的消极
防御性国策颇受史家诟病。虽然东汉前期处理得当，边境较为安定，
但东汉王朝在具体实践中长期轻视西部边陲于国家政治的巨大作
用，在处理与西北部边境少数族群的关系问题时进退失据，使得东汉
中后期长期陷于边境区域战争的泥沼中不能自拔。如东汉为平定西
北边境的羌乱，耗费甚巨，直接削弱了自身的统治基础，更为王朝最终
的灭亡埋下了伏笔。陈晓鸣、王勖均持这一观点。④

---

① 可参见漆侠等：《秦汉农民战争史》，北京：生活・读书・新知三联书店，1962
年；谢天佑、简修炜：《中国农民战争简史》，上海：上海人民出版社，1981年；孟
祥才：《中国农民战争史・秦汉卷》，武汉：湖北人民出版社，1989年。近年来关
于黄巾起义的论作可参见刘晓航：《误判、轻视与放任——东汉朝廷在黄巾起义
爆发前后的应对》，《咸阳师范学院学报》2019年第3期。
② ［汉］荀悦撰，［明］黄省曾注，孙启治校补：《申鉴注校补・时事第二》，北京：
中华书局，2012年，第65—67页；《后汉书》志二八《百官志五》，第3619—3621
页；沈星棣：《两汉郡守“重于古诸侯”的因果探微》，《南昌大学学报》1999年第
2期。
③ 周天游：《论东汉门阀形成的经济因素——东汉门阀问题研究之二》，《史林》
1989年第S1期。
④ 可详参赵明：《东汉对西羌长期作战的原因与教训》，《中国史研究》1994年第1
期；高荣：《东汉西北边疆政策述评》，《学术研究》1997年第7期；陈晓鸣：《筹
边失当与东汉衰亡》，《江西师范大学学报》2002年第4期；王勖：《羌汉战争与
东汉帝国的东西矛盾》，《西北民族大学学报》2007年第5期等。

4. 频繁发生且严重的自然灾害。东汉中后期频繁且严重的自然灾害对王朝的发展影响深远,桓帝时陈蕃有所谓"三空之厄",其中的"田野空"和"仓库空"均与严重的自然灾害有关。一些学者从环境史的角度来分析自然灾害对东汉王朝的影响,如杨振红、陈业新均认为东汉的灭亡除了其自身存在的政治、经济等诸多因素外,自然灾害也是其中的重要原因之一。[①]王子今则梳理分析了东汉时出现的极端气候,可与其时国家社会的变动情况互参。[②]彼时东汉政府屡遭天灾,却仍不思良政,暴虐百姓,无疑加速了国家衰败的进程。

5. 其他。陈寅恪《天师道与滨海地域之关系》曾有云:"故后汉之所以得兴,及其所以致亡,莫不由于青徐滨海妖巫之贼党。殆所谓'君以此始,必以此终'者欤?"[③]由陈先生揭橥之东汉兴亡与宗教的关系为后代学者所持续关注,其中姜生与冯渝杰对这一问题的先后阐发,可谓以宗教神学视角思考汉帝国秩序崩解的重要论著。[④]一些学者在整合传世文献记载的基础上,对诸如西北居延汉简原有的少量东汉简牍,近年来在长沙东牌楼和五一广场等地出土的东汉简牍以及各地发现的东汉画像石、画像砖等一些出土史料展开相关研究。如刘国忠根据五一广场所出诏书简,从地方视角分析东汉中后期日益凸显的社会问题,认为其关涉东汉的灭亡。[⑤]还有学者独树一帜,

---

① 可详参杨振红:《汉代自然灾害初探》,《中国史研究》1999年第4期;陈业新:《灾害与两汉社会研究》,上海:上海人民出版社,2004年。
② 王子今:《秦汉时期生态环境研究》,北京:北京师范大学出版社,2007年。此外亦可参考王威:《东汉自然灾害史研究综述》,《农业灾害研究》2019年第2期。
③ 陈寅恪:《天师道与滨海地域之关系》,《金明馆丛稿初编》,北京:生活·读书·新知三联书店,2015年,第45页。
④ 姜生:《曹操与原始道教》,《历史研究》2011年第1期;冯渝杰:《"致太平"思潮与黄巾初起动机考——兼及原始道教的辅汉情结与终末论说》,《学术月刊》2018年第5期。
⑤ 刘国忠:《五一广场东汉永初四年诏书简试论》,《湖南大学学报》2017年第5期。

将东汉灭亡的问题放到中国历代王朝灭亡周期性规律的宏大框架下,试图摸索出一条具有普遍性的王朝兴衰规律。如劳榦从君主家族的兴衰、政治组织中积弊的加深、士大夫家族的问题化和人口问题等角度探讨朝代覆亡的缘由。[①]另有学者以跨学科视角来综合探讨王朝更替的问题。金观涛、刘青峰提出的"超稳定系统"[②],王剑峰的"大战略"视角等皆如此类。[③]总之,这些研究多依托出土文献和不同的理论视角,对东汉灭亡问题研究的推进有着一定的助力。

通过以上对与本书主题相关研究的回顾可以发现,无论是关于汉宣帝,士人与政治,还是有关东汉政治变化发展的研究多被分割在特定场域。诚如恩格斯所言,"历史结果总是从许多单个的意志的相互冲突中产生出来的,而其中每一个意志,又是由于许多特殊的生活条件,才成为它所成为的那样。这样就有无数互相交错的力量,有无数个力的平行四边形,由此就产生出一个合力,即历史结果,而这个结果又可以看作一个作为整体的、不自觉地和不自主地起着作用的力量的产物"[④]。东汉政治的演进是多种因素共同作用的结果。本书则尝试通过政治文化视角,关注东汉士人的"孝宣情结",并思考其与东汉政治变化发展的联系,讨论将涉及以下几个方面:孝宣政治的内核和意义,西汉中后期士人对宣帝形象的层累建构;东汉初期

① 劳榦:《中国历史的周期及中国历史的分期问题》,《古代中国的历史与文化》,北京:中华书局,2006年,第3—17页。
② "超稳定系统"或称"超稳定结构",由金观涛与刘青峰于1980年在《贵阳师院学报》第1、2期连续刊载的《中国历史上封建社会的结构:一个超稳定系统》一文中提出,以控制论的超稳定系统理论来结构中国封建社会并分析其作用机制,颇具启发意义。之后二人陆续修订增补成《兴盛与危机:论中国社会超稳定结构》一书,笔者所据本为北京法律出版社2011年版。
③ 王剑峰:《战略透支与帝国衰毁:东汉帝国败亡的大战略机理透析》,《战略决策研究》2018年第6期。
④ [德]马克思、[德]恩格斯著,中共中央马克思格斯列宁斯大林著作编译局译:《马克思恩格斯选集》第4卷,北京:人民出版社,2012年,第604—606页。

意在重新确立孝宣地位的政治重构，东汉士人塑造宣帝形象的努力和东汉复行孝宣故政的具体实践；东汉中后期"孝宣情结"的分化，包括国家政治的转型与士人对困境的反思；东汉末年"孝宣情结"的异变与东汉的灭亡。笔者期望在梳理东汉士人"孝宣情结"的缘起变化发展过程的同时，勾勒出东汉近两百年政治演进的基本轮廓。

第一章 政治内核与中兴建构：
"孝宣情结"的缘起

汉宣帝刘询为汉武帝曾孙，幼时流落民间，因机缘巧合，得以获奉宗庙，进而制御海内，中兴汉朝。这样颇具传奇色彩的经历使刘询逐渐成为汉代特殊的政治偶像，为后世，尤其是东汉士人所推崇。如此特殊的情感即东汉士人"孝宣情结"的缘起，正是由曾经中兴汉朝的孝宣政治与西汉时人对汉宣帝中兴形象的建构所共同推动的。

第一节 孝宣政治的内核

汉宣帝中兴汉朝之政治思想与政治实践的集合，即孝宣政治，应是东汉士人之"孝宣情结"缘起的基础。经典的孝宣政治具体由"霸王道杂之"的政治思想与带有宣帝朝特色的政治实践一道构成。

一、"霸王道杂之"的政治思想

关于霸王二道的内容、源流和发展，前贤时彦所论甚详，绪论亦有所提及，故不再赘述，于此只简要梳理西汉主要政治思想的流变。"霸王道杂之"语出《汉书·元帝纪》，其文云：

> 孝元皇帝,宣帝太子也。母曰共哀许皇后,宣帝微时生民间。年二岁,宣帝即位。八岁,立为太子。壮大,柔仁好儒。见宣帝所用多文法吏,以刑名绳下,大臣杨恽、盖宽饶等坐刺讥辞语为罪而诛,尝侍燕从容言:"陛下持刑太深,宜用儒生。"宣帝作色曰:"汉家自有制度,本以霸王道杂之,奈何纯任德教,用周政乎!且俗儒不达时宜,好是古非今,使人眩于名实,不知所守,何足委任!"乃叹曰:"乱我家者,太子也!"由是疏太子而爱淮阳王,曰:"淮阳王明察好法,宜为吾子。"而王母张婕妤尤幸。上有意欲用淮阳王代太子,然以少依许氏,俱从微起,故终不背焉。[①]

宣帝道出了汉家兼杂王霸的本质,而这一精神内核的形成则要上溯到高祖开基之时。刘邦以吏起家,素轻儒术,举止轻狂,有便溺儒冠,憎恶儒服之举。彼时郦食其欲投刘邦,托同里刘邦麾下骑士传话,其人对曰:"沛公不好儒,诸客冠儒冠来者,沛公辄解其冠,溲溺其中。与人言,常大骂。未可以儒生说也。"[②]尔后刘邦召见郦食其,待其无礼。郦生见状,遂以天下大事相讥,引得刘邦大怒,骂其为竖儒。司马贞按曰:"竖者,僮仆之称。沛公轻之,以比奴竖,故曰'竖儒'也。"[③]轻蔑至极。清人赵翼褒扬光武崇学时仍不忘批评刘邦此举轻儒,其文云:"是帝本好学问,非同汉高之儒冠置溺也。"[④]又叔孙通初服儒服,为刘邦所憎恨,后改着楚制短衣,才使刘邦改颜。[⑤]此外,儒生在楚汉相争时对天下局势的误判或亦影响了刘邦对其人的态度。

---

① 《汉书》卷九《元帝纪》,第277页。
② [汉]司马迁撰,[宋]裴骃集解,[唐]司马贞索隐,[唐]张守节正义:《史记》卷九七《郦生列传》,北京:中华书局,1959年,第2692页。
③ 《史记》卷九七《郦生列传》,第2692—2693页。
④ [清]赵翼著,王树民校证:《廿二史劄记校证》卷四,第91页。
⑤ 《史记》卷九九《叔孙通列传》,第2721页。

如郦食其主张重建六国以削弱楚国权威,幸得张良点破,方使得汉家统一大业不至中辍。这使得刘邦颇厌儒生。①

之后刘邦却对儒术颇为重视。刘邦初平天下后以洛阳为都,欲与周室比隆,即可知其属意王道,后又使叔孙通定朝仪,听陆贾作《新语》,颇改前政。汉十二年(前195)十一月,刘邦平英布,由淮南还都,特绕道过鲁国,以太牢之礼祭祀孔子。②此举颇为后世所称,史迁本未记刘邦祭孔,班固却不因袭其文,特书此事,显然有褒扬高帝之意。又元人郝经作《去鲁记》,更盛赞刘邦云:"故尊圣人之道者,莫如汉高帝。"③

这一时期儒术地位上升,并与原有的霸道混溶,构成了汉家制度的内核雏形。刘邦兼杂王霸的政治思想,实已蕴于汉十一年(前196)二月所下求贤诏书之中,其文"盖闻王者莫高于周文,伯者莫高于齐桓,皆待贤人而成名"④之语。晋人皇甫谧谈及刘邦有云:"《礼》称至道以王,义道以霸。观汉祖之取天下也,遭秦世暴乱,不阶尺土之资,不权将相之柄,发迹泗亭,奋其智谋,羁勒英雄,鞭驱天下,或以威服,或以德致,或以义成,或以权断,逆顺不常,霸王之道杂焉。"⑤宋人王应麟则认为尔后宣帝所谓汉家制度的内核"盖已见于此诏矣"⑥。余英时亦从此说。⑦从便溺儒冠到折节向儒,高帝行

---

① 《汉书》卷一上《高帝纪上》,第39—40页;《汉书》卷四〇《张良传》,第2029—2030页。
② 《汉书》卷一下《高帝纪下》,第76页。
③ [元]郝经:《陵川集》卷二六《去鲁记》,[清]纪昀等总纂:《景印文渊阁四库全书》第1192册,台北:台湾商务印书馆,1986年,第281d—282a页。
④ 《汉书》卷一下《高帝纪下》,第71页。
⑤ [晋]皇甫谧:《帝王世纪》,[宋]李昉等:《太平御览》卷八七《皇王部十二》,北京:中华书局,1960年,第413页。
⑥ [宋]王应麟著,[清]翁元圻辑注,孙通海点校:《困学纪闻注》卷一二《考史》,北京:中华书局,2016年,第1526页。
⑦ 余英时:《汉代循吏与文化传播》,《士与中国文化》,第139页。

事风格的转变应源于实际统治的需要。嬴秦以吏为师,二世而亡的教训就在眼前,汉初时人的反复提醒,不可能不对刘邦产生影响。由此,刘邦应以兼杂王霸的政治思想治国,但因享国日浅,并没有完成相应的制度建设,也没有确立兼杂王霸这一政治思想在汉家政治中的地位。

高帝以后,惠帝、吕后奉行黄老之术,"孝惠皇帝、高后之时,黎民得离战国之苦,君臣俱欲休息乎无为,故惠帝垂拱,高后女主称制,政不出房户,天下晏然。刑罚罕用,罪人是希。民务稼穑,衣食滋殖"①。儒法二道境遇不同,汉帝国在具体的政治实践中没有放弃文吏。惠帝时相国曹参以黄老无为治天下,惠帝略有微词,遣其子曹窋试探,却遭曹参怒笞,《汉书·曹参传》记此事后续云:

> 至朝时,帝让参曰:"与窋胡治乎?乃者我使谏君也。"参免冠谢曰:"陛下自察圣武孰与高皇帝?"上曰:"朕乃安敢望先帝!"参曰:"陛下观参孰与萧何贤?"上曰:"君似不及也。"参曰:"陛下言之是也。且高皇帝与萧何定天下,法令既明具,陛下垂拱,参等守职,遵而勿失,不亦可乎?"惠帝曰:"善。君休矣!"②

由此可知其时沿袭高帝制度,法令明具,曹参只是尊奉故政,并未放弃文吏政治。而军功阶层的存在,却使得儒生于此时无缘进入帝国政府高层,"孝惠、高后时,公卿皆武力功臣"③,儒生不得进于惠、吕之时可见一斑。

---

① 《史记》卷九《吕太后本纪》,第412页。
② 《汉书》卷三九《曹参传》,第2020页。
③ 《汉书》卷八八《儒林传》,第3592页。

　　再后文、景继体，二帝之政虽被后世称为仁政，但绝非严格意义上的儒家政治。二帝在政治思想上尊奉黄老，在行政中则带有霸道色彩，"孝文时颇登用，然孝文本好刑名之言。及至孝景，不任儒，窦太后又好黄老术，故诸博士具官待问，未有进者"①。文帝虽征用儒生，但又好刑名，且使晁错以法术训导太子刘启，大有继续这一政治的趋势。其时贾谊还曾发出过"今或言礼谊之不如法令，教化之不如刑罚，人主胡不引殷、周、秦事以观之也"②的感慨，可知一时风貌。曾研习法术的景帝不任用儒者，自当亦是驱使文法吏。

　　汉武帝年少登基，彼时信奉黄老学说的窦太后临朝。刘彻有意于治，即位之初便诏百官列侯举贤良方正直言极谏之士，听允卫绾奏议，罢举治申不害、商鞅、韩非、苏秦、张仪之言者。③法、纵横二家稍绌。又武帝长期受其祖母影响，曲意黄老，窦婴、田蚡、赵绾、王臧崇儒，亦受窦太后掣肘。建元六年（前135），窦太后驾崩，武帝亲政，方得重视儒生，如当时孔安国为侍中，因其儒者身份，武帝特允其掌御唾壶，为朝廷所荣。④刘彻更有罢黜百家，表章《六经》之举，这被后世视为儒家崛起的转折点，但彼时武帝在实际行政中却推崇外儒内法，其招揽文学儒生，尝言"吾欲云云"，汲黯对曰："陛下内多欲而外施仁义，奈何欲效唐虞之治乎！"⑤又"孝武之世，外攘四夷，内改法度，民用凋敝，奸轨不禁。时少能以化治称者，惟江都相董仲舒、内史公孙弘、兒宽，居官可纪。三人皆儒者，通于世务，明习文法，以经术润饰吏事，天子器之"⑥。汉武帝在国家意识形态上尊崇儒术，在官僚

---

① 《汉书》卷八八《儒林传》，第3592页。
② 《汉书》卷四八《贾谊传》，第2253页。
③ 《汉书》卷六《武帝纪》，第156页。
④ 《后汉书》卷九《献帝纪》，第367页。
⑤ 《汉书》卷五〇《汲黯传》，第2317页。
⑥ 《汉书》卷八九《循吏传》，第3623—3624页。

政治行政上却仍是以法术为先,如此才明确了汉家在两个不同层面上分别以王霸二道为纲,且不偏废他道,综合起来兼杂王霸的治国传统。昭帝时霍光秉政,具体举措虽有更张,但仍不离王霸。杨树达认为霍光执政总体来看是先宽后严,其中转折在上官桀谋反后:"光始先宽缓,欲以说下,见《五行志》中下卷。及上官、盖主之难后,光遵武帝法度,以刑罚痛绳群下,由是俗吏上严酷,见《黄霸传》。又按光以妖言罪诛眭弘,见《五行志》中下卷及《弘传》。白遣傅介子斩楼兰王,见《介子传》。遣任立政等至匈奴招李陵,见《陵传》。寝廷尉逮捕苏武之奏,见《武传》。责魏相不当斥逐武库令,见《相传》。"①

汉宣帝作为武帝的曾孙,对其曾祖父颇为尊崇,亦是奉行其道。班固于《汉书·宣帝纪》中对孝宣政治称颂有加,由其赞语可见宣帝朝内外两条路线的良政,对内宣帝治国,"信赏必罚,综核名实,政事文学法理之士咸精其能"②,使得"吏称其职,民安其业"③;对外宣帝宾服四夷,其功尤在使匈奴单于稽首称藩。在班固看来,宣帝内外俱治,遂得中兴汉朝。其中所谓"信赏必罚,综合名实",正是申不害、韩非子等人所推崇之刑名学说的体现,颜师古注《汉书·元帝纪》"宣帝所用多文法吏,以刑名绳下"云云引晋灼语曰:"刑,刑家;名,名家也。太史公曰:'法家严而少恩,名家俭而善失真。'"其又自云:"晋说非也。刘向《别录》云申子学号刑名。刑名者,以名责实,尊君卑臣,崇上抑下。宣帝好观其《君臣篇》。绳谓弹治之耳。"④由颜师古言可知,宣帝颇好《申子·君臣篇》。《申子》其书已散,《君臣篇》所存不全,仅余"明君治国,而晦晦,而行行,而止止。三寸之机

① 杨树达:《汉书窥管》,北京:商务印书馆,2017年,第463页。
② 《汉书》卷八《宣帝纪》,第275页。
③ 《汉书》卷八《宣帝纪》,第275页。
④ 《汉书》卷九《元帝纪》,第278页。

运而天下定,方寸之基正而天下治,故一言正而天下定,一言倚而天下靡"①数语,又有佚文曰"君必有明法正义,若悬权衡以称轻重,所以一群臣也"②,"君之所以尊者,令。令不行,是无君也,故明君慎令"③。由此推之,《申子》当围绕强化君权,控制群臣展开,即以"术"驭人。韩非子称申不害言术,所谓术者,"因任而授官,循名而责实,操杀生之柄,课群臣之能者也,此人主之所执也"④。宣帝好此,自是深谙此道,其甫一亲政便励精图治,"练群臣,核名实"⑤,正是通过法度考核群臣。盖宽饶就曾因宣帝用刑法,信任中尚书宦官而奏封事曰:"方今圣道浸废,儒术不行,以刑余为周召,以法律为《诗书》。"⑥宣帝对刑名的重视由是可知。《汉书·叙传》有云:"中宗明明,夤用刑名,时举傅纳,听断惟精。"⑦班氏可谓知人矣。

但盖宽饶之说并非空穴来风,《汉书》亦有他例,如《匡衡传》云:"宣帝不甚用儒,遣衡归官。"⑧又时有谏大夫王吉上书宣帝有云:"欲治之主不世出,公卿幸得遭遇其时,未有建万世之长策,举明主于三代之隆者也。其务在于簿书断狱听讼而已,此非太平之基也。今俗吏所以牧民者,非有礼义科指可世世通行者也,以意穿凿,各取一切。是以诈伪萌生,刑罚无极,质朴日消,恩爱浸薄。孔子曰'安上治民,莫善于礼',非空言也。愿与大臣延及儒生,述旧礼,明王制,驱一世之民,济

① 〔战国〕申不害:《君臣》,〔清〕严可均辑:《全上古三代文》卷四,北京:中华书局,1958年,第32页。
② 〔战国〕申不害:《佚文》,〔清〕严可均辑:《全上古三代文》卷四,第33页。
③ 〔战国〕申不害:《佚文》,〔清〕严可均辑:《全上古三代文》卷四,第33页。
④ 〔清〕王先慎撰,钟哲点校:《韩非子集解》卷第十七《定法》,北京:中华书局,2013年,第433页。
⑤ 《汉书》卷七四《魏相传》,第3135页。
⑥ 《汉书》卷七七《盖宽饶传》,第3247页。
⑦ 《汉书》卷一〇〇下《叙传下》,第4238页。
⑧ 《汉书》卷八一《匡衡传》,第3332页。

之仁寿之域,则俗何以不若成康? 寿何以不若高宗?"① 王吉批判文吏,
欲兴复旧礼,重建太平,尔后又言应选贤任能、崇俭去奢,再以周礼为
是,宣帝因其迂阔,不用此说,于是王吉便以病辞官。②

　　由此来看,宣帝似乎偏重于霸术,但其实自武帝以来,国家意识
形态与官僚政治行政虽各以王霸为纲,但他术仍有施用的空间,两个
不同层面的王霸道显然存在着一定程度的并行甚至融合。宣帝并不
拘泥于二者的明确区分,而是以实际政治的需要为先。宣帝少时曾
师事名儒,受《诗》《论语》《孝经》,有良好的儒学修养。神爵后宣帝
循武帝故事,招徕名儒俊材待诏金马门,更自作歌诗。③《文心雕龙》
有"宣帝雅颂"之说。④宣帝登基后还曾至石渠阁,亲自裁决五经同
异,并将其祖父戾太子所好之《穀梁》立为学官,又增加博士及其弟
子员额,且将博士秩级自原四百石提高至比六百石。⑤在国家政治
上,宣帝亦不偏废儒生。如魏相,少学《易》,通阴阳,宣帝颇重其能,
拔擢为丞相。又彼时博士、谏大夫多为儒者担任,宣帝从中遴选精通
政事的儒者担任郡国守相,治理地方,使得除政事法理之士外,文学
之士亦可一展才华,名儒萧望之便先后两次被宣帝委以地方重任。⑥

---

① 《汉书》卷二二《礼乐志》,第1033页。
② 《汉书》卷七二《王吉传》,第3064—3065页。关于王吉重视周礼的解说,可参考
　王尔:《"汉当自制礼":东汉前期"制汉礼"的逻辑理路及失败原因》,《中国文
　化研究》2021年第3期,第75页。
③ 《汉书》卷六四下《王褒传》,第2821页;《汉书》卷三六《楚元王传附刘向传》,
　第1928页。
④ [南朝梁]刘勰著,黄叔琳注,李详补注,杨明照校注拾遗:《增订文心雕龙校注》
　卷二《乐府第七》,北京:中华书局,2012年,第82页。原文作"至宣帝雅颂,诗
　效《鹿鸣》",杨明照认为唐写本"至宣帝雅诗,颇效《鹿鸣》"为是。可参见[南
　朝梁]刘勰著,黄叔琳注,李详补注,杨明照校注拾遗:《增订文心雕龙校注》卷
　二《乐府第七》,第90页。
⑤ 《汉书》卷八《宣帝纪》,第272页;《汉书》卷八八《儒林传》,第3596页;《后汉
　书》志二五《百官志二》,第3572页。
⑥ 《汉书》卷七八《萧望之传》,第3274页。

《匡衡传》云宣帝不甚用儒，当指其排斥好是古非今的俗儒。匡衡习《诗》，当世知名，射策甲科不中，先除太常掌故，后补为平原文学，学者极力推荐匡衡入朝，后进则愿从匡衡学于平原。宣帝命萧望之、梁丘贺问状。经过考察后萧望之认为匡衡经术通明，有师法，可观览。宣帝却遣其归官。[①]匡衡以《诗》大义对策，似俗儒之流，宣帝不为所动或因为此。

至于具体的政治实践，以颍川郡为例。宣帝时的颍川郡为汉朝的要地之一，宣帝朝名臣赵广汉、黄霸、韩延寿曾先后担任颍川太守一职，各展其能。赵广汉治颍川以霸术，"壹切治理，威名流闻，及匈奴降者言匈奴中皆闻广汉"[②]。尔后黄霸、韩延寿入守颍川，颍川得治。余才林爬梳史料后认为韩延寿在黄霸二任颍川太守之间数月为颍川太守，黄霸以法治颍川，而韩延寿主政时用德治，以道德礼义教民。黄霸再为颍川太守时，对韩延寿治理颍川的政治理念及措施有所继承，并"因其迹而大治"[③]，故颍川大治实为法治与德治兼用之功。[④]需要指出的是，黄霸在首次出牧颍川前，曾于狱中从夏侯胜受经。夏侯胜辞以将死，黄霸遂诵"朝闻道，夕死可矣"云云以示其尚学之心。[⑤]可知黄霸对儒家经典并非一概不知，本身便是兼通儒法。黄霸初为颍川太守时"力行教化而后诛罚，务在成就全安长吏"[⑥]，之后再

---

① 《汉书》卷八一《匡衡传》，第3331—3332页。
② 《汉书》卷七六《赵广汉传》，第3200—3201页。
③ 《汉书》卷七六《韩延寿传》，第3210页。
④ 余才林：《韩延寿为颍川太守考论——兼论汉初法治德治并行的治理模式》，《文史哲》2019年第2期。
⑤ 《汉书》卷七五《夏侯胜传》，第3157—3158页；《汉书》卷八九《黄霸传》，第3629页。
⑥ 《汉书》卷八九《黄霸传》，第3631页。余才林认为此"教化"指政令条教的宣传与推行，与注重道德礼义实践的德教完全不同。此言值得商榷。参见余才林：《韩延寿为颍川太守考论——兼论汉初法治德治并行的治理模式》，《文史哲》2019年第2期。黄霸选良吏，宣诏令，置条教，不愿辞退尚能应付公事的年长老吏，明显是基于教化展开的。《汉书》卷八九《黄霸传》，第3629—3631页。

为颍川太守,认同韩延寿的做法,当有这一层渊源。

赵广汉、黄霸、韩延寿三人所持并非一说,皆使颍川大治,即可知宣帝对待王霸二道的态度。余先生认为:"黄霸、韩延寿治理颍川的事迹也为后世理解中国传统政治提供了一个范本。黄霸主法治,韩延寿尚德教,二者结合而不偏废,这体现了中国传统政治中儒法兼用的思想。一方面是制度设施,一方面是礼乐教化,前者是外在的规范,后者属内在的自觉。儒法兼用,互相补充,相得益彰,汉代以后中国传统政治用的正是这两手政策。"①《汉书·公孙弘卜式兒宽传》云:"孝宣承统,纂修洪业,亦讲论六艺,招选茂异,而萧望之、梁丘贺、夏侯胜、韦玄成、严彭祖、尹更始以儒术进,刘向、王褒以文章显,将相则张安世、赵充国、魏相、丙吉、于定国、杜延年,治民则黄霸、王成、龚遂、郑弘、召信臣、韩延寿、尹翁归、赵广汉、严延年、张敞之属,皆有功迹见述于世。"②由此可知,宣帝朝不乏儒生显名,刘询承袭了武帝"霸王道杂之"的政治思想,进而中兴汉朝。清人何焯即云:"宣帝虽不甚用儒,然于通经者未尝不加劝诱,亦武帝家法也。"③

回到前文,宣帝所谓"乱我家者,太子也"④的感慨并非无的放矢。以后见之明,西汉"霸王道杂之"的政治思想及其在政治实践中的应用,至宣帝朝确实发展到了顶点,而君主弘扬儒术所带来的深远影响最终使汉帝国走向了另一个极端。宣、元二帝的政治思想虽存在分歧,但毕竟故剑情深,宣帝不忍更换太子。元帝"柔仁好儒",即位后便大改孝宣之政,纯任德教,委政儒生,欲兴王道。元帝时儒生

① 余才林:《韩延寿为颍川太守考论——兼论汉初法治德治并行的治理模式》,《文史哲》2019年第2期。
② 《汉书》卷五八《公孙弘卜式兒宽传》,第2634页。
③ [清]何焯著,崔高维点校:《义门读书记》卷一五《前汉书》,北京:中华书局,1987年,第251页。
④ 《汉书》卷九《元帝纪》,第277页。

在政治上逐渐居于统治地位，加之儒生制造的，由践行王道所催生的太平盛世，在西汉后期政治危机的大环境下极具吸引力，由此霸道逐渐被剔除出国家正统的统治思想之外，帝国转向崇儒尚德。成、哀、平诸帝时外戚秉政，至王莽最终代汉，都着力于恢复周政，建构一个复古的王道社会。但“纯任德教”终究难以适用于国家治理的实践活动，王莽的失败教训一定程度上证明了这一点，至光武中兴，帝国的政治思想才重新回到“霸王道杂之”上。光武崇尚儒术自不待言，而在东汉帝国的官僚行政上也可以清楚地看到一条“吏化”的发展路线，诚如阎步克所言，有充分的材料可以证明东汉王朝奖掖儒术之说；但另一方面，“吏化”倾向及其对东京汉政的支配，同样是斑斑可考于史实。[①]

　　总之，三代任王道，嬴秦用法术，汉家初兴，总结前人教训，兼综王霸。元帝以前，汉家的政治思想虽然屡变，但大体上保持在“霸王道杂之”的水平线附近。汉宣帝前承孝武，继续以“霸王道杂之”为政治思想，并将其发展至西汉的顶峰，而元、成、哀、平诸帝乃至王莽皆以崇尚儒术，恢复周政为己任，与宣帝治道不同。直到光武中兴，由于现实政治的需要，帝国的政治思想又重新“兼杂王霸”，从这一意义上来看，西汉经典的“霸王道杂之”政治思想的后继者实为光武，而非元、成、哀、平诸帝。汉宣帝作为一个承上启下的关键人物，将汉家“霸王道杂之”的政治思想发扬光大，使之成为孝宣政治的关键之一，这无疑对东汉政治产生了极其深远的影响。

二、以吏治建设为中心的政治实践

　　如前所述，宣帝对武帝颇为推崇，武帝兼杂王霸，宣帝继之，后世

---

① 阎步克：《士大夫政治演生史稿》，第376页。

史家多因两者之间的继承关系而常并提二帝,由此形成了与文景之政相对的武宣政治,故仅凭"霸王道杂之"这一汉家经典的,不带有明确个人标识的政治思想,不足以使宣帝在东汉士人眼中成为一个特殊的、符号化的政治偶像。笔者以为,宣帝虽承继武帝"霸王道杂之"的政治思想,但具体的政治实践,即宣帝君臣所推行的包括内政外交在内的一系列政治举措,并非完全与武帝相同。这些不同于武帝朝的,值得东汉王朝借鉴的政治实践当是东汉士人最终于武宣政治中将孝宣因素剥离,并使其特殊化的重要原因。

宣帝朝政治内外具美,成中兴之业。观前文所举班固对宣帝的赞语可知,孝宣中兴实由内政外交两路良政成就。廖宜方认为"宣帝中兴"有两个层面,一为夷夏关系的成就,二为地方吏治的成就。①这一认识亦不出班固所总结的中兴内涵之外。暂且撇开外交不谈,孝宣政治中的内政颇受后世瞩目,其中又以吏治建设最为突出。武、昭间吏治大坏。武帝时法律繁复,典者尚不能遍睹,因而在断狱时常会出现偏差,"是以郡国承用者驳,或罪同而论异"②,奸吏由是乘隙,致使百姓怨苦,"奸吏因缘为市,所欲活则傅生议,所欲陷则予死比,议者咸冤伤之"③。又彼时君臣用法,群吏以严酷为风,"自武帝末,用法深。昭帝立,幼,大将军霍光秉政,大臣争权,上官桀等与燕王谋作乱,光既诛之,遂遵武帝法度,以刑罚痛绳群下,繇是俗吏上严酷以为能"④,黄霸宽和,故得名。⑤其时大环境可知。刘病已幼时逢巫蛊之祸,因属戾太子亲族而惨遭连坐,尚在襁褓即身陷囹圄,后幸得赦令,

---

① 廖宜方:《唐代的历史记忆》,台北:台湾大学出版中心,2011年,第203页。
② 《汉书》卷二三《刑法志》,第1101页。
③ 《汉书》卷二三《刑法志》,第1101页。
④ 《汉书》卷八九《黄霸传》,第3628页。
⑤ 《汉书》卷八九《黄霸传》,第3628—3629页。

由掖庭养视,属籍宗正。少年刘病已成长于武、昭之际,周游民间,对如律令条文繁密,吏员舞文弄法,官吏崇尚严酷等弊政有直观感受,"具知闾里奸邪,吏治得失"[1],"及至孝宣,繇仄陋而登至尊,兴于闾阎,知民事之艰难"[2]。针对武、昭时用法太甚之弊,宣帝即位后听从路温舒之言,尚德缓刑,更深感决狱不当,特设廷尉平一职,又规定季秋后方可请谳。所谓请谳,李贤注《后汉书·襄楷传》引《广雅》曰:"谳,疑也。"又自云:"谓罪有疑者谳于廷尉也。"[3]宣帝设置专员理狱,推迟决狱时间,又亲自决狱,这一连串的措施显然意在从制度上弥补汉律的漏洞,纠正武帝末年的弊政,使帝国转向。由此,"狱刑号为平矣"[4]。

不仅如此,宣帝还强化吏治建设,并力图使之制度化。首先,宣帝下诏增加官吏俸禄。汉吏薄俸,世人常病,前贤时彦亦多有议论。[5]东汉士人多将薄俸归咎于汉承秦制,王符虽未明确秦汉俸禄制度之间的继承关系,但由秦推汉,便可发现两者的相似性。《潜夫论·班禄》云:"及周室微而五伯作,六国弊而暴秦兴,背义理而尚威力,灭典礼而行贪叨,重赋敛以厚己,强臣下以弱枝,文德不获封

---

① 《汉书》卷八《宣帝纪》,第237页。
② 《汉书》卷八九《循吏传》,第3624页。
③ 《后汉书》卷三〇下《襄楷传》,第1078页。
④ 《汉书》卷二三《刑法志》,第1102页。
⑤ 关于汉代中下级官吏俸禄过低的事实,前贤时彦多有论述。杨天宇认为汉代官俸,是承袭秦制而实行的薄俸制,官俸之薄,尤以小吏为甚(《汉代官俸考略》,《河南大学学报》1994年第1期)。张兆凯认为两汉禄重只是对六百石以上的中高级官吏而言,而三百石以下的低级官吏,其俸禄是比较微薄的(《两汉俸禄制度研究》,《中国经济社会史研究》1996年第1期)。杨有礼亦赞同汉代官员俸禄等级差额大,下级官员俸禄低这一看法(《秦汉俸禄制度探论》,《华中师范大学学报》1997年第2期)。王军认为低官俸是中国封建社会长期奉行的政策(《中国历史上俸禄制度研究及启示》,《经济研究参考》2003年第83期)。黄惠贤、陈锋在主编的《中国俸禄制度史》(修订版)一书中也认为两汉低级官吏俸禄寡少。

爵,列侯不获。是以贤者不能行礼以从道,品臣不能无枉以从利。君又骤赦以纵贼,民无耻而多盗窃。"①崔寔的观点就比较明确,其《政论》云:"昔在暴秦,反道违圣,厚自封宠,而虏遇臣下。汉兴,因循未改其制。"②仲长统亦持此观点,并指出嬴秦削减吏俸,目的在于应付彼时巨额的军费开支,汉承秦制,因循不改,其文云:"夫薄吏禄以丰军用,缘于秦征诸侯,续以四夷,汉承其业,遂不改更,危国乱家,此之由也。"③

　　吏禄微薄,危国乱家,汉宣帝深明此理。故为惠及小吏,宣帝于神爵三年(前59)八月特下诏普增百石以下吏员俸禄以为定制,其诏曰:"吏不廉平则治道衰。今小吏皆勤事,而奉禄薄,欲其毋侵渔百姓,难矣。其益吏百石以下奉十五。"④《通典·职官》亦记此事云:"汉制禄秩,自中二千石至百石各有等差。宣帝又益天下吏百石以下俸十五。"杜佑又注引应劭《汉书》云:"张敞、萧望之言曰:'夫仓廪实而知礼节,衣食足而知荣辱,今小吏俸率不足,常有忧父母妻子之心,虽欲洁身为廉,其势不能。请以什率增天下吏俸。'宣帝乃益天下吏俸什二。"⑤国家吏治并非天然败坏,薄俸当是其腐化的一个重要原因。宣帝清楚地认识到基层官吏对于国家治理的重要性,故大幅提高基层官吏俸禄,缩小高低级别官吏之间的俸禄差距,旨在从制度上排除滋生贪腐的影响因素。

――――――――

① [汉]王符著,[清]汪继培笺,彭铎校正:《潜夫论笺校正》卷四《班禄第十五》,北京:中华书局,2014年,第221页。
② [汉]崔寔撰,孙启治校注:《政论校注》,北京:中华书局,2012年,第149页。
③ [汉]仲长统撰,孙启治校注:《昌言校注》,北京:中华书局,2012年,第301页。
④ 《汉书》卷八《宣帝纪》,第263页。
⑤ [唐]杜佑撰,王文锦等点校:《通典》卷三五《职官十七》,北京:中华书局,2016年,第956—957页。应劭《汉书》所云宣帝增天下吏俸十二,班固《汉书·宣帝纪》则认为宣帝增百石以下俸十五,加俸的对象和增加的俸额皆有出入,杜佑自言两书于此不同,在没有新材料的情况下,笔者暂存二说。

其次,宣帝特别重视百官,尤其是以郡太守为代表的地方长吏的作用。刘询自霍光薨后亲政,"厉精为治,五日一听事,自丞相已下各奉职而进。及拜刺史守相,辄亲见问,观其所繇,退而考察所行以质其言,有名实不相应,必知其所以然"①。《汉官旧仪》所载宣帝神爵三年(前59)十月甲子拜丞相策有"丞相受诏之官,皇帝延登,亲诏之曰"②云云,又记五凤三年(前55)正月乙巳御史大夫初拜策,言辞相近。③程大昌据拜御史大夫策认为:"入见延登而后之官,是其常也。"④可知就公卿而言,宣帝确实在其上任前亲自召见并赐书勉励。而地方长吏亦如此,如龚遂在赴渤海上任前便得宣帝亲自召见,并问以治郡之策。⑤侯旭东认为宣帝以前诸汉帝拜刺史守相时不需亲自召见新官,宣帝改变惯例,亲自召见新任官员。⑥由此亦可推知宣帝对地方大员的重视程度。

宣帝曾有云:"庶民所以安其田里而亡叹息愁恨之心者,政平讼理也。与我共此者,其唯良二千石乎!"⑦宣帝能中兴汉家天下,离不开二千石长吏的治郡之功。而良二千石多出其时则正有赖于刘询为整顿吏治,明赏罚之道,特别整理制定的一系列针对地方大员的奖惩制度。《汉书·循吏传序》载其事云:"故二千石有治理效,辄以玺书勉厉,增秩赐金,或爵至关内侯,公卿缺则选诸所表以次用之。"⑧汉宣帝持

---

① 《汉书》卷八九《循吏传》,第3624页。
② [清]纪昀等辑:《汉官旧仪》卷上,[清]孙星衍等辑,周天游点校:《汉官六种》,北京:中华书局,1990年,第39页。
③ [清]纪昀等辑:《汉官旧仪》卷上,[清]孙星衍等辑,周天游点校:《汉官六种》,第41页。
④ 杨树达:《汉书窥管》,第537页。
⑤ 《汉书》卷八九《龚遂传》,第3639页。
⑥ 侯旭东:《宠:信—任型君臣关系与西汉历史的展开》,第28页。
⑦ 《汉书》卷八九《循吏传》,第3624页。
⑧ 《汉书》卷八九《循吏传》,第3624页。

循名责实之道,重视制度建设,建立了相对完善的奖惩体系,其对良二千石常下书勉励,又有增秩赐金拜爵之赏,更主动征召治郡有方的地方长官入朝递补公卿之位,最大限度地实现了官员在体制内的正常流动。正是通过这种人为构建于官僚制度内部的联动装置,宣帝得以充分调动地方大员的积极性,使其励精图治,造福百姓。

汉宣帝对良二千石的增秩之赏即属此制。汉代政治中存在着这样的情况:官吏以超过一官职应有的一般秩级担任这一官职,反之即是低于一官职应有的一般秩级担任这一官职。[①]笔者以为可称这一秩级与官职不对等的情况为"增降秩任职"。此类情况于汉代并非罕事,可能与郡(县)城或官职的特殊政治地位、郡城大小乃至地方长官的治郡优劣有关。阎步克总结汉代太守秩次不同的原因,认为大略有三:"一是源于各郡本身存在着高下等差,正如各县本身有高下一样;二是实施奖惩时的增秩、贬秩造成的;其三,郡守一职自身在禄秩序列上占据了一个迁升段落。"[②]

阎先生对职位与品位的拆解可谓精妙。具体而言,首先官吏的"增降秩任职"与所任郡县的特殊政治地位有关。汉初即存在这一现象,高祖刘邦驾崩后,葬于长陵,惠帝登基至吕后称制前期,负责管理长陵的行政长官长陵令秩八百石。《二年律令·秩律》即载长陵令秩八百石。[③]吕后称制六年时,特命长陵令增秩至二千石以尊显其

---

① 黄惠贤、陈锋认为有时汉廷因某一官员政绩突出或失职,并不改变其职务,而是通过"增秩"或"贬秩"即提高或降低该官员的秩别以示奖惩,详可参见黄惠贤、陈锋:《中国俸禄制度史》(修订版),第28—29页。阎步克以品位与职位的互动出发观察汉代的增秩与贬秩情况,认为其时的增秩、贬秩之法尚未发展到促使禄秩转化为一种完全脱离职位而独立累加的"品位"序列,使官员可依此而稳步升降。可参见阎步克:《品位与职位:秦汉魏晋南北朝官阶制度研究》,北京:中华书局,2009年,第201—211页。

② 阎步克:《品位与职位:秦汉魏晋南北朝官阶制度研究》,第210页。

③ 朱红林:《张家山汉简〈二年律令〉集释》,北京:社会科学文献出版社,2005年,第265—267页。

位,颜师古注引应劭语曰:"长陵,高祖陵,尊之,故增其令秩也。"①此举并非褒扬长陵令治迹突出,只因其所辖地域政治地位崇高而已。又成帝时湖三老公乘兴等上书讼王尊治京兆之事,其文有"二卿坐黜"云云,颜师古注引如淳语曰:"三辅皆秩中二千石,号为卿也。即前京兆尹王昌贬为雁门太守,甄遵河内太守也。"②西汉三辅为京畿要地,政治地位突出,三辅长官秩比朝官,秩级自然高于普通太守。

其次,官吏的"增降秩任职"也与所治郡县的大小有关。汉县以万户为界,其长官,治万户以上者称令,秩千石至六百石。理万户以下者为长,秩五百石至三百石。③各县令长的秩级差依据户口数来确定。汉郡应亦以户数确定秩级的内部结构。按汉制,户数十二万以上为大郡,小郡守迁补大郡。④另有万骑太守,元朔三年(前126)武帝就曾以上郡、西河为万骑太守,月俸二万。建昭二年(前37),元帝下诏增加三河及大郡郡守秩级,至成帝绥和元年(前8)方省大郡万骑员秩,相关郡守改秩二千石。⑤阎步克根据以上诸史料,结合《汉书·元帝纪》《汉纪》《汉官六种》等认为汉郡应和汉县一样,本身有级别高下之分。不过,在阎先生看来,这与官员功过增贬和个人秩位无关。⑥这与笔者的观点其实并不矛盾,只是观察时限不同而已。以户口作为区分大小郡的依据,一部分户口大郡,其长官天然可得高秩,若是小郡户口在郡守的治理下增殖,进阶为大郡,自可视为其功。阎先生并不否认这一点,他亦认为在西汉中后期,一度出现了用秩级

① 《汉书》卷三《高后纪》,第99页。
② 《汉书》卷七六《王尊传》,第3234—3236页。
③ 《汉书》卷一九上《百官公卿表上》,第742页。
④ ［清］纪昀等辑:《汉官旧仪》卷下,［清］孙星衍等辑,周天游点校:《汉官六种》,第49页。
⑤ ［清］纪昀等辑:《汉官旧仪》卷下,［清］孙星衍等辑,周天游点校:《汉官六种》,第49页。
⑥ 阎步克:《品位与职位:秦汉魏晋南北朝官阶制度研究》,第201—202页。

区分大小郡的做法。武、昭、宣、元之际的人口盛衰起伏使王朝重视户口问题,汉元帝提高户口充实之郡守秩级,同时又对户口较少的郡降秩,褒扬大郡长官功劳,鼓励小郡太守增殖户口以提高本郡资位。①户口的变动在现实政治中实难与官吏的作为脱钩,这使其带有明显的奖惩色彩。

最后,官吏的"增降秩任职"也与其官职的特殊政治地位有关。平帝元始四年(4),重臣、百姓接连奏书上言,欲讽元后褒赏王莽辅政之功。元后下章有司征询,其官提议加拜王莽为宰衡,宰衡官"以正百僚平海内为职"②,位上公,三公致书需用上行文书惯用句式,称"敢言之"。更待以殊礼,"宰衡出,从大车前后各十乘,直事尚书郎、侍御史、谒者、中黄门、期门羽林。宰衡常持节,所止,谒者代持之"③。王莽由是身兼三官,其印信名"宰衡太傅大司马印",韍如相国。宰衡掾史秩六百石,亦当因其政治地位而高于汉代一般公府掾属。④西汉初年丞相有千石长史,总领掾属。⑤武帝元狩五年(前118)又置司直,秩比二千石,辅佐丞相举不法,成为相府最高属官。其下则为相府掾属,秩级在六百石至百石间,《汉旧仪》云:"汉初置相国史,秩五百石。后罢,并为丞相史。……丞相初置,吏员十五人,皆六百石……武帝元狩六年,丞相吏员三百八十二人:史二十人,秩四百石;少史八十人,秩三百石;属百人,秩二百石;属史百六十二人,秩百石。皆从同秩补。"⑥

---

① 阎步克:《从爵本位到官本位:秦汉官僚品位结构研究》(增补本),北京:生活·读书·新知三联书店,2017年,第358页。
② 《汉书》卷九九上《王莽传上》,第4068页。
③ 《汉书》卷九九上《王莽传上》,第4068页。
④ 《汉书》卷九九上《王莽传上》,第4068页。
⑤ 《汉书》卷一九上《百官公卿表上》,第724—725页;朱红林:《张家山汉简〈二年律令〉集释》,第259—263页。
⑥ [清]孙星衍辑:《汉旧仪》卷上,[清]孙星衍等辑,周天游点校:《汉官六种》,第67—69页。汉世史吏不分,张欣认为,丞相掾属秩级有一个波动变化的过程。可参见张欣:《汉代公府掾史秩级问题考辨》,《中国史研究》2015年第1期。

西汉后期改用三公制,其掾属秩级不明。东汉上公太傅有千石长史,但其下二十四掾属秩级亦不明,太尉为东汉三公最贵者,亦有千石长史及二十四掾属,其中秩级最高者仅为比四百石。《续汉书·百官志》云:"掾史属二十四人。本注曰:《汉旧注》东西曹掾比四百石,余掾比三百石,属比二百石,故曰公府掾,比古元士三命者也。或曰,汉初掾史辟,皆上言之,故有秩比命士。其所不言,则为百石属。其后皆自辟除,故通为百石云。"[1] 由此推断,宰衡的掾属秩级六百石当超过其时普通的上公掾吏秩级,与汉初丞相掾属秩级相同,且有司意在褒扬王莽,增掾属秩级亦属合理。如此,平帝时亦有因官职的特殊政治地位而提高相应官吏秩级的增秩任职情况,但彼时王莽擅权,刘氏早已失去了对国家的控制权,与宣帝的主动调整不同。

上述三种情况主要与郡城、官职的等级地位有关,相对静态,而本书所要讨论的"增降秩任职"则主要与其中最为动态之奖惩所带来的秩级变动关涉。[2] 杨鸿年认为:"所谓郡守秩二千石乃是原则,实际上因为功过增贬以及任职者资格深浅不同,以致太守官秩差别颇

---

[1] 《后汉书》志二四《百官志一》,第3558—3559页。

[2] 值得注意的是,两汉官场存在守官制度,即"试用期"一说,黄惠贤、陈锋认为,官吏从低秩别官职升任高秩别官职,须经一年试用考察,只有考核合格后,才能升级并享受该秩别应得的俸禄,可参见黄惠贤、陈锋:《中国俸禄制度史》,第31—32页。关于守官制度,日本学者大庭脩另有一说,认为守官是代理某官,即由卑秩(或卑位次)之官兼任高秩(或高位次)之官,可一并参看。[日]大庭脩著,徐世虹等译:《秦汉法制史研究》,上海:中西书局,2017年,第371—385页。《汉书·平帝纪》云:"(元始元年正月)吏在位二百石以上,一切满秩如真。"颜师古注引如淳曰:"诸官吏初除,皆试守一岁乃为真,食全奉。平帝即位故赐真。"(《汉书》卷一二《平帝纪》,第349页)因此有可能会出现官员以低秩任高职的情况,如《汉书·黄霸传》云:"征守京兆尹,秩二千石。"(《汉书》卷八九《黄霸传》,第3631页)黄霸试守京兆尹,故以颍川太守二千石之秩任理应秩中二千石的京兆尹一职。此种情况不属于笔者所认为的以奖掖吏治为宗旨的"增降秩任职"范畴,特此说明。

大，上自中二千石，下至八百石，凡有六级之别。"①阎步克指出："增
秩、贬秩的目的，是既维持官员职责不致变动，同时又要褒其功绩、惩
其过失……"②秩级与地方长官的治郡成绩优劣挂钩，目的正是为了
充分调动地方长官的积极性，以敦促其人尽心理政。

以此为初衷的"增降秩任职"并非独见于宣帝朝，汉武帝时便有
其事。元狩四年（前119）春汉军深入漠北，大败匈奴。此役之后武
帝论功行赏，特加恩于有功的边郡太守，其中拜西河太守常惠为关内
侯，命云中太守遂成秩比诸侯相，并赐二百户食邑及百斤黄金。③

武、昭、宣之时诸侯国相秩级高于普通郡太守。元狩五年武帝拜
汲黯为淮阳太守。汲黯本愿为中郎，不意外任，虽屡辞印绶，却仍难
违书，只得赴任。汲黯到郡，以清静理政，淮阳大治。尔后朝中政
治变动，御史大夫张汤败亡。先是，汲黯临行前曾劝大行李息弹劾张
汤乱国，李息畏惧张汤权势，不敢上言。后武帝闻知此语，便惩处了
李息，又令汲黯以诸侯相秩治淮阳。④裴骃注引如淳曰："诸侯王相在
郡守上，秩真二千石。律，真二千石俸月二万，二千石月万六千。"⑤又

---

① 杨鸿年：《汉魏制度丛考》，武汉：武汉大学出版社，2005年，第330页。阎步克认
为在此基础上应加上"真二千石"，为七级之别。阎步克：《从爵本位到官本位：
秦汉官僚品位结构研究》（增补本），第356页。
② 阎步克：《品位与职位：秦汉魏晋南北朝官阶制度研究》，第204页。
③ 《汉书》卷五五《霍去病传》，第2487页。
④ 《史记》卷一二〇《汲黯列传》，第3110页。
⑤ 《史记》卷一二〇《汲黯列传》，第3111页。汉代史料所谓"真二千石"之秩，一
直存在争议，阎步克总结有三等说与四等说之分。三等说即认为二千石之秩只
有中二千石、二千石、比二千石，共三等。如唐人杜佑认为二千石"亦曰真二千
石"。周国林考证后指出真二千石就是二千石，详见周国林：《汉史杂考》，《华中
师范大学学报》1995年第1期。廖伯源赞同这一说法，并经其考辨后确认，汉代
并无官员之秩级为真二千石，真二千石为二千石之别名，详见廖伯源：《辨"真
二千石"为"二千石"之别称》，《史学月刊》2005年第1期。杨际平（《中国财政
通史·秦汉财政史》，第732页），黄惠贤、陈锋（《中国俸禄制度史》[修订版]，第
50页）亦认同此说。周群则认为真二千石起初指中二千石，后又用（转下页）

彼时有名儒孔霸，承家业，师从夏侯胜习《尚书》，昭帝末年为博士，宣帝时任大中大夫，尝为詹事教授皇太子，后为高密相，史称"是时，诸侯王相在郡守上"[1]。直至初元三年（前46）春，元帝令诸侯相位在郡守下，郡守、国相势位方易。[2]故元狩四年云中太守遂成凭借军功以诸侯国相秩守云中，当属增秩任职。而张汤乱国，汲黯有言在先，武帝为表彰汲黯之忠，命其以诸侯相秩治淮阳，亦当是增秩任职。宣帝时张敞奏书黄霸，重提此事，云武帝治李息之罪而使汲黯秩诸侯相，"取其思竭忠也"[3]，更是明确了武帝奖掖汲黯的初衷。周群指出，受现实政治影响，诸侯王相的地位秩级是动态变化的，汲黯元鼎二年

（接上页）于区分二千石和比二千石，成为二千石的别称，详见周群：《西汉二千石秩的演变》，《史学月刊》2009年第10期。四等说则认为真二千石亦是二千石之秩中的一级，与中二千石、二千石、比二千石同列。后世史家如淳、颜师古、司马贞等人及若干当代学者皆以为汉官秩有"真二千石"之秩级，如陈梦家以为两汉皆有"真二千石"之秩，高于二千石，详见陈梦家：《汉简所见奉例》，《汉简缀述》，北京：中华书局，2004年，第135—138、147页。又聂崇岐讨论汉代官俸时，也将真二千石目为二千石之秩中的一级，详见聂崇岐：《汉代官俸质疑》，《宋史丛考》，北京：中华书局，1980年，第231—262页。朱绍侯认为汉代的二千石官秩共有四级，即中二千石、真二千石、二千石和比二千石，"中二千石是九卿级的官秩，真二千石是诸侯相的官秩，二千石是中央校尉及郡太守的官秩，比二千石是丞相司直（原文作'置'，当是手民之误）及郡都尉等的官秩"。详见朱绍侯：《〈尹湾汉墓简牍〉是东海郡非常时期的档案资料》，《史学月刊》1999年第3期。阎步克综合二说，提出了一种矛盾较少的理解，认为在西汉秩级最繁密时，曾有"真二千石"一秩，参见阎步克：《从爵本位到官本位：秦汉官僚品位结构研究》（增补本），第305—313页。任攀根据敦煌汉简残片提出了对真二千石的新解，认为至迟在平帝元始五年十二月前后，"真二千石"确是作为正式秩级存在的，与阎先生观点不尽相同，可供参考，详见任攀：《敦煌汉简中有关汉代秩级"真二千石"的新发现》，《史学月刊》2013年第5期。近来孙正军亦撰文讨论此问题，认为真二千石在元鼎二年之前业已确凿无疑地成为一种秩级，在汉武帝设计的秩级结构序列中是职掌帝室宗亲事务长官之专属秩级，具有明确的分类意义，参见孙正军：《汉武帝朝的秩级整理运动——以比秩、中二千石、真二千石秩级的形成为中心》，《文史哲》2020年第5期。总之，在本书所引的这段史料的语境中，笔者认为，诸侯王相所谓真二千石的秩级高于二千石应是确凿无疑的。
[1]　《汉书》卷八一《孔光传》，第3352页。
[2]　《汉书》卷九《元帝纪》，第283页。
[3]　《汉书》卷八九《黄霸传》，第3632—3633页。

（前115）开始以诸侯相秩居淮阳，其所享受的秩级（诸侯王相秩）应与御史大夫相同，为中二千石。①

昭帝时亦有其事。刘弗陵年幼即位，委政霍光。某日，殿中有怪，群臣相惊整夜。霍光召见尚符玺郎，意得印玺发书，郎官不予。霍光欲强夺，郎官按剑曰："臣头可得，玺不可得也！"郎官恪守职责，不轻易授玺于他人，霍光颇为赞赏，为表其忠心，次日增其秩二等。②又昭帝时蒙人焦贡为小黄令，推行良政，为吏民所爱。焦贡治县有功当迁，是日天子征召，百姓不舍，吏民上书，故昭帝特听允焦贡留治小黄，增秩至千石。③汉县大小关系令长秩级，前文已述。小黄称令，户数当在一万以上，却又不及千石令，故昭帝为褒焦贡之功，特增其秩至千石，使其留任小黄。

虽然武、昭二朝皆有其政，但只零星散见。宣帝即位后，积极推广此制，使之成为经典的孝宣政治。彼时名臣赵广汉即曾上书宣帝为吏员请增秩之赏，"令长安游徼狱吏秩百石"④，颜师古注曰："特增其秩以厉其行。"⑤因西汉俸禄制度模糊，颜师古补注又或为东汉制度，故彼时游徼原秩不明。于振波认为游徼为斗食之官。⑥若游徼原秩高于百石，无须赵广汉特请，亦如颜师古所注，当无鼓励之意。如

---

① 周群：《西汉二千石秩级的演变》，《史学月刊》2009年第10期。
② 《汉书》卷六八《霍光传》，第2933—2934页。
③ 《风俗通义》云："昭帝时，蒙人焦贡为小黄令，路不拾遗。诏迁贡，百姓挥涕守阙，求索还贡；天子听增贡之秩千石。"（［汉］应劭撰，王利器校注：《风俗通义校注·佚文》，北京：中华书局，2010年，第597页）《汉书·京房传》云："（焦）延寿字赣。……既成，为郡史，察举补小黄令。以候司先知奸邪，盗贼不得发。爱养吏民，化行县中。举最当迁，三老官属上书愿留赣，有诏许增秩留，卒于小黄。"颜师古注曰："赣音贡。"（《汉书》卷七五《京房传附焦延寿传》，第3160页）焦延寿与焦贡当为同一人。陈直即认同此说，参见陈直：《汉书新证》，天津：天津人民出版社，1979年，第388页。
④ 《汉书》卷七六《赵广汉传》，第3203页。
⑤ 《汉书》卷七六《赵广汉传》，第3203页。
⑥ 于振波：《秦汉校长考辨》，《中国史研究》2018年第1期。

此推之，赵广汉此请确是为其吏员增秩，这一建议得到了宣帝的批准，吏员也因此克己奉公，“其后百石吏皆差自重，不敢枉法妄系留人”[1]。张敞亦有此举，宣帝时胶东、渤海有乱，张敞上书自请治剧。宣帝征召张敞，拜其为胶东相，赏赐黄金三十斤。张敞主张明赏罚，以劝善惩恶，赴任时便请宣帝授权以增秩奖掖掾吏，“吏追捕有功效者，愿得壹切比三辅尤异”[2]。如淳曰：“壹切，权时也。赵广汉奏请令长安游徼狱史秩百石，又《循吏传》左冯翊有二百石卒史，此之谓尤异也。”[3]张敞此举正是出于奖掖吏治的目的，与宣帝的初衷相吻合，自然也得到了宣帝的首肯。张敞到郡，明令悬赏，又分化群盗。掾吏追捕有功，张敞则通名尚书调补其人为县令。前后有数十人得调，当是张敞特请之政。由此，胶东遂平。[4]

　　如淳所谓得任左冯翊二百石卒史者，即黄霸。《汉书·黄霸传》云：“（黄霸）后复入谷沉黎郡，补左冯翊二百石卒史。”如淳又曰：“三辅郡得仕用它郡人，而卒史独二百石，所谓尤异者也。”[5]此事应在武、昭之际。严耕望、廖伯源、阎步克等学人多认为左冯翊为京畿要地，政治地位冠绝天下，当非奖掖之意，当属前文所述郡城之特殊政治地位的范畴。李迎春则有不同认识。[6]结合前文赵广汉之请来看，在其时的三辅地区，官吏以政治地位和因皇帝赏赐增秩的情况应是同时存在，而左冯翊卒史缘何秩二百石在现有史料下尚不明确，姑且不

---

①　《汉书》卷七六《赵广汉传》，第3203页。
②　《汉书》卷七六《张敞传》，第3219页。
③　《汉书》卷七六《张敞传》，第3220页。
④　《汉书》卷七六《张敞传》，第3220页。
⑤　《汉书》卷八九《黄霸传》，第3627—3628页。
⑥　阎步克认同这一观点，他认为：“京畿是一个特殊地区，属吏级别较高。”阎步克：《从爵本位到官本位：秦汉官僚品位结构研究》（增补本），第367页。严耕望（《中国地方行政制度史·秦汉地方行政制度》，上海：上海古籍出版社，2007年，第116页）、廖伯源（《简牍与制度》，桂林：广西师范大学出版社，2005年，（转下页）

议。但作为宣帝朝最典型的循吏代表,黄霸数十年的仕宦经历,正为宣帝这一奖惩制度的完整运行提供了最好的范本。

黄霸少学律令,乐为小吏,武帝末年入补侍郎谒者,后因罪坐免,又入谷沉黎郡,补左冯翊二百石卒史,始列郡朝。黄霸尽心本业,初在地方,后至中央,于所任诸职,皆有政绩。本始二年(前72)公卿大议武帝庙号,黄霸因时预先得知夏侯胜非议武帝却不弹劾,忤逆宣帝,下狱几死,幸得获赦,先后担任谏大夫、扬州刺史。地节三年(前67)黄霸以贤良高第为颍川太守,秩比二千石,居官赐车盖,特高一丈,别驾主簿车,缇油屏泥于轼前。[1]虽然秩级不如秩二千石的普通汉郡太守,但黄霸及属官的出入仪仗特殊,可知宣帝褒扬之意。数年后黄霸因治行为天下第一,得以入守京兆尹,秩二千石,期间却因征发民夫修治驰道事先未上报朝廷,又因调遣骑士至北军却没有平衡人马数量而被弹劾,连遭贬秩,以八百石的秩级复治颍川。[2]黄霸初治颍川时秩比二千石,后试守京兆尹,秩二千石,再因过降秩,复归颍川,以八百石治郡。故黄霸再治颍川应属降秩任职,亦即阎步克所认为的是黄霸之个人级别,而非郡本身的秩级。[3]当是宣帝因黄霸治京

<hr />

(接上页)第54页)皆有类似看法。李迎春则认为汉代"三辅尤异"指三辅治行尤异的官员,而非一种优待三辅官员的特殊制度。他进一步认为汉代郡太守、都尉等二千石、比二千石官员的属吏卒史皆秩百石,中二千石卿府卒史则秩二百石,故左冯翊卒史秩二百石是普遍现象,谈不上"尤异"与否。参见李迎春:《论卒史一职的性质、来源与级别》,西北师范大学历史文化学院等编:《简牍学研究》第6辑,兰州:甘肃人民出版社,2015年,第133—151页。近来关于张敞请比三辅尤异,李迎春又有新说,认为结合传世与出土文献来看,"尤异"是对官员治绩的评语,指政绩卓异。具体有两种形式:一是针对下级官吏追捕敌人功效而定的可以作为升迁依据的功劳等级,一是针对长吏"治行"的考核评价。张敞之说则为前者。参见李迎春:《从出土简牍看如淳"三辅尤异"说之讹——兼谈汉代仕进制度中的两种"尤异"》,《西北师大学报》2022年第1期。可备一说。
① 《汉书》卷八九《黄霸传》,第3629页。
② 《汉书》卷八九《黄霸传》,第3631页。
③ 阎步克:《从爵本位到官本位:秦汉官僚品位结构研究》(增补本),第356页。

兆不利而予以惩罚,是其奖惩制度的具体表现。

宣帝朝降秩任职还有一例,见于《汉书·严延年传》。河南太守严延年尝举廉吏,却察人不明,该狱史实为贪赃枉法之徒,结果严延年坐选举不实贬秩,故自嘲曰:"后敢复有举人者矣!"[①] 严延年虽遭事贬秩,却仍留任河南,后为旧丞义弹劾,在河南太守任上获罪弃市。《汉书·宣帝纪》可为旁证,其文云:"(神爵四年)十一月,河南太守严延年有罪,弃市。"[②] 可知彼时宣帝当是降秩留任严延年,以示惩罚。

神爵四年(前58)四月,黄霸又因在颍川任上治行突出,增秩至中二千石,得拜关内侯,并获赐百斤黄金,数月之内仍为太守。[③] 如淳曰:"太守虽号二千石,有千石、八百石居者。有功德茂异乃得满秩。霸得中二千石,九卿秩也。"晋灼曰:"此直谓二千石增秩为中二千石耳,不谓满不满也。"颜师古曰:"如说非也。霸旧已二千石矣,今增为中二千石,以宠异之。此与地节三年增胶东相王成秩其事同耳。"[④] 颜师古以为黄霸事与宣帝地节三年(前67)胶东国相王成增秩事相同,该年三月,宣帝有诏曰:"盖闻有功不赏,有罪不诛,虽唐虞犹不能以化天下。今胶东相成劳来不怠,流民自占八万余口,治有异等。其秩成中二千石,赐爵关内侯。"[⑤] 如前所述,宣帝时诸侯王国相位仍在郡太守之上,但秩级较汲黯时进一步下降,已经低于中二千石,周群认为宣帝地节三年诸侯王相秩必已为二千石。[⑥] 且胶东国远在山东半岛,并非三辅京畿之地,西汉末年人口盛时且仅有七万余户,三十余万口,边地小国而已,故王成为中二千石王国相,应属增秩任职,如

---

① 《汉书》卷九〇《严延年传》,第3670页。
② 《汉书》卷八《宣帝纪》,第264页。
③ 《汉书》卷八《宣帝纪》,第264页。
④ 《汉书》卷八《宣帝纪》,第264页。
⑤ 《汉书》卷八《宣帝纪》,第248页。
⑥ 周群:《西汉二千石秩级的演变》,《史学月刊》2009年第10期。

此，当是宣帝奖惩制度的又一例证。

宣帝以降，西汉诸帝亦奉行此政。宣帝时召信臣为南阳太守，为民兴利，南阳因而殷富，得赐黄金四十斤。后召信臣改任河南太守，"治行常为第一，复数增秩赐金"①。又成帝建始四年（前29）秋，黄河暴涨，因河道壅塞，遂成洪水，祸及四郡三十二县，官民被灾。东郡金堤即由此毁坏。②东郡太守王尊以身祀水，勇气可嘉，感动吏民，故成帝特下诏命王尊以中二千石之秩治东郡，再赏赐黄金二十斤。③与黄霸相同，王尊所得亦是"增秩+赏金"的组合。另西汉末年萧望之之子萧咸，周历好畤、淮阳、泗水、张掖、弘农、河东诸地，"所居有迹，数增秩赐金"④。

再者，前举王成、黄霸皆因治郡有功得增秩拜爵之赏，与《汉书·循吏传序》相合。黄霸后续的官职变动亦属宣帝奖掖吏治的范畴。自增秩至中二千石数月后，黄霸便由颍川入朝为公卿，先为太子太傅，再迁御史大夫。⑤西汉后期存在着一条郡太守（二千石地方官）—高第郡太守（中二千石地方官）—公卿（诸卿、御史大夫⑥、丞相）的升迁路径。哀帝时朱博上书云："故事，选郡国守相高第为中二千石，选中二千石为御史大夫，任职者为丞相，位次有序，所以遵圣

---

① 《汉书》卷八九《召信臣传》，第3642页。
② 《汉书》卷一〇《成帝纪》，第308—309页；《汉书》卷二九《沟洫志》，第1687—1688页。
③ 《汉书》卷七六《王尊传》，第3237—3238页。
④ 《汉书》卷七八《萧望之传附萧咸传》，第3291页。
⑤ 《汉书》卷八九《黄霸传》，第3632页。
⑥ 在陈仲安、王素看来，西汉大部分时期御史大夫秩中二千石，位为上卿，秩级和印绶皆次于丞相与太尉，是西汉中央政府第三高官，参见陈仲安、王素：《汉唐职官制度研究》（增订本），上海：中西书局，2018年，第3—7页。阎步克则认为御史大夫的秩级有多次变化，从二千石逐渐升为无秩名（介于中二千石与丞相之间），详参阎步克：《从爵本位到官本位：秦汉官僚品位结构研究》（增补本），第313—317页。

德，重国相也。"①阎步克认为这是西汉通例。②结合史料来看，王成早逝，故无缘入朝为公卿；黄霸因治行尤异增秩为中二千石太守，数月后即入京为太子太傅、御史大夫，再为丞相，确实符合朱博所说的升迁故事。这应是宣帝为奖掖吏治，征召治郡有方的地方长官入朝补公卿朝位之举，即所谓"公卿缺则选诸所表以次用之"③。日本学者纸屋正和认为汉宣帝重视郡国的二千石官员，推行了积极录用郡国二千石守相为公卿的政治方针。④

《汉书》还有他例可证。昌邑王旧臣龚遂经丞相御史举荐，被宣帝拜为渤海太守。之后龚遂因治理渤海有功，受征入朝。因其年老，故宣帝不拜龚遂为公卿，改授其水衡都尉一职。水衡都尉虽只是二千石卿，但执掌上林禁苑，负责修建宫馆以及向宗庙提供祭品，亲近内廷，为宣帝所重。⑤宣帝褒扬龚遂治郡之功，征其入朝，若龚遂年轻力壮，自可担任公卿。又庐江朱邑原为北海太守，后因治行第一被宣帝征拜为居卿位、秩中二千石的大司农。⑥朱邑的升迁过程也符合宣帝为奖掖吏治，拔擢良二千石入朝为公卿的故事。

宣帝以降，西汉皇帝仍在一定程度上采用此制。纸屋正和统计了西汉后半期（武、昭、宣、元、成、哀、平）先事郡国，后入朝为公卿的官员占当朝升任公卿官员的比重，据其不完全统计，宣帝朝此项比重最大，成帝朝紧随其后。⑦虽然受多种政治因素的影响，这一比例自

---

① 《汉书》卷八三《朱博传》，第3405页。
② 阎步克：《从爵本位到官本位：秦汉官僚品位结构研究》（增补本），第316页。
③ 《汉书》卷八九《循吏传》，第3624页。
④ ［日］纸屋正和著，朱海滨译：《汉代郡县制的展开》，上海：复旦大学出版社，2016年，第236页。
⑤ 《汉书》卷八九《龚遂传》，第3641页。
⑥ 《汉书》卷一九上《百官公卿表上》，第731—733页。
⑦ ［日］纸屋正和著，朱海滨译：《汉代郡县制的展开》，第236—238页。

宣帝以后总体缩水严重,但西汉后世皇帝并没有完全废止此项方针。如前举活跃于宣、元之时的召信臣即因治理河南颇有功劳,亦得增秩赐金之赏,竟宁年间元帝征召信臣入朝为少府,列于九卿。[①] 又成帝时薛宣历任临淮、陈留两郡,后右迁左冯翊,再至少府,数月间先后为御史大夫、丞相,亦当是宣帝故政的延续。[②]

汉宣帝正是通过由诸如增加小吏俸禄、增降秩任职、赏金赐爵、考功黜陟等一系列措施构成的动态奖惩机制来整顿吏治,取得了很好的效果,以至其时循吏辈出,流芳百世,"若赵广汉、韩延寿、尹翁归、严延年、张敞之属,皆称其位,然任刑罚,或抵罪诛。王成、黄霸、朱邑、龚遂、郑弘、召信臣等,所居民富,所去见思,生有荣号,死见奉祀,此廪廪庶几德让君子之遗风矣"[③]。政通人和,汉朝由是中兴。故班固有赞曰:"是故汉世良吏,于是为盛,称中兴焉。"[④] 合理有效的吏治建设,使得宣帝朝以此为核心的政治实践,明显区别于武帝时政,加之"霸王道杂之"的政治思想,一道构成了经典的孝宣政治。在兼具帝国崇儒意识形态与政治行政理性传统的同时,又不失自身鲜明特色。汉宣帝推行良政,最终中兴了衰败的汉朝,为后世所称颂。孝宣政治由此也成为促使东汉士人"孝宣情结"缘起的重要因素。

---

① 《汉书》卷八九《召信臣传》,第3642页。
② 《汉书》卷八三《薛宣传》,第3387—3393页。前揭成帝朝有东郡太守王尊秩中二千石,其后却不见有升迁的记载,则另有他故。观王尊之仕宦经历,颇为坎坷,可谓屡仆屡起。王尊先前入朝治京兆,颇有良效,却以故遭劾免职。时任御史大夫张中(忠)更称其"不宜备位九卿"(《汉书》卷七六《王尊传》,第3233页)。故王尊实已不为朝廷所重。其后幸得三老申言方才复起为徐州刺史、东郡太守。王尊虽于水患中处变不惊,得增秩赐金,却只得终老东郡,当因前番有过之故。
③ 《汉书》卷八九《循吏传》,第3624页。
④ 《汉书》卷八九《循吏传》,第3624页。

第二节　制造汉宣帝:西汉中后期时
人对汉宣帝形象的层累建构

　　"孝宣情结"的缘起,除孝宣政治外,亦受到西汉时人层累建构的汉宣帝中兴形象的影响。刘秀以前汉宗室的身份起兵,高举光复大旗,最终重建汉朝。于新生的东汉而言,光武此举实属创革,但因其自觉承绪西汉,以至"中兴"成为东汉士人政治话语体系中的重要一环。对这一政治话语的自我认同驱使士人与和光武相似,起于民间,有中兴之功的汉宣帝产生了共鸣。如此认同感与归属感的产生,离不开西汉时人对宣帝中兴形象的建构。

　　这一建构,始于宣帝树立统治权威的需要。这种中国古代传统帝王的统治权威建立在其获得政权的合法性和统治措施的正确性之上。[1]因其特殊的身世背景,宣帝是西汉继高祖刘邦之后第一位起于闾里的皇帝。从庶民到皇帝的飞跃绝非易事,在汉代正常的皇位传承体系中,庶人本不具备成为皇帝的条件。元平元年(前74)七月庚申,庶民刘病已沐浴更衣斋戒后入朝,"庚申,入未央宫,见皇太后,封为阳武侯。已而群臣奉上玺绶,即皇帝位,谒高庙"[2]。刘病已先入宫朝见上官太后,受爵阳武侯,再登帝位,后拜谒高庙。这一仪式流程较之正常的即位礼仪稍显复杂,却颇具深意,颜师古注曰:"先封侯者,不欲立庶人为天子也。"[3]

---

① 金霞:《两汉魏晋南北朝祥瑞灾异研究》,北京师范大学博士学位论文,2005年,第32页。
② 《汉书》卷八《宣帝纪》,第238页。
③ 《汉书》卷八《宣帝纪》,第239页。

　　细考汉代史料可知,在时人眼中,天子实乃爵位体系中的一环。平帝元始五年(5),时任大司马的王莽奏言中便有"王者父事天,故爵称天子"①云云,可知天子即为爵位。东汉官方认定的《白虎通》亦明确视天子为爵位,由天授予。②汉代君主常因国家吉事遍赐民爵,旨在将天下百姓纳入国家秩序之中。西嶋定生视爵制秩序为国家秩序,并指出:"以皇帝为中心,使所有的官吏庶民都参加到这个爵制秩序中来,人人都作为这一结构的成员而被安排到一定的位置上。"③庶民虽可积累爵级,却至高不过公乘,与高爵相异,非能进入国家核心。④王充有云:"起于微贱,无所因阶者难;袭爵乘位,尊祖统业者易。"⑤王充所指当非普通民爵。由此可知,庶人若非以武功超阶,则当先有高爵,进入高级爵位系统后,方有可能成为天子。又按《续汉书》,东汉皇帝驾崩后,太子在柩前先即天子位(爵),再即皇帝位。⑥反观宣帝的即位仪式,刘病已由权臣奏议,经前朝皇权的代表上官太后同意,先拜爵为侯,继晋爵为天子⑦,再登基为帝,后拜谒高庙以最终确认皇帝身份。这样的流程致使宣帝的君权近乎于人授,终究不

---

① 《汉书》卷二五下《郊祀志下》,第1264页。
② 〔清〕陈立撰,吴则虞点校:《白虎通疏证》卷一《爵》,北京:中华书局,1994年,第1—6页。
③ 〔日〕西嶋定生著,武尚清译:《中国古代帝国的形成与结构——二十等爵制研究》,北京:中华书局,2004年,第447页。
④ 关于二十等爵制的研究可谓丰富,囿于篇幅,恕不赘述,其中具有代表性的如朱绍侯《军功爵制研究》(北京:商务印书馆,2017年)、西嶋定生《中国古代帝国的形成与结构——二十等爵制研究》(武尚清译,北京:中华书局,2004年)等,俱为佳作。近来杨振红根据新出简牍重新审视二十等爵制的起源、分层发展及其原理,颇有新意,可参考杨振红:《从新出简牍看二十等爵制的起源、分层发展及其原理——中国古代官僚政治社会构造研究之三》,《史学月刊》2021年第1期。
⑤ 黄晖:《论衡校释(附刘盼遂集解)》卷一九《恢国》,第963页。
⑥ 《后汉书》志六《礼仪志下》,第3143页。
⑦ 晋爵为天子这一流程依据前举《后汉书·礼仪志》所载推测,史书常省称,笔者认为彼时既然存在爵位秩序,且又有先封刘病已侯爵的举动,晋爵应是其中应有的环节,故补。

如由之天命的"天子"(即自动获得天命的储君)。先前刘贺荒淫,群臣联名上奏太后请废帝,由尚书令诵读奏章,历数其无道之行。读奏未罢,上官太后便怒斥云:"止!为人臣子当悖乱如是邪!"[①]彼时刘贺尚为皇帝,仍被太后斥为人臣子,可推知由这一途径登基为帝者脆弱的权力基础,皇权的神圣性亦遭到严重地削弱。天命的先天不足,致使刘病已需要借用特殊的政治符号来反复证明其获得政权的合法性和统治措施的正确性,而西汉时人在强调宣帝获得政权合法性和统治政策正确性的同时,又推动了其中兴形象的建构。

一、谶纬与祥瑞:汉宣帝在位前后的形象建构

汉昭帝元凤三年(前78),即汉宣帝登基前四年,出现了一系列的异象。《汉书·眭弘传》记此事云:

> 孝昭元凤三年正月,泰山莱芜山南匈匈有数千人声,民视之,有大石自立,高丈五尺,大四十八围,入地深八尺,三石为足。石立后有白乌数千下集其旁。是时昌邑有枯社木卧复生,又上林苑中大柳树断枯卧地,亦自立生,有虫食树叶成文字,曰"公孙病已立",孟推《春秋》之意,以为"石柳皆阴类,下民之象,泰山者岱宗之岳,王者易姓告代之处。今大石自立,僵柳复起,非人力所为,此当有从匹夫为天子者。枯社木复生,故废之家公孙氏当复兴者也"。孟意亦不知其所在,即说曰:"先师董仲舒有言,虽有继体守文之君,不害圣人之受命。汉家尧后,有传国之运。汉帝宜谁差天下,求索贤人,禅以帝位,而退自封百里,如殷周二王后,以承顺天命。"孟使友人内官长赐上此书。时,昭帝

---

① 《汉书》卷六八《霍光传》,第2944页。

> 幼,大将军霍光秉政,恶之,下其书廷尉。奏赐、孟妄设妖言惑
> 众,大逆不道,皆伏诛。后五年,孝宣帝兴于民间,即位,征孟子
> 为郎。①

该年天下异象频出,泰山大石自立,昌邑僵柳复起,上林虫叶成字。
天人感应的流行,使得其时的一些士人对异象的出现尤为敏感,并常
以此来反思现实政治。儒生眭弘推《春秋》之意,又引董仲舒之言,
认为汉帝应让位于贤人,而此贤人当是时为匹夫的"故废之家公孙
氏"。此番言论在其时可谓大逆不道,眭弘由此获罪于朝廷,伏诛身
死。但这样的异象却在四年后与拥有特殊身份(故废之家+公孙病
已)的刘病已的登基产生了联系。

前贤时彦对昭帝时的谶纬异象颇为关注,多认为其关涉武帝以
降的政治斗争。②此说可考,但从另一角度来看,昭帝以后,昌邑王虽
登大位,旋即被废,刘病已以故太子嫡孙的身份登基,正合异象。而
且在眭弘的观念中,汉家当传国于贤人,其后霍光在讨论继嗣问题时
亦主张于汉家子孙中择贤取之。元平元年(前74)七月霍光与群臣
议立刘病已为帝以继嗣昭帝,联名奏书上官太后曰:"礼,人道亲亲故

---

① 《汉书》卷七五《眭弘传》,第3153—3154页。
② 孙家洲认为柳叶谶文出于西汉中叶,《河图·录运法》行世,也远早于公孙述称
帝之前,显然皆非出于后来的当事人妄行编造,而是在某种偶然性巧合的基础
上,以曲解和附会的方式,凑成了它的"应验"。可参见孙家洲:《汉代"应验"
谶言例释》,《中国哲学史》1997年第2期。张小锋认为"公孙病已立"谶语背后
存在着激烈的政治斗争,它的出现为宣帝得即大统产生了积极影响,同时也拉开
了西汉后期易君受命活动的序幕。可参见张小锋:《"公孙病已立"谶言的出现
与昭帝统治局势》,《中国史研究》2001年第1期。侯婕则结合始元五年(前82)
民间一男子谎称卫太子以制造事端,后被腰斩之事认为,这两起事件实际上是卫
太子残存势力暗中操作,本质上是借太子冤屈以挑战昭帝帝位的合法性,这无疑
是对当时昭帝辅佐者霍光的一种挑衅。可参见侯婕:《昌邑王刘贺废立史实
考——兼论霍光的真实形象》,中国历史文献研究会编:《历史文献研究》(总第
41辑),扬州:广陵书社,2018年,第65—84页。

尊祖,尊祖故敬宗。大宗毋嗣,择支子孙贤者为嗣。孝武皇帝曾孙病已,有诏掖庭养视,至今年十八,师受《诗》《论语》《孝经》,操行节俭,慈仁爱人,可以嗣孝昭皇帝后,奉承祖宗,子万姓。"[1] 于是贤人刘病已自民间起,登基为皇帝,名讳事迹皆与谶纬异象暗合,正可弥补宣帝天命的先天不足。而宣帝即位后征召眭弘之子为郎,既出于安抚人心的需要,又表明了自身对眭弘解释谶纬异象的认同。在这一过程中,宣帝完成了对此异象的利用,在昭示其天命所归的同时,又塑造了自己的贤主形象。

宣帝登基后,基于继续强化其获得政权的合法性和因其即位后亟待证明之统治措施正确性的需要,另一种中国古代具有特殊意义的政治符号——祥瑞被广泛地记载,成为西汉时人建构汉宣帝中兴形象的另一取径。祥瑞在中国古代政治中具有特殊的象征意义。孔子有语云:"凤鸟不至,河不出图,吾已矣夫!"[2]张载尝曰:"凤至图出,文明之祥。伏羲、舜、文之瑞不至,则夫子之文章,知其已矣。"[3]朱熹有注曰:"凤,灵鸟,舜时来仪,文王时鸣于岐山。河图,河中龙马负图,伏羲时出,皆圣王之瑞也。已,止也。"[4]凤鸟、河图皆是圣王之祥,世无圣王,自然凤鸟不至,河不出图,孔子由是感叹生命将尽。反之则意味着圣王出世。

自孔子以来,儒生便把祥瑞的出现视为圣王出世的标准之一,后世帝王无不醉心于其所构建的"祥瑞现则圣王出"的联动装置。战国时期的五德终始说及汉武帝时董仲舒提出的天人感应说显然又强

① 《汉书》卷八《宣帝纪》,第238页。
② 〔宋〕朱熹:《论语集注》卷五《子罕第九》,《四书章句集注》,北京:中华书局,1983年,第111页。
③ 〔清〕王夫之著,王孝鱼点校:《张子正蒙注》卷六《三十篇》,北京:中华书局,1975年,第208页。
④ 〔宋〕朱熹:《论语集注》卷五《子罕第九》,《四书章句集注》,第111页。

化了这一联动装置。①王充云:"儒者说凤皇骐驎为圣王来,以为凤皇骐驎,仁圣禽也,思虑深,避害远,中国有道则来,无道则隐。称凤皇骐驎之仁知者,欲以褒圣人也,非圣人之德,不能致凤皇骐驎。"②缺乏天命的汉宣帝正需要此来巩固自己的地位。由《汉书》诸纪传可见,宣帝朝所见祥瑞颇多,如元康二年(前64)三月凤皇甘露降集,元康三年(前63)春神爵数集泰山,六月数以万计的五色鸟飞过三辅诸县。③总之,宣帝时祥瑞频现,史称其时"天下和平,四夷宾服,神爵、五凤之间屡蒙瑞应"④。这无疑昭示着宣帝天命所归,其获得政权的合法性和统治措施的正确性自然不言自明。

西汉士人不但上报祥瑞,还为宣帝作歌颂德。神爵、五凤间,天下富足,祥瑞频出。彼时宣帝颇作诗歌,有意发展协律之业,广求博识通达才德出众之士。益州刺史王襄为歌颂宣帝圣政,教化四方百姓,特请辩士王褒作诗歌,分别名为《中和》《乐职》《宣布》,又选人依《鹿鸣》之声练习唱和。⑤三诗皆以颂扬汉德为旨,"中和者,言政教隆平,得中和之道也。乐职,谓百官万姓乐得其常道也。宣布,德化周洽,遍于四海也"⑥。王褒另有《四子讲德论》,设微斯文学、虚仪夫子、浮游先生、陈丘子四人,暗喻其志。浮游先生有语云:"世平道明,臣子不宣者,鄙也。鄙殆之累,伤乎王道。"⑦明言士人当歌颂盛

① 相关研究可参考顾颉刚:《五德终始下的政治和历史》,《清华学报》1930年第1期;杨权:《新五德理论与两汉政治:"尧后火德"说考论》,北京:中华书局,2006年;[清]苏舆撰,钟哲点校:《春秋繁露义证》,北京:中华书局,2015年。
② 黄晖:《论衡校释(附刘盼遂集解)》卷一七《指瑞》,第864—865页。
③ 《汉书》卷八《宣帝纪》,第255—258页。王充《论衡·宣汉》亦记有宣帝朝祥瑞,可补《汉书》之缺,限于篇幅,兹不一一列举。
④ 《汉书》卷八六《何武传》,第3481页。
⑤ 《汉书》卷六四下《王褒传》,第2821页。
⑥ 《汉书》卷八六《何武传》,第3481页。
⑦ [汉]王褒:《四子讲德论》,[清]严可均辑:《全汉文》卷四二,北京:中华书局,1958年,第356页。

世。又浮游先生尝云:"今圣主冠道德,履纯仁,被六艺,佩礼文,屡下明诏,举贤良,求术士,招异伦,拔后茂,是以海内欢慕,莫不风驰雨集,袭杂并至,填庭溢阙,含淳咏德之声盈耳,登降揖让之礼极目。进者乐其条畅,怠者欲罢不能,偃息匍匐乎诗书之门,游观乎道德之域。"①寥寥数语,更是极尽褒美之词。

彼时何武为童子,与杨覆众等共习三诗。尔后何武等人负笈长安,歌于太学,为宣帝所闻。宣帝召见何武等人,命其表演,感慨有云:"此盛德之事,吾何足以当之!"②于是宣帝留王褒待诏,赏赐何武等人锦帛并罢退。③尽管自谦如此,但宣帝实则乐于接受这样的赞美。宣帝后诏使王褒作圣主得贤臣的颂文,其意与《四子讲德论》"故有贤圣之君,必有明智之臣"④相仿,有所谓"故世必有圣知之君,而后有贤明之臣"⑤云云,皆暗示宣帝为圣主。王褒数文,均以褒美宣帝为旨趣,甚得宣帝之意。邢义田指出:"宣帝是除哀帝以外,唯一可考曾自我称圣的西汉皇帝。"⑥这些皆源于宣帝与时人为共同构建自身获得政权合法性和证明统治措施正确性需要的举动,无疑都扩大了宣帝美政的影响力。

祥瑞频出,精通经学的宣帝还因此屡更年号。年号这种特殊的政治时间概念,既需上书史册,又要下达百姓。东晋博士徐禅有云:"事莫大于正位,礼莫盛于改元。"⑦宣帝以祥瑞为年号,与前揭诸事相同,其意在通过时间和空间,于天下百姓乃至后世万民心中,人为地

---

① ［汉］王褒:《四子讲德论》,［清］严可均辑:《全汉文》卷四二,第357页。
② 《汉书》卷六四下《王褒传》,第2821—2822页。
③ 《汉书》卷八六《何武传》,第3481页。
④ ［汉］王褒:《四子讲德论》,［清］严可均辑:《全汉文》卷四二,第357页。
⑤ 《汉书》卷六四下《王褒传》,第2826页。
⑥ 邢义田:《秦汉皇帝与"圣人"》,《天下一家:皇帝、官僚与社会》,北京:中华书局,2011年,第65页。
⑦ ［唐］杜佑撰,王文锦等点校:《通典》卷五五《礼十五》,第1529页。

将彼时祥瑞频出的印象深化，以达到强调其天命所归的目的。宣帝
一朝共有本始、地节、元康、神爵、五凤、甘露、黄龙七个年号，除本始、
地节、元康外，其余年号的变更及命名均与祥瑞有关。如神爵元年
（前61）三月，宣帝下诏云："乃元康四年嘉谷玄稷降于郡国，神爵仍
集，金芝九茎产于函德殿铜池中，九真献奇兽，南郡获白虎威凤为宝。
朕之不明，震于珍物，饬躬斋精，祈为百姓。东济大河，天气清静，神
鱼舞河。幸万岁宫，神爵翔集。朕之不德，惧不能任。其以五年为神
爵元年。"①神爵者，晋灼曰："《汉注》大如鹖爵，黄喉，白颈，黑背，腹
斑文也。"②扬雄《羽猎赋》有云："凤凰巢其树，黄龙游其沼，麒麟臻其
囿，神爵栖其林。"③扬雄将神爵与祥瑞的传统代表如凤凰、黄龙、麒麟
等珍禽异兽并提，可知神爵当是一种较为罕见的，能代表祥瑞的飞
鸟。宣帝即因元康年间神爵频出而改元神爵。

祥瑞频现，有利于强化汉宣帝获得政权的合法性和统治措施的
正确性。赵翼所谓"得无二帝本喜符瑞，而臣下遂附会其事耶"④之
问实由于此。宣帝还常以此为由赏赐天下吏民，元康二年（前64）三
月，宣帝即因凤凰、甘露降集，"赐天下吏爵二级，民一级，女子百户牛
酒，鳏寡孤独高年帛"⑤，前举宣帝下诏改元神爵时亦有此举。⑥西嶋
定生认为君主通过赐爵，可以将国家权力渗入基层组织内部，并加以
管理，与每一位编户民形成身份性的结合。⑦"因此，在这里，就可以
想像得到有一种以天子为中心的、由传统和习俗所支撑的紧密的结

①　《汉书》卷八《宣帝纪》，第259页。
②　《汉书》卷八《宣帝纪》，第258页。
③　［汉］扬雄：《羽猎赋》，［清］严可均辑：《全汉文》卷五一，第405页。
④　［清］赵翼著，王树民校证：《廿二史劄记校证》卷三，第65页。
⑤　《汉书》卷八《宣帝纪》，第255页。
⑥　《汉书》卷八《宣帝纪》，第259页。
⑦　［日］西嶋定生著，武尚清译：《中国古代帝国的形成与结构——二十等爵制研究》，第368—458页。

合,自天子乃至庶民被组成单一的集团;其理念则是,彼此相互间以爵的观念为媒介而结成的一种有连带性的意识"①,如此,宣帝屡因祥瑞赐吏民爵,无疑会促使百姓在心中自觉地生成宣帝的仁君形象。

通过时人建构之"祥瑞现—圣王出"的联动装置,辅以年号这一政治时间工具,又可将屡致祥瑞的汉宣帝推向圣王的高台。宣帝朝频繁的祥瑞给后世留下了深刻的印象,成为后人评价孝宣政治的重要依据。东汉士人频频就此事作文颂德,如中元元年(56)群臣奏言云:"地祇灵应而朱草萌生。孝宣帝每有嘉瑞,辄以改元,神爵、五凤、甘露、黄龙,列为年纪,盖以感致神祇,表彰德信。是以化致升平,称为中兴。"②群臣便以宣帝屡致祥瑞为美,劝光武令史官撰集祥瑞,以流传后世。王充《论衡·指瑞》虽以驳斥俗儒为旨趣,仍曰:"孝宣皇帝之时,凤皇五至,骐驎一至,神雀、黄龙、甘露、醴泉,莫不毕见,故有五凤、神雀、甘露、黄龙之纪。使凤驎审为圣王见,则孝宣皇帝圣人也;如孝宣帝非圣,则凤驎为贤来也。"③其《宣汉》则称颂汉德云:"如以瑞应效太平,宣、明之年,倍五帝、三王也。夫如是,孝宣、孝明,可谓太平矣。"④又班固《两都赋》有云:"神雀、五凤、甘露、黄龙之瑞,以为年纪。"⑤王符赞宣帝重牧守,致祥瑞,"故能致治安而世升平,降凤皇而来麒麟,天人悦喜,符瑞并臻,功德茂盛,立为中宗"⑥。由此,在谶纬异象祥瑞的烘托下,汉宣帝成了汉朝圣主。

---

① [日]西嶋定生著,武尚清译:《中国古代帝国的形成与结构——二十等爵制研究》,第445—446页。
② 《后汉书》卷一下《光武帝纪下》,第82—83页。
③ 黄晖:《论衡校释(附刘盼遂集解)》卷一七《指瑞》,第866页。
④ 黄晖:《论衡校释(附刘盼遂集解)》卷一九《宣汉》,第957页。
⑤ [汉]班固:《两都赋序》,[清]严可均辑:《全后汉文》卷二四,北京:中华书局,1958年,第602页。
⑥ [汉]王符著,[清]汪继培笺,彭铎校正:《潜夫论笺校正》卷四《三式第十七》,第270页。

二、谥号：汉宣帝身后的形象建构

黄龙元年（前49）十二月甲戌，宣帝驾崩于未央宫。突如其来的变故并未停止西汉时人建构宣帝中兴形象的进程，为刘询上谥号便又是一途。谥号是中国古代皇帝普遍拥有的政治称号，通常在皇帝驾崩后由群臣商定并公布天下，是皇帝一生功过的总结。《史记·乐书》云："故观其舞而知其德，闻其谥而知其行。"裴骃注引郑玄语曰："谥者行之迹。"张守节曰："制死谥随君德，故闻死谥则知生行。"[①]谥号政治意义重大，故时人对此颇为重视。[②]

汉代为前朝皇帝上谥号有一套严格的礼仪程序，明帝登基后诏书有"太尉憙告谥南郊"之语，李贤注引应劭《风俗通》曰："礼，臣子无爵谥君父之义也，故群臣累其功美，葬日，遣太尉于南郊告天而谥之。"[③]《续汉书·礼仪志》"大丧"条载东汉群臣为大行皇帝上谥号的仪式流程云："太尉诣南郊。未尽九刻，大鸿胪设九宾随立，群臣入位，太尉行礼。执事皆冠长冠，衣斋衣。太祝令跪读谥策，太尉再拜稽首。治礼告事毕。太尉奉谥策，还诣殿端门。太常上祖奠，中黄门尚衣奉衣登容根车。东园武士载大行，司徒却行道立车前。治礼引太尉入就位，大行车西少南，东面奉谥策，太史令奉哀策立后。太常跪曰'进'，皇帝进。太尉读谥策，藏金匮。皇帝次科藏于庙。"[④]尽管西汉的相关仪式失载，但若以东汉制度推想，应不会有太多偏差，无

---

① 《史记》卷二四《乐书二》，第1197—1198页。
② 有关谥法的研究，比较有代表性的学者如汪受宽，对谥法有一个全局式的认识，可参见汪受宽：《谥法研究》，上海：上海古籍出版社，2005年。青年学者如戴卫红也多有创见，可参见戴卫红《吐鲁番文书所见〈谥法〉残本略考》（《吐鲁番学研究》2010年第1期）与《魏晋南北朝帝王谥法研究》（上）（下）（《许昌学院学报》2015年第6期、2016年第3期）两文。
③ 《后汉书》卷二《明帝纪》，第96—97页。
④ 《后汉书》志六《礼仪志下》，第3145页。

非只是官职变动,权限有别而已。又《白虎通》云:"天子崩,大臣至南郊谥之者何? 以为人臣之义,莫不欲褒称其君,掩恶扬善者也。故之南郊,明不得欺天也。"① 庄严而烦琐的仪式恰恰凸显了谥号在两汉时期的神圣性和合法性,因此汉帝的谥号对于其人功过及形象的研究具有很高的参考价值。

西汉时人为刘询上"孝宣"谥号,代表其对汉宣帝生平的总结和评价。需要说明的是,汉朝以孝治天下,使天下诵读《孝经》,选吏举孝廉,皆不离孝。② 田延年于群臣商议废黜刘贺时语曰:"今群下鼎沸,社稷将倾,且汉之传谥常为孝者,以长有天下,令宗庙血食也。"③ 又颜师古注《汉书·惠帝纪》云:"孝子善述父之志,故汉家之谥,自惠帝已下皆称孝也。"④ 故汉朝皇帝的谥号皆是"孝+谥字"的形式,此意明了,姑且不论。

如此,刘询的一生功过就集中于"宣"字,而此字则颇有意味。颜师古注《汉书·宣帝纪》引应劭语曰:"谥法:'圣善周闻曰宣。'"⑤《文献通考·王礼》云:"圣善周闻曰宣。"有注曰:"通于善道,声教宣

---

① ［清］陈立撰,吴则虞点校:《白虎通疏证》卷二《谥》,第72页。
② 《后汉书》卷六二《荀爽传》,第2051页。
③ 《汉书》卷六八《霍光传》,第2937—2938页。
④ 《汉书》卷二《惠帝纪》,第86页。
⑤ 《汉书》卷八《宣帝纪》,第235页。谥号/谥字并不具有单一指向性,同一个谥号/谥字有不同的含义。汪受宽在《谥法研究》一书中录有关于"宣"字的释文多达十七条。戴卫红以《独断·帝谥》的谥字为纲整理,参照从苏洵《谥法》《经世大典》中所辑出的刘熙《谥法注》及吐鲁番出土的《谥法》残本,对汉末魏晋南北朝时期帝王的谥字进行分析。由其所整理的"宣"字条可知,"宣"字有"圣善同文"(《独断》)、"圣善周闻"(《逸周书·谥法解》《史记正义·谥法解》)、"施而无私"(《经世大典》)等解释,其中《经世大典》载注引刘熙曰:"云行雨施,日月无私,照天道宣著之大德,故曰宣。"后妃谥下有"圣善周闻"。刘熙曰:"通于善道,声教宣闻曰宣。"可参见戴卫红:《魏晋南北朝帝王谥法研究》(上),《许昌学院学报》2015年第6期。本书以颜师古所引应劭之说为是。

依笔者陋见，直到平帝元始四年（4）王莽为宣帝上中宗庙号，才意味着汉朝对宣帝中兴汉朝之功的基本确认。汉代庙号的政治意义重大，后文另有论述，于此不作展开。简单来说，祖有功而宗有德是庙号授予的标准。汉宣帝既得中宗庙号，自然也需凭借功德。《汉书》对平帝以前获得庙号的诸帝功德皆有记述，如汉景帝、汉宣帝先后讨论文帝、武帝庙乐之时，皆下诏叙述先帝功德，文载《汉书》，但对宣帝之功，诸帝却无明言，这一问题首先需要辨明。

王莽于此年奏请平帝，为宣、元二帝上庙号，有其自身的政治目的。《汉书·陈汤传》云："（陈汤）死后数年，王莽为安汉公秉政，既内德汤旧恩，又欲谄皇太后，以讨郅支功尊元帝庙称高宗。"[1]陈汤在元帝时讨伐郅支单于建功，又有旧恩于王莽；王政君为元帝皇后，拔高元帝自然有奉承元后之意。故王莽将陈汤矫制讨伐郅支单于之功，移植到原本态度游移的元帝身上，以此尊其为高宗，既感激陈汤旧恩，又借机献谄于王太后。[2]王莽更视此为己功，欲壮大其代汉的资本，其依《周书》所作的《大诰》即云："建灵台，立明堂，设辟雍，张太学，尊中宗、高宗之号。"[3]由此可知，元帝之功集中体现在讨伐郅支单于，臣服匈奴。早在元帝之前，宣帝便使单于款塞，四夷宾服，且成帝命扬雄为赵充国作赋，亦是缘起于西北边境的烽火。汉宣帝怀柔远

---

① 《汉书》卷七〇《陈汤传》，第3028页。
② 元帝高宗庙号之说或出于翼奉。初元三年（前46）夏四月乙未晦，茂陵白鹤馆发生火灾。翼奉自以为有所预见，便上疏元帝请赐问习道。元帝向翼奉请教得失，翼奉上疏言政，劝元帝迁都洛阳，坐拥山川形势，内定诸侯，外远羌胡，垂拱无为，便可化民，"案成周之居，兼盘庚之德，万岁之后，长为高宗"（《汉书》卷七五《翼奉传》，第3176页）。尔后王莽摄政，作《大诰》："昔我高宗崇德建武，克绥西域，以受白虎威胜之瑞，天地判合，乾坤序德。太皇太后临政，有龟龙麟凤之应，五德嘉符，相因而备。"颜师古注曰："言元帝既有威德，太后又兆符应，则是天地乾坤夫妻之义相配合也。判之言片也。"（《汉书》卷八四《翟方进传附翟义传》，第3432—3433页）由此可知王莽实有褒美元后之意。
③ 《汉书》卷八四《翟方进传附翟义传》，第3432页。

方,对匈奴的影响亦颇为深远。王莽篡汉后,积极打压匈奴,致使匈奴内生贰心,扰乱西域。始建国二年(10),王莽为削弱匈奴势力,将彼境土地人民一分为十五,遣将派使四出招诱呼韩邪单于诸子,欲以次第拜为单于,各统其境。乌珠留单于大怒云:"先单于受汉宣帝恩,不可负也。今天子非宣帝子孙,何以得立?"[①]遂遣将入塞抢掠。乌珠留单于对宣帝法统缺位的关注即源于呼韩邪单于臣服于宣帝的故事,其发兵为乱实因自身利益受损,但数世以来边塞无警,汉匈相安的客观事实,使得匈奴认同宣帝之功。故和谥号一样,宣帝也应凭宾服四夷,致国中兴之功得中宗庙号。庙号的建立使得宣帝有资格与高、文、武诸帝同列,受万世景仰,但也产生了新的问题,王莽为元帝上庙号意在奉承王政君,论功自然不会向宣帝倾斜,元帝高宗的庙号就明显要高于中宗,加之王莽擅权使西汉后期庙号泛滥,直接削弱了庙号的神圣性和合法性。这就意味着宣帝唯一的中兴地位并没有完全确立,这些问题就留待东汉人来解决。

自昭帝元凤三年到平帝元始四年的八十余年间,西汉时人对宣帝中兴形象的建构经历了一个漫长、曲折、层累的过程。异象、祥瑞(年号)、谥号、庙号,多种政治符号的汇集共同建构了西汉人眼中中兴汉朝的宣帝形象,尽管宣帝的地位并不稳固,但这一相对不成熟的层累建构还是使得东汉士人时常憧憬着宣帝朝的盛世。如此,宣帝"兼杂王霸"的政治思想,具有参考价值和个人标识的政治实践一道构成了独特的孝宣政治,加之同样有中兴美誉的政治形象,东汉士人的"孝宣情结"即由此缘起。

————————

① 《汉书》卷九四下《匈奴传下》,第3823页。

即令诸侯王在各国国都设立太上皇庙。①王柏中认为刘邦在郡国设立太上皇庙是为了树立汉家天子威严，威慑异姓诸侯王，以尊奉祖先宗庙这一共同纽带维系刘氏统治。②尔后汉廷还陆续在诸郡国为高、文、武三帝立"祖""宗"庙。③此举亦以巩固刘氏统治为主要目的，而非仅是宣扬礼仪教化，即所谓"将以系海内之心，非为尊祖严亲也"④。汉元帝所谓"往者天下初定，远方未宾，因尝所亲以立宗庙，盖建威销萌，一民之至权也"⑤当指此事。昭帝初立时，燕王刘旦有疑，遣幸臣寿西长、孙纵之、王孺等至长安刺探宫中隐事，王孺见执金吾广意问事，回报刘旦。刘旦愈觉可怪，复遣中大夫上书盛言武帝功德，请立孝武郡国庙，为执政霍光所不许，仅得赐钱益封。⑥刘旦此举明显有投石问路之意，欲借为武帝立郡国庙之机，观京城的政治风气。如此，与国家政治产生联系的亦是宗庙。

刘邦还通过宗庙祭祀将佐命的贤士大夫与刘汉宗室联系在一起，着力强化其人对汉家宗庙的归属感和认同感，以求长久地维系汉家天下。如高祖十一年（前196）二月刘邦有诏云："今吾以天之灵，贤士大夫定有天下，以为一家，欲其长久，世世奉宗庙亡绝也。贤人已与我共平之矣，而不与吾共安利之，可乎？贤士大夫有肯从我游者，吾能尊显之。布告天下，使明知朕意。"⑦刘邦下诏求贤，申言与贤士大夫共定天下，即有与其人世世共同祀奉宗庙，维持一姓天下之

---

①　《汉书》卷一下《高帝纪下》，第67—68页。
②　王柏中：《汉代庙制问题探讨》，《史学月刊》2003年第6期。
③　汉廷设置"祖""宗"庙的位置存在一个收缩的过程，由汉初在所有郡国为高帝、文帝立庙，至宣帝时仅在武帝尝巡行地立庙。可参考郭善兵：《中国古代帝王宗庙礼制研究》，北京：人民出版社，2007年，第82—95页。
④　《汉书》卷七三《韦贤传附韦玄成传》，第3121页。
⑤　《汉书》卷七三《韦贤传附韦玄成传》，第3116页。
⑥　《汉书》卷六三《燕刺王旦传》，第2751页。
⑦　《汉书》卷一下《高帝纪下》，第71页。

意。象征着刘邦与功臣共定天下,爵传万世的丹书铁契(契约)就藏于宗庙,《汉书·高帝纪》云:"又与功臣剖符作誓,丹书铁契,金匮石室,藏之宗庙。"颜师古注引如淳曰:"谓《功臣表》誓'使河如带,泰山若厉,国乃灭绝'。"[1]刘邦用契约的形式固定功臣功绩,以增加其人对汉家宗庙的归属感和认同感。[2]吕后称制时重新确认契约,所下诏书有"今欲差次列侯功以定朝位,臧于高庙,世世勿绝,嗣子各袭其功位"[3]云云,亦是此意。

宗庙亦与汉代皇帝之间的权力传承息息相关。李俊方认为汉代最高统治者即位与宗庙有着密切关系,西汉前期即位仪式在宗庙举行。在实行柩前即天子位后,新皇帝即位必须谒庙,谒庙成为"皇帝即位"必须履行的程序之一。[4]诚如其言,按《史记》《汉书》相关纪传,惠帝即位时曾至太上皇庙,文帝即天子位后曾拜谒高庙。自昭帝起,新君即位后皆谒高庙,此举有重要的政治内涵。李先生进一步认为新君即位礼在宗庙举行或即位后谒庙是对其祖先政治地位、经济地位和权力的继承。[5]在王刚看来,当皇位继承人"见命于高庙"时,不仅是子孙接受高祖开创的汉家基业,实质上更是宗庙所承受的"天命"在此得以传递。[6]而皇帝即位后也常提及宗庙,如武帝、昭帝即位后曾下诏求贤,其文便有"获奉宗庙""获保宗庙"之辞,显然意

---

① 《汉书》卷一下《高帝纪下》,第81页。
② 李开元认为封爵的铁券是一种证据文书,其性质为关于勋功的约信,可以说是一种契约关系,相当于《周礼》秋官司约所掌的"治功之约"。可参见李开元:《汉帝国的建立与刘邦集团:军功受益阶层研究》,北京:生活·读书·新知三联书店,2000年,第194页。
③ 《汉书》卷三《高后纪》,第96页。
④ 李俊方:《两汉皇帝即位礼仪研究》,《史学月刊》2005年第2期。
⑤ 李俊方:《两汉皇帝即位礼仪研究》,《史学月刊》2005年第2期。
⑥ 王刚:《宗庙与刘贺政治命运探微》,《人文杂志》2017年第8期。关于两汉皇帝的即位礼仪,另可参考[日]金子修一著,肖圣中、吴思思、王曹杰译:《古代中国与皇帝祭祀》,上海:复旦大学出版社,2017年。

在强调其由宗庙确认的皇帝资格,以巩固统治。① 由此可知,汉朝皇帝拜谒高庙(或太上皇庙)是确认其皇帝身份,承接皇帝权力的一个重要环节,宗庙的重要性不言而喻。

宗庙在国家政治中的地位不可替代,但需要承认的是,这座精致的建筑,其作用及象征意义在具体的政治博弈中并不明显。景帝时七国诸侯王叛乱,刘濞以"清君侧"为名起兵,彼时犹申言欲"匡正天下,以安高庙"②。待到爰盎奉宗庙指意使吴时,刘濞却不屑一顾。③ 胶西王刘卬更焚烧宗庙(郡国庙),劫掠御物,全无敬畏之心。④ 诸侯王态度的前后差异便是宗庙实际意义不显的明证。而在两汉之际,群雄竞逐汉鼎之时,宗庙的象征意义却被重新放大。王莽混乱的改制最终使得将其推上帝位的百姓对他失去了耐心,人心向汉重新成为时代的主流。作为维系刘氏统治的纽带,汉家宗庙成为汉朝最直接的象征,凡觊觎龟鼎者皆拥立刘氏子弟或尊奉汉家宗庙以收众心,盲目自立者则会成为众矢之的。宗庙于此时确实起到了前文所谓"系海内之心"的作用。

从群雄方面来看,天水隗嚣起事后,军师方望有云:"足下欲承天顺民,辅汉而起,今立者乃在南阳,王莽尚据长安,虽欲以汉为名,其实无所受命,将何以见信于众乎? 宜急立高庙,称臣奉祠,所谓'神道设教',求助人神者也。且礼有损益,质文无常。削地开兆,茅茨土阶,以致其肃敬。虽未备物,神明其舍诸。"⑤ 方望劝隗嚣立汉朝宗庙,

---

① 武帝诏书见于《汉书》卷六《武帝纪》,第160—161页。昭帝诏书见于《汉书》卷七《昭帝纪》,第223页。丁佳伟对两汉诏令文本中的皇帝身份颇有研究,其中即涉及宗庙影响,可参见丁佳伟:《两汉诏令中的皇帝身份——从"奉宗庙"到"承大业"》,《史学月刊》2017年第3期。
② 《汉书》卷三五《吴王濞传》,第1910页。
③ 《汉书》卷三五《吴王濞传》,第1912页。
④ 《汉书》卷三五《吴王濞传》,第1915页。
⑤ 《后汉书》卷一三《隗嚣传》,第514页。

称臣奉祠,以见信于众。隗嚣听从其言,在城东立庙,祭祀高祖、太宗、世宗,又以汉复为年号,移檄遍告郡国。此举使西州百姓归附,隗嚣也得以勒兵十万,鹰扬雍凉。又更始帝绍封刘永为梁王,建都睢阳。刘永初尊奉汉统,故山东归心。更始败亡后,刘永自立为天子,其人稍叛。建武二年(26)夏光武遣盖延讨伐,山东扰乱。刘永仓皇出逃,后为部将所杀,旧臣张步欲立其子刘纡为天子,且有意自为定汉公,并置百官,与光武分庭抗礼,王闳谏曰:"梁王以奉本朝之故,是以山东颇能归之。今尊立其子,将疑众心。且齐人多诈,宜且详之。"①王闳以刘永前事劝阻张步,张步因此打消了这一念头。赵翼对此颇有感慨:"历观诸起事者,非自称刘氏子孙,即以辅汉为名。可见是时人心思汉,举天下不谋而同。"②逐鹿群雄尊奉刘氏宗庙,即可速揽人心以争天下。

此时的汉室宗亲拥有光复汉朝的天然政治优势,尊奉宗庙更能昭示其继承汉室的法统地位。更始帝刘玄在位二年有余,史书上却不见其曾尊奉宗庙之语,这一"疏漏"或为后世史家改订。刘玄即位后遣诸将拔宛攻洛,兼击武关,引得三辅震动,"是时海内豪杰翕然响应,皆杀其牧守,自称将军,用汉年号,以待诏命,旬月之间,遍于天下"③。俄而王莽授首,赤眉称臣,四方响应,若更始不奉宗庙,不尊汉室正统,想必也无此巨大号召力。

更始元年(23)刘玄集团收复长安,朝廷就国家定都何地曾有一番讨论。更始诸将起自山东,希望定都洛阳,郑兴力劝更始西行,其有云:"陛下起自荆楚,权政未施,一朝建号,而山西雄桀争诛王莽,开关郊迎者,何也? 此天下同苦王氏虐政,而思高祖之旧德也。今久不

① 《后汉书》卷一二《张步传》,第499页。
② 〔清〕赵翼著,王树民校证:《廿二史劄记校证》卷三,第74页。
③ 《后汉书》卷一一《刘玄传》,第469页。

抚之,臣恐百姓离心,盗贼复起矣。《春秋》书'齐小白入齐',不称
侯,未朝庙故也。今议者欲先定赤眉而后入关,是不识其本而争其
末,恐国家之守转在函谷,虽卧洛阳,庸得安枕乎?"①于是更始西都
长安。按《春秋》,齐小白入齐在庄公九年,李贤引《公羊传》注云:
"曷为以国氏?当国也。其言入何?篡辞也。"②郑兴兼通《公羊》《左
传》。③然《左传》于此无传,《公羊》之意又与事不符,郑兴应是重释
此语,将此书写视作因齐桓公未朝宗庙所致。刘玄受此影响而决然
西都,理应拜谒西汉宗庙。这一行为却不载史册,可能因更始荒淫无
道,速失天下,且光武最终继承大统,故后世史家不书。西方汉学家
毕汉斯(Hans Bielenstein)即指出刘玄在历史编纂学上遭遇了不公正
待遇。④前举西汉诸帝即位谒高庙,《汉书》诸纪传却不云刘贺曾谒
高庙,可能出于相同考虑。⑤

　　光武亦明此道。更始三年(25)刘秀徇行河北时,诸将即以汉室
宗庙废绝、更始败乱纲纪为由劝其早登大位。刘秀顺应时势,于六月
己未登基为帝。八月壬子光武祭社稷,次日癸丑在河内郡怀宫祭祀

---

① 《后汉书》卷三六《郑兴传》,第1217—1218页。
② 《后汉书》卷三六《郑兴传》,第1218页。
③ 《后汉书》卷三六《郑兴传》,第1217页。
④ 毕汉斯认为:"刘玄是后汉的第一个皇帝,但不是王朝的创建者。他甚至没有
　得到谥号,在历史上被称为更始帝。因此,他在历史编纂学上遭到了与王莽同
　样的命运。班固试图证明更始帝为什么无资格受到天命,就把他描述成愚蠢
　的酒徒。虽然一些事件说明刘玄也不是一位能干的君主,但班固的说法是很
　不公正的。"可参见[英]崔瑞德、[英]鲁惟一编,杨品泉等译:《剑桥中国秦
　汉史》,第263页。
⑤ 《汉书·霍光传》载霍光与群臣联名奏书云:"宗庙重于君,陛下未见命高庙,不
　可以承天序,奉祖宗庙,子万姓,当废。"(《汉书》卷六八《霍光传》,第2945—
　2946页)王刚根据霍光与群臣联名上皇太后请废刘贺书中有"陛下未见命高庙"
　之语认为刘贺未曾拜谒高庙,详见王刚:《宗庙与刘贺政治命运探微》,《人文杂
　志》2017年第8期。廖伯源则认为霍光与其同党隐匿了事实真相,详见廖伯源:
　《制度与政治:政治制度与西汉后期之政局变化》,北京:中华书局,2017年,第
　88页。笔者倾向于廖先生的看法,认为昌邑王可能拜谒过高庙。

高祖、太宗、世宗一祖二宗。[①]建武二年(26)正月壬子,光武在新都洛阳原孝武庙的基础上改建高庙,并立社稷。建武三年(27)正月辛巳,光武又在洛阳立其皇考南顿君已上四世亲庙。同年二月己未,光武亲祀洛阳高庙,并受传国玺。

　　这一系列的举动颇为巧妙,清人王夫之即云:"天下方割裂而聚斗,而光武以道胜焉。即位未久,修郊庙,享宗祖,定制度,行爵赏,举伏湛,征卓茂,勉寇恂以绥河内,命冯毕使抚关中,一以从容镇静结已服之人心,而不迫于争战。然而桀骜强梁之徒,皆自困而瓦解。是则使高帝当之,未必其能着定如此也。而光武之规模弘远矣。"[②]光武不急于征伐,而在当时人心思汉的大背景下,尊奉西汉宗庙,首先明确表明其继承汉业的政治态度,强调其中兴汉朝的法统地位,又如西汉自昭帝以降诸帝一般主动谒庙,完成对皇帝身份的确认,以示天命所在。光武此举奠定了日后重开汉德的政治基础。

　　但毕竟国家草创,事行仓促,建武初年的宗庙制度存在着两个互相关联的问题。第一是关于光武本人在高庙中的位置问题。刘秀起事时打着中兴汉朝的旗号,并最终借助这一政治资本以武功建立王朝,那么即使光武建立的是一个新王朝,也需要尊奉汉室先帝,刘秀本人更应跻身汉家宗庙,进入汉朝正统皇帝世系中,昭示其延续汉朝统治的合法地位,以成中兴之名,即赵翼所谓"必奉西京诸帝为大宗"[③]。因此继何帝之后入奉宗庙是光武需要解决的问题。第二则是关于高庙和亲庙并立非礼的问题。这一问题实由第一个问题而产生,刘秀因以中兴汉朝为名,故需要将自己置于汉朝历代皇帝序列之中,而刘秀本生父祖虽是宗室,但于汉代正统皇帝世系而言却是远支,原无资格

①　《后汉书》卷一上《光武帝纪上》,第24页。
②　[清]王夫之著,舒士彦点校:《读通鉴论》卷六,第141页。
③　[清]赵翼著,王树民校证:《廿二史劄记校证》卷四,第93页。

继承皇位。光武就必须在礼法上放弃私亲，降低其人地位，而尊奉西汉皇帝，所谓"礼，为人后者则为之子，既事大宗，则降其私亲"①。故光武在国都洛阳并立高庙与亲庙祭祀不合礼制，亟待更正。

彼时全国尚未统一，兵事未息，故宗庙问题被暂时搁置。直到建武十九年，天下粗安，厘定庙制之议遂起于东汉朝堂。②关于刘秀在高庙中的位置问题颇易解决，前举《后汉书·光武帝纪》所载正宗庙事，李贤注引《汉官仪》曰："光武第虽十二，于父子之次，于成帝为兄弟，于哀帝为诸父，于平帝为祖父，皆不可为之后。上至元帝，于光武为父，故上继元帝而为九代。故《河图》云'赤九会昌'，谓光武也。"③

---

① 《后汉书》卷三五《张纯传》，第1194页。
② 王尔详细考察了包括东汉建武十九年(43)宗庙礼议与建武三十年(54)封禅礼议在内的建武年间的两次礼议，认为其与两"汉"之间法统关系的梳理有关，反映出东汉建国初年"创革"与"中兴"两种观念的抵牾。光武最终择定"受命—中兴"说是对二者的整合。可参见王尔：《"创革"与"中兴"的争议及整合——从东汉建武年间南顿四亲庙与封禅礼的议论谈起》，《史林》2020年第1期。
③ 《后汉书》卷一下《光武帝纪下》，第70页。应劭《汉官仪》此语所云颇为后世非议，按《汉书》相关纪传，哀平二帝皆为元帝庶孙，二人当是平辈。若以辈次论，光武帝与哀帝父定陶恭(共)王刘康、中山孝王刘兴是同辈兄弟，相对于哀平二帝来说俱为诸父，不存在"于哀帝为诸父，于平帝为祖父"之说。清人李慈铭《越缦堂读书记》即持这种观点([清]李慈铭撰，由云龙辑：《越缦堂读书记》，北京：中华书局，2006年，第161—162页)。今本《后汉书》校勘记亦认同这种说法(《后汉书》卷一下《光武帝纪下》校勘记，第92页)。但据郭善兵考证，自两汉至东晋初期，曾存在依帝王在位的先后次序计算其宗庙世数，即父子相继为异世，且兄弟相继也为异世的观念(可参见郭善兵：《中国古代帝王宗庙礼制研究》，第178—187页)。代国玺则认为西汉人言"世"，皆以帝位传承论，而不牵涉辈分次序；重视统祀，以帝位传承言"世"，是西汉士人的共同观念(《"赤九"谶与两汉政治》，《文史哲》2018年第5期)。如此应劭之说在宗庙系统中并非虚言。但这一观点亦存疑问，《后汉书·张纯传》载其时大司徒戴涉、大司空窦融之议，其中宣、元、成、哀、平四帝在戴涉、窦融看来是五帝四世(《后汉书》卷三五《张纯传》，第1194页)。若按照郭善兵、代国玺之说，当是五帝五世，若清人李慈铭对汉制陌生尚能理解，戴涉、窦融俱为汉廷三公，当对汉制了如指掌，不应该不知道兄弟相继为异世的观念，此处待考。

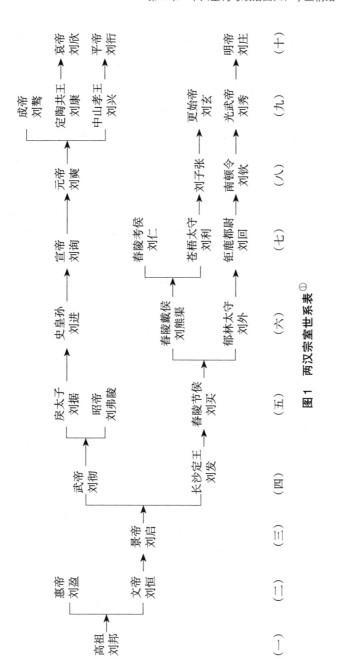

图 1 两汉宗室世系表①

---

① 此表整理自《汉书》《后汉书》相关帝王宗室纪传，中文数字为代际。

从上图所示宗室世系来看,光武虽自西汉平帝之后以旁支继承大统,但其辈分或齐或高于西汉成、哀、平三帝,在汉家宗庙中不当列于此三帝之后。故光武需要重新建构宗庙祭祀制度,改奉元帝为父,尊宣帝为祖父,以表明其自宣、元之后入继大统,确认其拥有继承汉统的合法性,如此又应《河图》所谓"赤九会昌"的谶纬,可谓一举两得。

而关于高庙与亲庙并立的问题,朝堂之上却存有分歧。张纯与朱浮建议光武遵高祖、孝宣旧典,废除洛阳亲庙。刘邦与刘询的权力皆非其亲生父祖传承。张纯、朱浮认为高祖"自受命",刘邦的统治权力实来自其征伐天下,功劳最高,即所谓"帝起细微,拨乱世反之正,平定天下,为汉太祖,功最高"①,亦如贾谊所云:"高皇帝以明圣威武即天子位。"②宣帝的统治合法性则源于昭帝的权力传承。所谓"礼,为人后者则为之子,既事大宗,则降其私亲",故高祖立太上皇庙于长安及各诸侯王国都,宣帝则立其父祖庙于其故冢处,皆由群臣侍祠,而非皇帝亲祠。③时为三公的戴涉和窦融则认为:"宜以宣、元、成、哀、平帝四世代今亲庙,宣、元皇帝尊为祖、父,可亲奉祠,成帝以下,有司行事,别为南顿君立皇考庙。其祭上至舂陵节侯,群臣奉祠,以明尊尊之敬,亲亲之恩。"④

---

① 《汉书》卷一下《高帝纪下》,第80页。
② 《汉书》卷四八《贾谊传》,第2234页。
③ 《后汉书》卷三五《张纯传》,第1194页。关于太上皇庙的位置,《三辅黄图》卷五"太上皇庙"条云:"太上皇庙,在长安西北长安故城中,香室街南,冯翊府北。《关辅记》曰:'在酒池北。'"何清谷:《三辅黄图校释》卷五,北京:中华书局,2005年,第303页。
④ 《后汉书》卷三五《张纯传》,第1194页。需要注意的是,《续汉书·祭祀志》所记戴涉等人的建议与《后汉书·张纯传》不同,《续汉书·祭祀志》载其人建议云:"宜奉所代,立平帝、哀帝、成帝、元帝庙,代今亲庙。兄弟以下,使有司祠。宜为南顿君立皇考庙,祭上至舂陵节侯,群臣奉祠。"(《后汉书》志九《祭祀志下》,第3193页)曹金华认为此说有误,可参见氏著:《后汉书稽疑》,北京:中华书局,2014年,第1377页。

面对这两个复杂的礼法问题，光武认可了戴涉和窦融的折中建议，又稍作调整：尊宣、元二帝为祖、父，代替洛阳亲庙诸亲，因彼时宗庙处所未定，权在洛阳高庙并高、文、武共五帝四时祭祀，且由君主亲自奉祀；在长安故高庙祭祀成、哀、平三帝，有司行事；为南顿君以上四世上皇考号，由所在郡县侍祠。[①]光武本生父祖并非皇帝，故建武十九年议礼时为南顿令及以上四世上皇考号，改在各郡县故园庙以天子之礼祭祀。《续汉书·祭祀志》云："南顿君以上至节侯，皆就园庙。南顿君称皇考庙，钜鹿都尉称皇祖考庙，郁林太守称皇曾祖考庙，节侯称皇高祖考庙，在所郡县侍祠。"[②]这是所谓 "为人后者，为之子也"[③] 与 "父为士，子为天子，祭以天子"[④] 之礼法原则的混合产物。

这一对待前世未为皇帝的父祖祭祀问题的处理办法可以溯源到汉宣帝。宣帝父祖因武帝末年的巫蛊之祸无缘皇位，之后因缘巧合，以霍光为首的官僚集团推举刘询入继大统。依据 "为人后者，为之子也" 的宗法原则，刘询必须降其私亲之恩义，而尽心奉事所承帝室之大宗。故本始元年（前73）六月宣帝下诏议祀礼时，只得以诸侯王之礼祭祀其父刘进，置三百家奉悼园，且不曾立庙。八年后的元康元年（前65），霍氏家族土崩，宣帝掌握大权，有司又以礼所谓 "父为士，子为天子，祭以天子" 为由上书宣帝，建议宜以天子之礼祭祀刘进，并上尊号为皇考，居陵旁立庙，又 "因园为寝，以时荐享"[⑤]，增加供奉陵园的民户至一千六百家。[⑥]王尔认为："宣帝立皇考庙实以 '父为

---

① 《后汉书》志九《祭祀志下》，第3193—3194页。
② 《后汉书》志九《祭祀志下》，第3194页。
③ 《汉书》卷六三《戾太子据传》，第2748页。
④ 《汉书》卷六三《戾太子据传》，第2749页。
⑤ 《汉书》卷六三《戾太子据传》，第2749页。
⑥ 郭善兵于此间君臣博弈多有发明，可参见氏著：《中国古代帝王宗庙礼制研究》，第128—131页。

士,子为天子,祭以天子'为据,为了提升私亲至接近大宗地位。"①光武奉宣帝之政,亦给其四世父祖加以天子之号,由所在郡县侍祠。元和元年(84)十月己未和延光四年(125)三月辛酉,章帝和安帝都曾诏长沙、零陵两郡太守祭祀其辖区内的长沙定王、春陵节侯、郁林府君,即为一明证。②

除此之外,光武改革庙制的另一重要原因则是为确认宣帝中兴汉朝之功。这是光武的"孝宣情结"在庙制改革上的又一反映。如前所述,刘秀在宗庙中尊奉宣帝为祖父,元帝为父,以表明其承宣、元之后入继大统。此外,光武还为宣帝重上中宗庙号,使其得以与高、文、武三帝同列。

庙号是中国古代帝王死后进入宗庙以受后世祭祀的称号,唯有功德之君可得。两汉时期,这套庙号授予标准被相对严格地执行。西汉有七帝曾得庙号,但建武十九年(43)光武改革宗庙制度,重新承认的仅有高、文、武、宣四位皇帝。元、成、平三帝庙号皆被褫夺。东汉前后亦有光武、明、章、和、安、顺、桓七帝获得尊号。不过,和帝及以下共四帝于国实无寸功,其人获尊,乃是嗣主仁孝,"各欲褒崇至亲而已"③。初平元年(190),董卓、蔡邕等人上书,以功德不彰为由请求废除四帝庙号,为献帝所认可。④变更后的结果亦在历史书写中基

---

① 王尔:《"创革"与"中兴"的争议及整合——从东汉建武年间南顿四亲庙与封禅礼的议论谈起》,《史林》2020年第1期。
② 《后汉书》卷三《章帝纪》,第147页;《后汉书》卷五《安帝纪》,第241页。按《后汉书》的《光武帝纪》《城阳恭王祉传》,春陵原属零陵郡泠(零)道县,环境恶劣,春陵节侯刘买之孙刘仁因此上书汉元帝请求减邑内徙,后迁往南阳,仍号春陵。刘买之墓应仍在故址,故需由零陵太守往祀春陵节侯刘买与郁林太守刘外。
③ 《后汉书》志九《祭祀志下》,第3199页。
④ 《后汉书》卷九《献帝纪》,第370页;《后汉书》志九《祭祀志下》,第3197—3199页。

本得到了体现。①要之,两汉时以功德为庙号授予的标准虽未被严格执行,但因其所具有的强大自我纠错能力,仍使彼时的庙号具有权威性与公信力,能得到并长久保留庙号的两汉皇帝都在汉朝历史中占有重要地位。②故唐人刘知幾有云:"古者天子庙号,祖有功而宗有

---

① 东汉诸帝的庙号变化,由传世文献亦可窥见一斑。记事止于灵帝的东汉官修史书《东观汉记》之诸帝纪尚冠以庙号。颜真卿有云:"是知祖有功,宗有德,存至公之义,非其人不居,盖三代立礼之本也。自东汉已来,则此道衰矣。"(《旧唐书》卷二五《礼仪五》,第955页)初平元年(190)庙号改革后,东晋袁宏《后汉纪》于初平元年以后所收三公奏章却仍有东汉后期诸帝庙号,如兴平元年(194)二月戊寅太尉朱儁、司徒淳于嘉、司空张喜关于改葬皇妣事上书云:《春秋》之义,母以子贵,宜改葬皇妣,追上尊号,如穆宗、恭宗故事。"([东晋]袁宏撰,张烈点校:《后汉纪》卷二七《孝献皇帝纪》,北京:中华书局,2017年,第527页)这或是刘知幾所谓"而史臣载削,曾无辨明,每有所书,必存庙号"之语的滥觞([唐]刘知幾著,[清]浦起龙通释,王煦华整理:《史通通释》,上海:上海古籍出版社,2009年,第100页)。西晋末年刘渊称王,继承了献帝以来的认识,只尊奉汉代三祖五宗(三祖即高祖、世祖、昭烈,五宗为太宗、世宗、中宗、显宗、肃宗)。至刘宋,范晔作《后汉书》,其中除光武、明、章三帝以外,仅《安帝纪》开篇赘书恭宗,当是有所疏忽,其余诸帝纪均不书庙号,群臣所上奏章皆称先帝谥号,应是范晔根据东汉末年蔡邕等人上议直书改订后的结果。

② 两汉时期庙号授予的波动应与儒家学说的兴起有关。刘歆提议改革庙制,有"宗无数"之说,或为此行滥觞(《汉书》卷七三《韦贤传附韦玄成传》,第3125—3127页)。蔡邕亦有"自此以下,政事多衅,权移臣下,嗣帝殷勤,各欲褒崇至亲而已。臣下懦弱,莫能执夏侯之直"之说,直指嗣主仁孝(《后汉书》志九《祭祀志下》,第3199页)。在时彦看来,宗庙祭祀在东汉逐渐式微,则应是导致后世庙号泛滥的另一重要原因。田家溧认为秦汉时代祭祀场所总的转变趋势是由宗庙逐渐转换到墓地,强调家族始祖地位的宗庙较之为个人建造的墓葬,反而不适合以小规模的核心家庭为基本单位的汉代社会,庙祭让位于墓祭乃是历史发展的一种必然。而儒家的介入,使得这个过程发生了波动,西汉儒生群体强调宗庙祭祀中的忠君与孝亲精神,符合其时汉帝国的为政策略,所以西汉时期的政治话语中对宗庙极为重视。但宗庙祭祀的颓势终究难以扭转,故东汉时期的政治话语中很少出现宗庙的表述。可参见田家溧:《秦汉时代政治话语中"宗庙"地位之变迁及原因》,《南都学坛》2017年第1期。丁佳伟则在分析两汉皇帝的诏令后认为,在西汉的诏令文本中,皇帝多以"奉宗庙"的身份呈现。从宣帝时期开始,诏令文本中出现了另一种皇帝身份——"承大业",这种与"汉家尧后"说和绍述古圣先王功业的理论建构有着直接关联的文本叙述,在东汉的诏令文本中完全取代"奉宗庙"而成为唯一较为固定的皇帝身份。从这个侧面亦可反映出宗庙确实在东汉政治中逐渐式微。可参见丁佳伟:《两汉诏令中的皇帝身份——从"奉宗庙"到"承大业"》,《史学月刊》2017年第3期。总的来说,宗(转下页)

德,始自三代,迄于两汉,名实相允,今古共传。"①

如前所述,宣帝刘询原有庙号中宗,为西汉平帝时由王莽所上。《汉书·平帝纪》曰:"(元始四年)安汉公奏立明堂、辟雍。尊孝宣庙为中宗,孝元庙为高宗,天子世世献祭。"②和谥号一样,宣帝缘何获得中宗庙号,史册亦未明言。前文推测刘询以宾服四夷,致国中兴之功有孝宣的谥号。通过对中宗庙号的分析,倒可以提供另一侧面的认识。按史料,汉宣帝之前正史明载的中宗为商王太戊,《史记·殷本纪》云:"殷复兴,诸侯归之,故称中宗。"③在史迁的书写下,太戊中兴商朝,诸侯归附,故得此尊号。但商中宗为谁实际上在很长的一段时间内都是古史悬案,商王祖乙似亦有此尊号。

值得注意的是,与今天的认识不同,"中兴"之"中",在古时多言去声,东汉《西岳华山庙碑》即称宣帝为仲宗。④宋人王观国曰:"中字有钟、众二音,其义异也。音钟者,当二者之中,首尾均也;音众者,首尾不必均,但在二者之间耳。中兴者,在一世之间,因王道衰而有能复兴者,斯谓之中兴,首尾先后不必均也。……凡此皆在一世之间,因衰而复兴,故皆谓之中兴,其时之首尾先后,不必均也。此中兴

（接上页）庙的影响于东汉时的式微当是客观事实。不过,汉人对祖宗的崇拜并不会因为宗庙的衰败而有所消减,无论是祭祀陵墓还是继承大业,都与祖宗脱不开联系。此外巫鸿《从"庙"至"墓"——中国古代宗教美术发展中的一个关键问题》(〔美〕巫鸿著,郑岩、王睿编:《礼仪中的美术:巫鸿中国古代美术史文编》,北京:生活·读书·新知三联书店,2016年,第549—568页)、杨宽《中国古代陵寝制度史研究》(上海:上海人民出版社,2016年)和高崇文《古礼足征:礼制文化的考古学研究》(上海:上海古籍出版社,2017年)也是值得关注的。

① 〔唐〕刘知幾著,〔清〕浦起龙通释,王煦华整理:《史通通释》,第100页。
② 《汉书》卷一二《平帝纪》,第357页。
③ 《史记》卷三《殷本纪》,第100页。
④ 〔宋〕洪适:《隶释》卷二《西岳华山庙碑》,北京:中华书局,1986年,第25—26页。

之中所以音众。"①清人黄生有云:"中兴之中,旧音众,予尝正其音为孟仲之仲。仲居孟之次,有再索之义。中(直用切)兴犹言再兴也,又古今帝王谥中宗者三人:殷太戊、汉宣帝、唐庐陵王是也。……盖太戊修成汤之政商道复兴,宣帝废昏而立明,庐陵革周而为唐,皆有再兴之义,故皆号中(直用切)宗。"②钱大昕亦称"中兴"之"中"为去声。③杨联陞指出,"历史术语'中兴'仅仅意味着'复兴',而不像人们可能会猜想的那样意味着'在一个朝代中期的复兴'"④,杨先生又引清人胡鸣玉《订为杂录》认为:"传统上更爱把'中'这个字读成降声而不是平声,它的意思是'第二的'(与'仲'相同),并且因此就是'再次'或'另一次'的意思。"⑤辛德勇据黄生、钱大昕语指出,"盖以'中'通'仲'是秦汉以前通行的用法,而所谓'中兴'(仲兴)也就是'再兴'或'重兴'之义"⑥。如此,类比太戊、祖乙二人成就可知,太戊事已见前文,又《史记·殷本纪》云:"帝祖乙立,殷复兴。"⑦二王皆使商朝再次复兴,商中宗的争议或源于此,但能复兴王朝者可称中宗当无异议,中宗应即指中兴之主。

而宾服四夷正是汉儒所认同的国家复兴标准之一。甘露二年(前52)匈奴呼韩邪单于款塞称藩,有意明年朝见天子,宣帝下诏使有司议论,精通经文的丞相黄霸、御史大夫于定国便申明了"先京师而

① [宋]王观国撰,田瑞娟点校:《学林》卷二《中兴》,北京:中华书局,1988年,第51—52页。
② [清]黄生撰,[清]黄承吉合按,刘宗汉点校:《字诂义府合按·义府》卷下《中宗》,北京:中华书局,1984年,第203页。
③ [清]钱大昕:《十驾斋养新录(附余录)》卷四"中"条,陈文和主编:《嘉定钱大昕全集》(增订本)第三册,南京:凤凰出版社,2016年,第125页。
④ [美]杨联陞著,彭刚、程刚译:《中国制度史研究》,南京:江苏人民出版社,2007年,第3—4页。
⑤ [美]杨联陞著,彭刚、程刚译:《中国制度史研究》,第4页。
⑥ 辛德勇:《海昏侯刘贺》,第182页。
⑦ 《史记》卷三《殷本纪》,第101页。

后诸夏,先诸夏而后夷狄"①的《春秋》之义,称颂宣帝圣德"充塞天地,光被四表"②,使得匈奴单于慕义来朝,为自古未有之功。宣帝宾服四夷,符合汉儒心目中国家复兴的标准,完成中兴大业,进而获得中宗庙号,这一逻辑应是可信的。

其时王莽为先帝上庙号本自有打算,元帝高宗的庙号又明显高于中宗。复杂的政治背景致使宣帝于西汉的中兴地位并未完全确立。王莽的政治野心和宣帝自身模糊的定位,使得刘询没能在东汉初年的祭祀体系中占据一个重要的位置。建武元年(25)东汉草创,光武于怀宫祭祀了包括太祖刘邦、太宗刘恒、世宗刘彻在内的一祖二宗。建武二年(26)光武于洛阳立高庙,依旧制,四时祭祀此一祖二宗。③西汉其余诸帝"四时春以正月,夏以四月,秋以七月,冬以十月及腊,一岁五祀"④。建武十九年张纯与朱浮议庙制时上书云:"元帝以来,宗庙奉祠高皇帝为受命祖,孝文皇帝为太宗,孝武皇帝为世宗,皆如旧制。"⑤由此可知,东汉承西汉旧制,自建武元年光武初祭汉朝先帝,到建武二年光武立高庙,至建武十九年宗庙改制前,近二十年间东汉仅一祖二宗有庙号,且四时不祭宣帝。

诚然,光武只祭一祖二宗存在客观原因。元帝庙制改革后,郡国庙不再新建。平帝时只是尊长安原有的孝宣庙为中宗,并非在诸郡国立庙,而一祖二宗皆有郡国庙,故在原基础上扩建相对方便。但即使建武二年大司徒邓禹西入长安,收前汉十一帝神主,纳于洛阳高庙后,也没有改变这一祭祀制度。故光武此举,当另有其主观原因。联

---

① 《汉书》卷七八《萧望之传》,第3282页。
② 《汉书》卷七八《萧望之传》,第3282页。
③ 《后汉书》志九《祭祀志下》,第3193页。
④ 《后汉书》志九《祭祀志下》,第3193页。
⑤ 《后汉书》卷三五《张纯传》,第1194页。

系东汉初年国家尚未统一、人心浮动的大背景,光武当为重建宗庙话语体系,回归汉朝正统,消除王莽对西汉乃至现实政治的影响。西汉中后期诸帝庙号皆由王莽所上,除前举中宗宣帝、高宗元帝外,成帝统宗、平帝元宗的庙号亦由王莽奏尊。[①]一如前文,王莽为诸帝上庙号不过是其为增加政治资本的手段而已,且并非严格按照"祖有功而宗有德"的标准来选择"祖宗",宣、元二帝姑且不论,成、平二帝无功亦得庙号,显然于礼制不合,故东汉不承认王莽所上诸帝庙号应是理所当然。前文所云隗嚣起事时亦只祭汉朝一祖二宗,当有相同的考虑。

建武十九年天下大定,故庙制改革时,光武为宣帝重上中宗庙号,并将其纳入四时祭祀的体系中,《东观汉记·光武帝纪》载刘秀诏书云:"唯孝宣皇帝有功德,其上尊号曰中宗。"[②]《续汉书·祭祀志》亦记此诏云:"惟孝宣帝有功德,其上尊号曰中宗。"[③]此诏便明确表明宣、元、成、平四帝之中仅宣帝有功德,故光武为其再上庙号。此举意义重大。中元元年(56)十月甲申,光武曾更吕太后尊号,又改以薄太后配食高庙。袁宏论此事云:"夫越人而臧否者,非憎于彼也;亲戚而加誉者,非优于此也。处情之地殊,故公私之心异也。圣人知其如此,故明彼此之理,开公私之涂,则隐讳之义著,而亲尊之道长矣。古之人以为先君之体犹今君之体,推近以知远,则先后义均也。而况彰其大恶,以为贬黜者乎!"[④]周国林据此认为君主对祖先的尊号加以改动,绝非仅是礼仪问题,而是有着深刻的现实意义。[⑤]前贤时彦

---

①　《汉书》卷九九上《王莽传上》,第4078页。
②　[东汉]刘珍等撰,吴树平校注:《东观汉记校注》卷一《世祖光武皇帝纪》,北京:中华书局,2008年,第12页。
③　《后汉书》志九《祭祀志下》,第3194页。
④　[东晋]袁宏撰,张烈点校:《后汉纪》卷八《光武皇帝纪》,第155页。
⑤　周国林:《刘秀治国方略述论》,《贵州文史丛刊》1996年第4期。

之说亦适用于此次庙制改革。李贤认为因宣帝为光武祖父,故光武上庙号祭祀,即"然则宣帝为祖,故追尊及祠之"①。此说值得商榷,元帝在礼法上为光武父,较之祖父更为密切。②而元帝所谓高宗的庙号却并未恢复,仅是四时祭祀,亦不合礼。故光武独为宣帝上庙号,褒扬其功当另有他意。

在笔者看来,光武此举并非单纯出于奉宗庙以昭示其拥有继承大统,中兴汉朝的合法性以及暗合"赤九会昌"谶纬的目的,更有明确褒扬宣帝,宣布回归孝宣故政的意味。回顾汉代历史,此行并非光武首创。宣帝即位后欲褒扬武帝,曾于本始二年(前72)下诏百官,讨论刘彻的庙号与庙乐。虽然遭到夏侯胜等人的反对,但宣帝仍执意为武帝上世宗庙号。前揭王舜、刘歆所上《孝武庙不毁议》亦有"孝武皇帝功烈如彼,孝宣皇帝崇立之如此"③云云。宣帝待武帝以殊礼隐含相关的政治意图,在一定程度上复行孝武政治当是其中的应有之义,史家常称宣帝循武帝故事。④阎步克认为:"宣帝特尊孝武,一方面是为了强调自身的正统,但同时也就继承了其政治精神。"⑤郭善兵指出,因武帝为宣帝曾祖,是其皇位正统性所在,且武帝为人处世之道,似又颇投宣帝之意。故宣帝行事颇效武帝,不妄自变更武帝时期的相关政策。⑥陈苏镇则认为宣帝此举表明了他对武帝的评价,也表明了他将继承武帝事业的态度。在陈先生看来,宣帝是武帝事

---

① 《后汉书》卷一下《光武帝纪下》,第70页。
② 东汉献帝时蔡邕有奏议云:"元帝世在第八,光武世在第九,故以元帝为考庙,尊而奉之。孝明遵述,亦不敢毁。"(《后汉书》志九《祭祀志下》,第3199页)可知元帝因世系居于光武之前,光武视其为父,其庙终东汉一朝而不毁,地位颇高,仅次于西汉一祖三宗。
③ 《汉书》卷七三《韦贤传附韦玄成传》,第3127页。
④ 《汉书》卷二五下《郊祀志下》,第1249页;《汉书》卷六四下《王褒传》,第2821页。
⑤ 阎步克:《士大夫政治演生史稿》,第330页。
⑥ 郭善兵:《中国古代帝王宗庙礼制研究》,第130页。

业的继承者,两者之间的继承关系由宣帝为武帝加庙号而得到进一步确认。[①]

同理,刘秀重构汉家宗庙制度,亦是表明一种态度:首先,肯定宣帝中兴汉朝之功。光武追尊汉宣帝中宗庙号,在重新确认宣帝功绩的同时,又不承认并恢复元、成、平三帝的庙号,等于进一步拔高了宣帝的地位,使其独与高、文、武三帝同列,从政治上正式确立了宣帝自汉元以来唯一中兴之主的地位。其次,力图恢复孝宣故政,复行由"霸王道杂之"的政治思想与带有宣帝朝特色之政治实践构成的孝宣政治。邓小南认为:"帝制国家维系其政治结构的根本性原则,正是浸润在宗法制度的深厚传统之中。藉助于祖宗威灵、依赖于经验与传统、注重前世之'故事'与惯例,这样的决策及施政方式,决定了对于祖宗的崇敬总是与对其规制举措的仿效绞绕在一起,事实上体现着渊源久远的'人治'与'礼治''法治'精神的衔接。"[②]郭善兵则指出,汉宣帝忍辱负重、运用韬略,铲除霍氏家族势力,夺回国家权力,并最终实现刘氏皇室"中兴"伟业的形象,在东汉初年以外戚王莽篡权为教训的时代背景下极具现实意义。[③]中川祐志从建武十九年光武帝的宗庙改革入手,讨论光武帝的宣帝观,在他看来,光武帝所奉行的"柔道"政策师承汉宣帝的"王霸杂用"。光武帝之所以推崇汉宣帝,即为以此来彰显自己复兴后汉的功绩,宣扬继承前汉统治的合法性,并进而推行相应的政策。[④]

两汉四百年间,只有高祖刘邦、宣帝刘询以及光武帝刘秀三人

① 陈苏镇:《〈春秋〉与"汉道":两汉政治与政治文化研究》,第350—351页。
② 邓小南:《祖宗之法:北宋前期政治述略》(修订版),第22—23页。
③ 郭善兵:《中国古代帝王宗庙礼制研究》,第178页。
④ [日]中川祐志:《光武帝の宣帝観》,《史学論叢》第42号,2012年3月。

始起闾阎,终陟大位。光武有"同符高祖"的美誉,虽与刘邦一样,应是创业之主,但起事时以复兴汉室为号,因而获得了巨大的政治优势。赵翼有云:"是以光武得天下之易,起兵不三年,遂登帝位,古未有如此之速者,因民心之所愿,故易为力也。"①光武托名中兴,最终奄有四海,自然对同是起自民间,后为中兴之主的宣帝颇为重视。况且王莽的失败在一定程度上证明盲目地纯任德教并不可取,国家治理要转回理性的政治道路上来。由"霸王道杂之"的政治思想与带有宣帝朝特色的政治实践共同构成之孝宣政治是距东汉最近,且最典型的汉家政治范式,在经过西汉末年的淘洗之后,又重新回到了时人的视野中,这正是光武所迫切需要的治国方略。

因此,建武十九年的宗庙改革,光武利用宗庙在汉家政治中所占有的重要地位,来凸显宣帝中兴形象,将宣帝标榜为与高、文、武三帝齐肩的政治偶像。这正是光武之"孝宣情结"在政治重构上的一个具体表现,昭示了其复行孝宣政治的决心,为东汉王朝定下了未来发展的基调,影响深远。日后宗庙祭祀在东汉的政治话语体系中逐渐式微,但宣帝并未因此随之不闻于世,反而成了历代东汉士人所共同追慕的中兴之主。如张衡作《东京赋》,历数高、文、武、宣四帝功德云:"且高既受命建家,造我区夏矣。文又躬自菲薄,治致升平之德。武有大启土宇,纪禅肃然之功。宣重威以抚和戎狄,呼韩来享。咸用纪宗存主,飨祀不辍。铭勋彝器,历世弥光。"②东汉末年荀悦奉旨删减《汉书》成《汉纪》,其序文有云:"凡《汉纪》十二世,十一帝,通王莽二百四十二年。一祖三宗。高祖定天下,孝惠、高后值国家无事,

---

① [清]赵翼著,王树民校证:《廿二史劄记校证》卷三,第74页。
② [汉]张衡:《东京赋》,[清]严可均辑:《全后汉文》卷五三,第765页。

百姓安集。太宗升平,世宗建功,中宗治平,昭、景称治。元、成、哀、平历世陵迟,莽遂篡国也。"①荀悦对西汉历史的总结性叙述,基本上可以视作东汉士人的共同认识。

(二)帝国太子的新选择

第二起重大政治事件则是光武重新选择了帝国的继承人。该年六月戊申,光武废太子刘强为东海王,更立原东海王刘阳为太子,并改名为庄。《后汉书·光武帝纪》载其诏云:"《春秋》之义,立子以贵。东海王阳,皇后之子,宜承大统。皇太子强,崇执谦退,愿备藩国。父子之情,重久违之。其以强为东海王,立阳为皇太子,改名庄。"②

光武此举饱受后世史家诟病。东晋袁宏有云:"夫建太子以为储贰,所以重宗统,一民心也。非有大恶于天下,不可移也。世祖中兴,后汉之业宜遵统一之道,以为后嗣之法。今太子之德未亏于外,内宠既多,嫡子迁位,可谓失矣。"③袁宏认为光武擅改继嗣之法,失之甚矣,所幸刘强、刘庄二子俱贤,才没有造成过多损失,"然东海归藩,谦恭之心弥亮;明帝承统,友于之情愈笃。虽长幼易位,兴废不同,父子兄弟,至性无间。夫以三代之道处之,亦何以过乎"④。王夫之亦对此举颇为不满,认为:"光武以郭后失宠而废太子强,群臣莫敢争者。幸而明帝之贤,得以掩光武之过。"⑤在王夫之看来,明帝的贤能掩盖了光武的过失,但光武改嗣,实启东汉日后败亡之端,"终汉之世,冲、质、蠡吾、解渎皆以童昏嗣立,权臣哲妇贪幼少之尸位,以唯其所为,

①　[东汉]荀悦撰,张烈点校:《汉纪序》,第1页。
②　《后汉书》卷一下《光武帝纪下》,第71页。
③　[东晋]袁宏撰,张烈点校:《后汉纪》卷七《光武皇帝纪》,第131页。
④　[东晋]袁宏撰,张烈点校:《后汉纪》卷七《光武皇帝纪》,第131页。
⑤　[清]王夫之著,舒士彦点校:《读通鉴论》卷七,第177页。

而东汉无一日之治。此其祸章帝始之,而实光武贻之也"①。东汉中后期皇权不张,政归外家,女主权臣又贪立孩童以专政,屡效易储之举,直接导致了政治的败坏。

近代以来,学者们多将东汉自光武以后的政局动荡,如明帝初年的诸王叛乱归咎于光武帝的易储之举。曹金华认为光武帝废立太子,使得公卿百官产生了一定的离心倾向,更激化了诸王间的矛盾,为明帝初年的"诸王之乱"埋下了伏笔。②王健指出:"太子废立改变了诸皇子之间的既定地位和人际关系,也为后来明帝与诸藩王相处投下了阴影,是举被视为光武后期政治的一大败笔。"③肖阳光、冷鹏飞则指出,明帝时的楚狱成因可追溯至光武时期的郭后之废,郭后之废无疑是光武政治的一大败笔,也是诱发楚王案的重要因素,对于楚王谋逆案真实性的考证十分重要。④

后世史家抨击光武破坏继嗣之法,认为此举不仅造成了东汉政局的短时动荡,更为日后女主、外戚、宦官的乱政打开了方便之门,即主要是对这一行为所产生的影响颇有微词,但光武易储的原因同样值得关注。光武对太子的重新选择首先是两年前,即建武十七年(41)皇后废立的政治余波。是年十月辛巳光武废黜郭皇后,改立阴贵人为后。东汉王朝奉行"子以母贵,母以子贵"⑤的《春秋》之义,两年后光武改立太子的诏书中即有所谓"《春秋》之义,立子以贵"⑥之语。时为东海王的刘阳为阴皇后长子,凭借这一身份得以成为太子。

---

① [清]王夫之著,舒士彦点校:《读通鉴论》卷七,第177页。

② 曹金华:《论东汉前期的"诸王之乱"》,《史学月刊》1996年第5期。

③ 王健:《楚王刘英之狱探析》,《中国史研究》1999年第2期。

④ 肖阳光、冷鹏飞:《东汉楚王英谋逆案疑析》,《湖南行政学院学报》2000年第6期。

⑤ 《十三经注疏》整理委员会整理:《十三经注疏·春秋公羊传注疏》卷一《隐公》,北京:北京大学出版社,1999年,第13页。

⑥ 《后汉书》卷一下《光武帝纪下》,第71页。

故皇后的废立与储君的选择息息相关。而光武废立皇后,其原因则颇为复杂。

首先,此举应受到了东汉初年不同地域外戚集团政治角力的影响。两汉皇后的选择迥异。西汉皇后多出身微贱,赵翼有云:"两太后一皇后皆出自微贱,且多有夫者。其后成帝时,赵飞燕亦由阳阿主家讴者得幸,立为皇后,其妹亦进位昭仪。"①不独赵翼所举的高祖薄姬、景帝王皇后、武帝卫皇后、成帝赵皇后姐妹,文帝窦皇后、武帝李夫人、宣帝许皇后、元帝王皇后等亦出身微贱。因此西汉诸外家势力起初在立后问题上的矛盾并没有东汉那么明显。东汉皇后的选择不似西汉,自建国以来便涉及各大豪族的权力斗争,是冠以"《春秋》之义,娶先大国"②名下各大家族斗争妥协的结果,杨联陞即有"皇后纪所载诸后及贵人,十九出于豪家"③之说。皇后与太子的选择意味着国家的未来走向,关系到豪族势力的政治前景,故进一步加剧了这一权力斗争。

这一时代背景使得中西学人多聚焦于光武与郭、阴二后以及两者背后的河北、南阳两大豪族集团的纠葛。崔向东认为刘秀是迫于南阳豪族的压力,废黜皇后真定郭氏,以冠冕堂皇的借口立南阳阴氏为皇后,接着又废皇太子。这实际上是河北、南阳两大豪族间首次激烈的权力之争,并非出于刘秀本意,结果是南阳豪族占据上风。④齐继伟指出,皇后之争实则又是两端势力之争。刘秀能够中兴炎汉是依靠两大家族的鼎力支持,因此为维持东汉王朝的统治,在两大家族之间斡旋调解。但尔后河北势力的发展屡屡对南阳势力构成威胁,

① 〔清〕赵翼著,王树民校证:《廿二史劄记校证》卷三,第61页。
② 《后汉书》卷一〇下《顺烈梁皇后纪》,第439页。
③ 杨联陞:《东汉的豪族》,《清华学报》1936年第4期。
④ 崔向东:《河北豪族与两汉之际的社会政治》,《河北学刊》2002年第1期。

其在诸如度田等事件上的反叛使得光武更加倚重南阳势力,加之期间光武身体抱恙,便通过打击以郭氏为代表的河北势力,平衡外戚势力,来巩固以南阳势力为基础的刘氏政权统治。[①]

　　毕汉斯用颇有地域色彩的利益集团斗争视角来看待这一次废立皇后以及更换太子事件,认为这是南阳派与北方绅士的斗争。[②]陈苏镇则勾勒出了郭、阴两大豪族集团贯穿百余年的政治斗争,明确指出东汉王朝的最高统治集团,是刘秀家族同若干外戚家族结成的豪族婚姻集团。两者存在共生关系,而内部又矛盾重重。矛盾最初形成于郭、阴两家外戚之间,并引发了光武、明、章时期一系列的重大事件。和帝以降,窦、邓、阎、梁等外戚家族相继专权,形成了持续百年的外戚政治格局,而郭、阴两家的影响和纠葛仍贯穿其间。[③]

　　以陈先生的思路回顾东汉的统一战争,可以发现,以南阳豪族为核心的刘秀集团,为完成国家的统一,不断与其他地域的豪族集团对峙、斗争、妥协,并最终将他们都吸纳到中央。在这一过程中,让渡一部分政治利益以换取其他地方势力的支持或臣服是这一集团的惯用手段,光武于河北平王郎之事即是一个典型的例子。王夫之有云:"光武之得天下,较高帝而尤难矣。建武二年,已定都于洛阳,而天下之乱方兴。帝所得资以有为者,独河北耳。"[④]河北对于刘秀来说,是日后得以乘龙御天的基础。而光武正是通过与河北著姓真定郭氏联姻,得以平定王郎,全据河北,才拥有了逐鹿天下的资本。建武二年

①　齐继伟:《藩王太后与东汉外戚政治研究》,湖南师范大学硕士学位论文,2015年,第16—30页。
②　［英］崔瑞德、［英］鲁惟一编,杨品泉等译:《剑桥中国秦汉史》,第295—296页。
③　陈苏镇:《〈春秋〉与"汉道":两汉政治与政治文化研究》,第628—671页。
④　［清］王夫之著,舒士彦点校:《读通鉴论》卷六,第140页。

（26）春郭圣通之舅真定王刘扬有意谋反,光武遣前将军耿纯持节慰劳,暗中以计诛杀刘扬。当年六月戊戌刘秀便立郭圣通为后,以其长子刘强为太子,似有安抚河北豪族之意。[①]真定郭氏"为郡著姓",南阳阴氏"比于邦君",郭、阴两家及其背后的豪族势力构成了东汉统治集团初期政治力量的二极。刘秀这一安排自会使南阳豪族不安,之后这两股势力长达十余年的纠葛和斗争是推动建武十九年光武易储的重要动力。

再者,光武对阴郭二后的情感亦是一考量因素。光武少时倾慕阴丽华,后至长安,见执金吾车骑之盛,尝有叹曰:"仕宦当作执金吾,娶妻当得阴丽华。"[②]更始元年（23）六月,光武破王莽百万大军,解昆阳之围,势头可谓一时无两,遂纳阴丽华于宛县当成里。[③]建武初年,光武本欲立阴丽华为皇后,阴丽华以郭圣通有子为由坚决推辞,故光武遂立郭贵人为皇后。建武九年（33）,有盗贼劫杀阴丽华之母及其弟阴欣,光武下诏大司空,盛言阴氏之德,可知光武对阴氏之深情。[④]秦丽将光武帝改立皇后及太子的原因归结为刘秀对阴丽华感情深厚,对郭圣通日益疏远以及太子刘强的主动让位。[⑤]

依笔者陋见,光武更换皇后乃至最终易储,或并非仅仅涉及两大豪族集团的权力斗争及其与二后的个人情感,应还与光武对国家未来走向的考量有关。太子为"国之储副,人命所系"[⑥],又有"天下之

---

① 《后汉书》卷一上《光武帝纪上》,第28页;《后汉书》卷二一《耿纯传》,第763—764页;《后汉书》卷一上《光武帝纪上》,第30页;《后汉书》卷一〇上《光武郭皇后纪》,第402页。

② 《后汉书》卷一〇上《光烈阴皇后纪》,第405页。

③ 《后汉书》卷一〇上《光烈阴皇后纪》,第405页。

④ 《后汉书》卷一〇上《光烈阴皇后纪》,第405—406页。

⑤ 秦丽:《东汉皇位继承问题研究》,华中师范大学硕士学位论文,2016年,第13—18页。

⑥ 《后汉书》卷五六《种暠传》,第1827页。

命,县于太子"①一说,如前所述,其人的选择直接关系到国家的未来走向,这使得历代皇帝对于立储问题都不得不慎重考虑。

两汉的皇位继承制度本以嫡长子继承制为核心,但嫡长子继承制在实施过程中存在着诸如政治权力斗争,皇帝无子,嫡长子有疾或早夭等因素,这些因素都会直接或间接导致嫡长子继承制无法正常运行。据有关学者统计,两汉二十位储君中,以嫡长子身份被立为储君的只有八人,其他十二位储君均是以非嫡长子身份被立。②故帝国又需要辅以其他补充性措施来完善皇位继承制度,补充性措施则更多地取决于皇帝的个人态度。

不独光武,西汉有数位皇帝在选择太子时也都表现出一种颇为犹豫或者说谨慎的态度。③汉家初开即是如此。刘邦对仁弱的太子刘盈颇为不满,独爱"类己"的刘如意,常称"如意类我",更有意废立。④《史》《汉》二书相关纪传寥寥数笔,不知刘如意个性如何,或有高祖之风。而刘盈应为仁者无疑,商山四皓称其"为人仁孝,恭敬爱士"⑤,刘盈即位后又数次翼护刘如意,仁者之风昭然。班固赞曰:"孝惠内修亲亲,外礼宰相,优宠齐悼、赵隐,恩敬笃矣。闻叔孙通之谏则惧然,纳曹相国之对而心说,可谓宽仁之主。"⑥

又汉武帝嫡长子即戾太子刘据,似乎也是守文好静之辈,不类武

---

①　《汉书》卷四八《贾谊传》,第2251页。

②　苏鑫:《汉代储君制度研究》,吉林大学博士学位论文,2016年,第9页。

③　辛德勇曾梳理过西汉诸帝谓身居储位的太子不类己之史事,以推求南朝宋齐时人王俭所撰《汉武故事》中汉武帝谓戾太子不类己故事的原型。与笔者此番梳理西汉君主对太子的游移态度有相似之处,可为参考。辛德勇:《制造汉武帝:由汉武帝晚年政治形象的塑造看〈资治通鉴〉的历史构建》(增订本),北京:生活·读书·新知三联书店,2018年,第117—127页。

④　《史记》卷九《吕太后本纪》,第395页。

⑤　《史记》卷五五《留侯世家》,第2047页。

⑥　《汉书》卷二《惠帝纪》,第92页。

帝。田余庆认为汉武帝与戾太子的政见分歧与矛盾最终导致了父子反目,酿成了一出政治悲剧。[①]在巫蛊之祸前,刘弗陵的地位似有超越刘据之势。其母赵婕仔怀孕十四月方生刘弗陵,武帝视此为尧之行迹,并将昭帝出生时的宫殿之门命名为尧母门。[②]刘弗陵"年五六岁,壮大多知"[③],为武帝所爱,"上常言'类我'"[④],几成武帝心仪的太子人选。田先生由此指出武帝选择继嗣,总把与己相类当成一项重要标准。[⑤]陈苏镇根据昭帝一朝的政治走向认为刘弗陵承继武帝遗业,并延续其政策。[⑥]韩星亦认为昭帝即位,仍旧坚持武帝的各项制度和政策,以完成武帝未竟的事业为己任。[⑦]从这一侧面来看,刘弗陵确有武帝之风。

　　汉宣帝嫡子刘奭亦是守文之主,史称其"柔仁好儒"[⑧]。因宣帝多用文法吏,又常以片言诛杀大臣,刘奭曾以持刑太深为由,向宣帝建议当用儒生治国。汉宣帝兼综儒法,对纯粹的儒生政治并不感冒,父子二人的政治分歧,才引发了那场关于汉家制度的著名讨论,宣帝还由此生发出"乱我家者,太子也"[⑨]的感叹,日后更是移爱淮阳王刘钦。[⑩]宣帝有语云:"淮阳王明察好法,宜为吾子。"[⑪]又《汉书·淮阳宪王钦

① 田余庆:《论轮台诏》,《秦汉魏晋史探微》(重订本),第30—63页。田先生由轮台诏出发考察武帝末年政治,以一段独见于《资治通鉴》的史料展开叙述武帝与戾太子之间的政见分歧和矛盾,影响深远。辛德勇解读此段史料时有不同于田先生的看法,可参见辛德勇:《制造汉武帝:由汉武帝晚年政治形象的塑造看〈资治通鉴〉的历史构建》(增订本)。
② 《汉书》卷九七上《孝武钩弋赵婕仔传》,第3956页。
③ 《汉书》卷九七上《孝武钩弋赵婕仔传》,第3956页。
④ 《汉书》卷九七上《孝武钩弋赵婕仔传》,第3956页。
⑤ 田余庆:《论轮台诏》,《秦汉魏晋史探微》(重订本),第35页。
⑥ 陈苏镇:《〈春秋〉与"汉道":两汉政治与政治文化研究》,第344—350页。
⑦ 韩星:《"霸王道杂之":秦汉政治文化模式考论》,《哲学研究》2009年第2期。
⑧ 《汉书》卷九《元帝纪》,第277页。
⑨ 《汉书》卷九《元帝纪》,第277页。
⑩ 《汉书》卷九《元帝纪》,第277页。
⑪ 《汉书》卷九《元帝纪》,第277页。

传》载其事云:"而宪王壮大,好经书法律,聪达有材,帝甚爱之。太子宽仁,喜儒术,上数嗟叹宪王,曰:'真我子也!'"①"宜为吾子""真我子也"之语,书法相同,皆与"类我"相似。淮阳王刘钦喜好经书法律,应有儒法兼综之才,与宣帝"霸王道杂之"的汉家政治相合,而刘奭则只喜儒术,不称宣帝心意,这当是宣帝感叹刘钦"真我子"的缘由。或是与刘奭生母许皇后故剑情深,或是晚年思想变化,宣帝最终断了换太子的念想。②元帝即位后亦有意废黜太子刘骜,改立与其皆有音乐才能的定陶王刘康为太子,但因外家侍中史丹极力维护,加之先前宣帝对刘骜喜爱有加,此议才作罢。③

如此梳理可见,西汉有易储想法,发出"类我"感慨的皇帝多为雄主,如高祖威加海内,汉武拓边万里,孝宣中兴危国,他们凭借雄才大略开创了一番伟业,因而对后代寄予厚望,希望来者能继承自己的事业。故皇帝倾向于选择"类己"的继承人。所谓"类己",不单指长相,更应侧重于性格和才能,因为皇子的性格才能与其未来的执政风格有着密切的联系。而嫡长子往往多为仁弱守文之辈,与皇帝本人的个性正好相反,爱子个性行事又多有其父之风,皇帝自然会在两者之间纠结选择。西汉诸帝虽倾向于选择"类己"的皇子继承皇位,但大多受限于礼法、政治斗争等各种原因而最终放弃。西汉唯一史书明载有类先君,进而继承皇位的昭帝刘弗陵,还是因

---

① 《汉书》卷八〇《淮阳宪王钦传》,第3311页。
② 陈苏镇将此事置于政治文化演进的背景下进行观察后认为,宣帝晚年思想上曾发生重大变化,有意革除吏治苛刻之弊,遂默许元帝与萧望之等在其死后开展政治改革。陈苏镇:《〈春秋〉与"汉道":两汉政治与政治文化研究》,第391—393页。
③ 从相关纪传来看,刘康颇有材艺,但可能更多地是指音乐才能,而非治国之才。元帝雅好音乐,刘康精通此道,自然受到重视。可参见《汉书》卷一〇《成帝纪》,第301页;《汉书》卷八〇《定陶共王康传》,第3327页;《汉书》卷八二《史丹传》,第3376—3378页。

武帝的嫡长子刘据自经后,帝国没有更合适的继承人时才得以登临大宝。

光武重开汉德,同样希望储君能够继续自己的事业。史册虽未明书刘庄有类光武,但从相关纪传来看,光武选择了一位能继承己业的"类己"继承人。明帝是光武的第四子,出生即有异象,"丰下锐上,颜赤色,有似于尧"[①],光武更因此赤色而为其取名为阳。[②]这一描写应和兴起于西汉中后期,在两汉之际被统治者极力提倡的"尧后火德"和"汉家尧后"说有关。刘秀出生时即有火德祥瑞,父子相类。[③]东汉又尚火德,刘庄出生时的异象正合国家德运,隐隐有天命所归之意。

皇子未来有机会继承大业,故需要有处理复杂政事的能力。光武对这方面的培养颇为重视,刘庄幼时聪明睿智,容貌壮丽,使光武颇为惊奇,常问政于刘庄,而其"应对敏达,谋谟甚深"[④],常常表现出与年龄不相符的成熟。《后汉书》记有二事,可知刘庄少时便颇有政见。其一是关于建武十五年(39)的度田之事。是年光武下诏州郡检核天下垦田户口年纪,各地刺史太守执法尺度不一,"或优饶豪右,

---

① [东汉]刘珍等撰,吴树平校注:《东观汉记校注》卷二《显宗孝明皇帝纪》,第54页。
② [东汉]刘珍等撰,吴树平校注:《东观汉记校注》卷二《显宗孝明皇帝纪》,第54页。
③ 杨权:《"汉家尧后"说考论》,《史学月刊》2006年第6期。又可参见宋艳萍:《论"尧母门"对西汉中后期政治格局以及政治史观的影响》,《史学集刊》2015年第4期。汉代皇帝出生时的祥瑞虽难以考证,但相似的祥瑞当有相同的政治联系。东汉《成阳灵台碑》碑文刻有:"庆都……游观河滨,感赤龙交,始生尧。……案经考典,《河》《洛》秘奥,汉感赤龙,尧之苗胄。"([宋]洪适:《隶释》卷一《成阳灵台碑》,第14页)这反映出《河洛谶》已将高祖刘邦感生说与"汉家尧后"说融为一体。由此来看,相类似的感生神话,暗示着两者之间的继承关系。
④ [东汉]刘珍等撰,吴树平校注:《东观汉记校注》卷二《显宗孝明皇帝纪》,第54页。

侵刻羸弱"①,使得百姓怨声载道。诸郡遣使进京奏事,光武看到陈留吏的案牍上有"颍川、弘农可问,河南、南阳不可问"之语,便问其缘由,陈留小吏不肯如实回答,光武因而震怒。其时年仅十二岁的刘庄便一针见血地指出此案牍上的隐语即指光武度田所遇到的最大阻碍——盘踞在河南、南阳两地的近亲和近臣,事情的结果也如其所料。②

其二则是建武十九年三四月间的原武妖臣叛乱之事,彼时妖巫维汜的弟子单臣、傅镇等据城而反,汉军久围不下。光武问计于公卿、诸侯王,众人皆以为应提高悬赏价码,激励勇夫,而刘庄却认为应该让围城部队放开一个缺口,任其逃亡,以瓦解守城叛军的斗志。光武从刘庄之计,由是城下。③刘庄这一策略可上溯至孙子,《孙子兵法·军争篇》有云:"故用兵之法,高陵勿向,背丘勿逆,佯北勿从,锐卒勿攻,饵兵勿食,归师勿遏,围师必阙,穷寇勿迫,此用兵之法也。"④刘庄所谓"宜小挺缓,令得逃亡"⑤的建议,正符合孙子"围师必阙"之计。唐人杜牧注解《孙子兵法》时,更将汉明帝献计平原武妖贼之事目为《孙子兵法》的经典战例。⑥

光武一如高祖,以布衣之身提三尺剑而有天下,自非无能之辈。举一例可证。建武八年(32)春来歙与祭遵共击隗嚣,后祭遵因病而还,来歙则领精兵伐山开道,乘机袭取略阳,光武闻讯大喜。李贤注引《东观记》曰:"上闻得略阳,甚悦。左右怪,上数破大敌,今得小

---

① 《后汉书》卷二二《刘隆传》,第780页。
② 《后汉书》卷二二《刘隆传》,第780—781页。
③ 《后汉书》卷一八《臧宫传》,第694—695页。
④ [春秋]孙武撰,[三国]曹操等注,杨丙安校理:《十一家注孙子校理》卷中《军争篇》,北京:中华书局,2016年,第192—210页。
⑤ 《后汉书》卷一八《臧宫传》,第695页。
⑥ [春秋]孙武撰,[三国]曹操等注,杨丙安校理:《十一家注孙子校理》卷中《军争篇》,第200页。

城，何足以喜？然上以略阳嚣所依阻，心腹已坏，则制其支体也。"① 刘秀深谙克敌制胜之道，能看到关键战役的胜败对战争全局的作用，故能席卷天下。自古以来论者对光武的军政才能皆赞誉有加，马援称光武"才明勇略，非人敌也。且开心见诚，无所隐伏，阔达多大节，略与高帝同。经学博览，政事文辩，前世无比"②。曹植赞光武"尔乃庙谋而后动众，计定而后行师，故攻无不陷之垒，战无奔北之卒"③，诸葛亮在曹植的基础上亦称光武"策虑深远，有杜渐曲突之明"④。苏辙比较历代帝王，尤推光武，曰："惟汉光武起布衣，治经术，提三尺剑以平僭乱，得治民驭兵之要。"⑤ 王夫之更是因光武治军理民之才赞其曰："自三代而下，唯光武允冠百王矣。"⑥ 黄今言等学者亦认为，从东汉统一战争的进程及结果来看，刘秀确实表现出了非凡的军事、政治才能，不愧为中国封建时代杰出的军事家。⑦

如上所述，刘庄少时即对现实政治有清楚的认识，又深谙兵法，颇有光武之风。反观刘强，其事迹史书着墨颇少，不见刘秀问政的记载，或受日后史家曲笔因素的影响，但刘强的个人性格亦影响了他的命运，史载其"性聪达恭谦"⑧，自建武十七年郭后被废后，刘强即知

---

① 《后汉书》卷一五《来歙传》，第587—588页。
② 《后汉书》卷二四《马援传》，第831页。
③ ［三国魏］曹植著，赵幼文校注：《曹植集校注》卷一《汉二祖优劣论》，北京：中华书局，2016年，第152页。
④ ［三国］诸葛亮著，段熙仲、闻旭初编校：《诸葛亮集·文集》卷二《论光武》，北京：中华书局，2014年，第48页。
⑤ 陈宏天、高秀芳点校：《苏辙集》卷四七《编神宗御集奏请表状二首》，北京：中华书局，2017年，第825页。
⑥ ［清］王夫之著，舒士彦点校：《读通鉴论》卷六，第143页。
⑦ 黄今言、邵鸿、卢星、赵明：《东汉军事史》，北京：军事科学出版社，1998年，第395页。
⑧ ［东汉］刘珍等撰，吴树平校注：《东观汉记校注》卷七《东海恭王强传》，第234页。

自己地位难保,"常戚戚不自安"①,便听从郅恽的建议,主动向左右及诸王表达了愿退居藩国的想法。建武十九年易储后,光武因刘强被废不以过错,特优以大封,刘强又数次上书推辞。②光武驾崩后,广陵王刘荆诈称刘强之舅郭况,作飞书寄与刘强,劝其起事夺位,刘强收到飞书后惊恐万分,"即执其使,封书上之"③。刘强这一系列的举动自然有明哲保身的考虑,但其谦退不争的性格亦影响了他的选择,当是一仁者,与兼杂王霸、刚柔并济的光武颇不相同。王尔从刘强的性格出发,推测其施政思路应是谨慎的,加上受到长安系士人的影响,刘强很可能采用宽大简易、崇尚仁德之政。太子易位,实际上也反映出光武已不支持这一仁政路线。④

刘庄与刘强在个性能力上的差别是光武需要面对的现实问题。对孝宣政治的回归当是除开政治集团的角力,个人情感的纠葛外,是年光武更换太子的另一条线索。丁佳伟认为,自宣帝起,汉代皇帝诏令文本中的皇帝身份出现了从奉宗庙到承大业的转变,这样的转变,一方面使皇帝摆脱了单纯以血脉延续来论证其统治合法性的局限,而借由古圣先王功业之承继者的身份实现了"上参尧舜,下配三王"的政治夙愿。皇帝的权威性和汉家的正统性得到了进一步彰显。另一方面,新的皇帝身份也带来了新的权力规训。到东汉时期,"古圣先王"已然取代宗庙成为群臣品评皇帝功过或褒贬皇帝得失的新话

---

① 《后汉书》卷四二《东海恭王强传》,第1423页。
② 《后汉书》卷四二《东海恭王强传》,第1423页。
③ 《后汉书》卷四二《广陵思王荆传》,第1447页。
④ 王尔:《"长安系士人"的聚散与东汉建武政治的变迁——从"二〈赋〉"说起》,《中国史研究》2019年第4期。王尔从班固《两都赋》与杜笃《论都赋》二赋中所反映的东汉初年士人在王朝建都洛阳抑或返都长安的问题上的不同认识入手,讨论东汉士人对两"汉"关系的不同理解、相应的天命观以及东汉初年的政治变迁。其中所谓"长安系士人",即指呼吁返都的"关中耆老",是光武帝建武年间由前汉"遗臣"和三辅士人结合而成的群体。

语。①丁先生从诏令文本中所捕捉到的,自宣帝起的皇帝身份变更,意味着继承大业比尊奉宗庙更值得东汉皇帝关注,而"承大业"的皇帝身份实现了对祖宗功业、帝尧功业和古圣先王功业之承继者的统合,使得后继皇帝可以兼顾血统和功业。刘秀最终选择了"类己"的刘庄作为自己的继承人。而王言内涵的变化同样体现在明帝的诏令文本中。刘庄登基后不久下诏云:"予末小子,奉承圣业,夙夜震畏,不敢荒宁。先帝受命中兴,德侔帝王,协和万邦,假于上下,怀柔百神,惠于鳏寡。朕承大运,继体守文,不知稼穑之艰难,惧有废失。圣恩遗戒,顾重天下,以元元为首。"李贤注云:"创基之主,则尚武功以定祸乱;其次继体而立者,则守文德。"其又引《榖梁传》曰:"承明继体。则守文之君也。"②明帝所谓"承大运,继体守文",与其模糊地说是对祖宗功业、帝尧功业和古圣先王功业的继承,倒不如明确地指出是继承光武中兴之业。

　　由丁文所举尧、舜、成汤、孝文、光武之例可知,前汉皇帝的功业亦蕴含在东汉皇帝所承的大业中,"孝宣情结"应是这一认识的结晶之一。对光武而言,王莽的覆灭意味着自元帝起狂热的复古改制尝试的失败,国家需要重新转回到以孝宣政治为代表的汉家理性政治上。光武行事多取法孝宣,得以中兴汉朝。建武十九年年初的宗庙改革,光武为宣帝上庙号,使之比肩前汉一祖二宗,光耀后世。于刘秀而言,嗣主理应继续自己的事业,复行孝宣之政,以继承这份带着"孝宣情结"的祖宗功业。

　　这一权力来源和政治使命使得有光武之风的刘庄尊先王法度,执政风格颇类光武。明帝即位次年西幸长安,"历览馆邑,会郡

───────────────

① 丁佳伟:《两汉诏令中的皇帝身份——从"奉宗庙"到"承大业"》,《史学月刊》2017年第3期。

② 《后汉书》卷二《明帝纪》,第95—96页。

县吏,劳赐作乐"①,有县三老上章盛赞明帝云:"陛下入东都,臣望颜色容仪,类似先帝,臣一欢喜。百官严设如旧时,臣二欢喜。见吏赏赐,识先帝时事,臣三欢喜。陛下听用直谏,默然受之,臣四欢喜。陛下至明,惩艾酷吏,视人如赤子,臣五欢喜。进贤用能,各得其所,臣六欢喜。天下太平,德合于尧,臣七欢喜。"②明帝颜色容仪类似光武,自然不需辩驳。明帝继承建武制度,百官严设,见吏赏赐皆如建武故事,对光武大业的继承和发展应是三老欢喜的缘由。

明帝对光武之政的奉行也为后世史家所认同。《东观汉记·显宗孝明皇帝纪》云:"自帝即位,遵奉建武之政,有加而无损。"③《后汉书·明帝纪》云:"帝遵奉建武制度,无敢违者。"④吕思勉强调"永平之政,多遵建武"⑤,张鹤泉从政治、经济、文化、礼制乃至与周边少数民族及西域各国的联系等多方面分析了明帝对光武帝事业的继承性,他认为汉明帝在政治统治上,非常注意吸取光武帝的统治经验,仿效了光武帝的一些做法,同时也依据当时的形势,创造了一些新的统治方式。⑥于迎春则指出:"明帝不仅继承了其父在朝廷庄严的政治场合坐而论道的作风,还利用皇帝之便,将他亲自参与、主持的讲论经义的学术活动,扩大至前所未有的盛大规模。"⑦薛来虽对孝明政治颇有微词,但同时承认光武帝完成统一大业到去世的二十年

---

① 《后汉书》卷二《明帝纪》,第104页。
② [东汉]刘珍等撰,吴树平校注:《东观汉记校注》卷二《显宗孝明皇帝纪》,第55—56页。
③ [东汉]刘珍等撰,吴树平校注:《东观汉记校注》卷二《显宗孝明皇帝纪》,第57页。
④ 《后汉书》卷二《明帝纪》,第124页。
⑤ 吕思勉:《秦汉史》,第228页。
⑥ 张鹤泉:《论汉明帝》,《北华大学学报》2000年第2期。
⑦ 于迎春:《秦汉士史》,第288页。

间,是汉明帝性格形成的关键时期。这二十年里,光武的言传身教,以及为巩固皇权而运用的各种政治手腕,都使明帝耳濡目染,终使之有过光武而无不及。①王尔认为:"建武早期,新政权颇为尊重长安系士人。光武一度重用其'宽简'政策,以缓冲吏治的苛刻,也让其有施展政治抱负的空间。他们相互荐举,培养太子,形成对朝政有影响力的派系。随着郭后、太子被废,光武的政策已发生变化。他重用关东士人,转向'苛政法治',而新太子正是这一政策的推行者和继承人。"②由此可知,明帝即位后继承并发展了建武制度,确有光武遗风。

而建武制度正可溯源至孝宣政治,晋人袁山松曾赞光武"寥廓大度,同符高祖,又等太宗之仁,兼孝宣之明,一人之体,其殆于周,故能享有神器,据乎万乘之上矣"③,袁山松认为,光武一人兼有刘邦、刘恒、刘询前汉三帝之特性,故能中兴汉朝。此赞虽属溢美之词,但光武确实复行孝宣之政,如在限制外戚专权方面,光武即取法宣帝:"初,世祖闵伤前世权臣太盛,外戚预政,上浊明主,下危臣子,汉家中兴,唯宣帝取法。至于建武,朝无权臣,外族阴、郭之家,不过九卿,亲属势位,不能及许、史、王氏之半。"④光武限制外戚势力,又警惕外戚专权,如其建武十七年废立皇后诏书称郭皇后"既无《关雎》之德,而有吕、霍之风,岂可托以幼孤,恭承明祀"⑤,吕、霍为西汉外戚,几亡刘氏,光武深以为戒。其后光武更将吕后牌位移出高庙,改以薄后配

---

①　薛来:《论汉明帝的性格及其成因与影响》,《咸阳师范学院学报》2013年第1期。
②　"长安系士人"见本书第106页注。王尔:《"长安系士人"的聚散与东汉建武政治的变迁——从"二〈赋〉"说起》,《中国史研究》2019年第4期。
③　袁山松:《后汉书》卷一《光武帝纪》,周天游校注:《八家后汉书辑注》,上海:上海古籍出版社,1986年,第621页。
④　[东汉]刘珍等撰,吴树平校注:《东观汉记校注》卷二《显宗孝明皇帝纪》,第57页。
⑤　《后汉书》卷一〇上《光烈阴皇后纪》,第406页。

食,期望子孙不要重蹈覆辙。而明帝此政即与光武相仿,"至永平,后妃外家贵者,裁家一人备列将校尉,在兵马官,充奉宿卫,阖门而已无封侯豫朝政者"①。永平年间,外戚备位,互相纠察,不干朝政。为东汉开国立下汗马功劳的佐命元勋马援更因椒房之故,无缘云台图画表功,刘庄的严明可见一斑。

　　光武改革宗庙制度,独尊宣帝为中宗,拔高宣帝地位,肯定宣帝中兴汉朝的伟大功绩,自然也希望帝国未来的继承人能继续奉行孝宣之政,以继中兴之业。他有意选择"类己"的继承人刘庄,正是希望刘庄能和自己一样,复行孝宣之政。而明帝没有辜负光武的期望。对建武制度的尊奉,即是明帝的"孝宣情结"在政治上的表现。除具体的政治举措外,后世史论亦是一面观永平之政的明镜,在史家看来,明帝继续建武之政,远追宣帝。如蔡邕认为:"孝明皇帝圣德聪明,政参文、宣,庙称显宗。"②明帝行事效法前汉文、宣二帝,因而光耀后世,为蔡邕所称。晋人华峤有云:"世祖既以吏事自婴,帝尤任文法,总揽威柄,权不借下。值天下初定,四民乐业,户口衣食滋植,断狱号居前世之十二。中兴已来,追踪宣帝。"③华峤亦称赞明帝继续建武政治,取法汉宣,故得永平之治。南宋洪迈则云:"宣、显皆杂霸道,治尚刚严,独此事,显优于宣多矣。"④洪迈此条虽主论宣帝有意提防昌邑王,劣于明帝礼待刘强,但明言宣、明二帝行事相仿,兼杂王霸。近人吕思勉在比较两汉诸帝时更有"盖明帝之为人,颇类前汉宣

---

① ［东汉］刘珍等撰,吴树平校注:《东观汉记校注》卷二《显宗孝明皇帝纪》,第57—58页。
② 《后汉书》志九《祭祀志下》,第3199页。
③ ［西晋］华峤:《汉后书》卷一《明帝纪》,周天游校注:《八家后汉书辑注》,第512页。
④ ［宋］洪迈撰,孔凡礼点校:《容斋随笔》卷五《汉宣帝忌昌邑王》,第61页。

帝"①之语。如此，明帝效仿孝宣政治之举为后世所认同。虽是后见之明，亦可证明光武并没有看错，较之刘强，刘庄才是继承中兴大业，践行孝宣故政最合适的人选。

光武更换太子之举常为后世所诟病，究其原因，往往又以南阳与河北两大政治集团间的权力角逐及光武对阴、郭二后的个人情感为要，而光武对国家未来走向的考虑却为史家所不察。东汉初立，建武制度多取法孝宣政治，遂成中兴之名。国家政治的转轨，意味着亟待有能力的嗣主来继承中兴之业。而光武更换太子，尽管掺杂了南阳豪族集团的政治因素及其对阴氏的个人情感，但也受到了自身"孝宣情结"的影响。诚如王夫之所谓"幸而明帝之贤"云云，明帝少时聪明伶俐，对政事见解独到，又深谙兵法，有光武之风，当更能领会光武复行孝宣政治的决心和态度。光武决然换太子，明帝亦不负期望，即位后不改建武制度，取法孝宣，终成永平之治。

二、《汉书》对汉宣帝中兴形象的塑造与定型

推动汉朝中兴的孝宣政治与西汉时人对宣帝中兴形象的层累建构，使得后世憧憬着宣帝朝的盛世，东汉士人的"孝宣情结"即缘起于此。经历了西汉后期至东汉初年近百年的政策摇摆，建武十九年光武重构了上层建筑，将宣帝的中兴形象熔铸到了东汉王朝的政治机器中，正式确立了宣帝的政治地位，并宣告向汉家传统政治道路的回归。另一方面，东汉文士继续建构着宣帝的中兴形象，班固便是其中的重要代表。班固少有文名，尔后继承其父班彪之业，书写前汉故事，草成汉史。和帝时由班昭、马续等人补写相关内容，踵成其书。这部名为《汉书》的断代史，在编纂的过程中不免受到了其时特殊政

---

① 吕思勉：《秦汉史》，第232页。

治氛围的影响。中川祐志认为《汉书》的编纂或带有光武、明帝推崇宣帝的政治意图。①陈君认为早期《汉书》的编撰尚未与皇权发生太多关联。明帝永平五年(62)以后,《汉书》编撰受到政治的深刻影响,进入一个新的阶段。班固的历史写作与明章之间的政治,最初是一种冲突的状态,但碰撞的结果却是"殊途同归",形成了知识与权力的结盟。在东汉皇权的巨大影响下,《汉书》逐步成为东汉王朝意识形态建构的工具。②细读《汉书》可以发现,文字之下,其书以一以贯之的"孝宣情结",将本晦暗不明的宣帝唯一中兴形象最终定型。

(一)齐功周宣王

《汉书》在记述宣帝朝史事时大量使用"中兴"一词,直白地描述了一位英主,如《汉书·循吏传序》云:"及至孝宣,繇仄陋而登至尊,兴于闾阎,知民事之艰难。……是故汉世良吏,于是为盛,称中兴焉。"③此外,班固等人还通过相对隐晦的书写手法,将汉宣帝与周宣王、汉高祖、汉武帝以及汉元帝联系在一起,通过不同侧面的勾勒,塑造了一位中兴汉朝的圣主,从而固定了宣帝的唯一中兴形象。

汉宣帝有"宣"之谥字,与周宣王相同,前文已述。成帝时扬雄作颂,将宣帝朝名将赵充国比之周宣王麾下虎臣方叔、召虎,更有将汉宣帝与周宣王类比之意。相比于谥号这一政治符号的模糊表达,扬雄之颂可谓是西汉士人明确联系汉宣帝与周宣王二主形象的滥觞。但直至国家为宣帝上毕中宗庙号的西汉末年,宣帝的唯一中兴形象仍未完全定型。东汉初年,国家制度的转轨使得朝野对孝宣政

---

① [日]中川祐志:《光武帝の宣帝観:補論》,《ゆけむり史学》第7号,2013年3月,第26页。
② 陈君:《知识与权力:关于〈汉书〉文本形成的几个问题》,《文学评论》2018年第3期。
③ 《汉书》卷八九《循吏传》,第3624页。

治产生了普遍的认同。士人沉浸在如此热烈的氛围之中,颇受感染,进而继续建构汉宣帝的形象。

不过,对于扬雄所建构之以汉宣帝比肩周宣王的叙事手法,其时的东汉士人也有不同的认识。如对班固颇为看重,稍长其数岁的王充在《论衡·宣汉》中极力宣扬汉德,有"高汉于周,拟汉过周"[1]之意。在此影响下,王充认为汉宣帝功过周宣王,"汉之高祖、光武,周之文、武也。文帝、武帝、宣帝、孝明、今上(章帝),过周之成、康、宣王"[2]。这一摇摆的认识在《汉书》中得到了最终的解决,班固继承了扬雄的认识,将汉宣帝放到与周宣王齐功的位置上,进一步刻画了宣帝中兴汉朝的形象,并将这一组联系固定下来,使之成为描绘孝宣中兴的经典话语。

《汉书·苏武传》所载甘露三年(前51)汉宣帝命人于麒麟阁图画十一功臣像之事,即是班固连接汉宣帝与周宣王二主功绩的尝试。其文云:

> 甘露三年,单于始入朝。上思股肱之美,乃图画其人于麒麟阁,法其形貌,署其官爵姓名。唯霍光不名,曰大司马大将军博陆侯姓霍氏,次曰卫将军富平侯张安世,次曰车骑将军龙額侯韩增,次曰后将军营平侯赵充国,次曰丞相高平侯魏相,次曰丞相博阳侯丙吉,次曰御史大夫建平侯杜延年,次曰宗正阳城侯刘德,次曰少府梁丘贺,次曰太子太傅萧望之,次曰典属国苏武。皆有功德,知名当世,是以表而扬之,明著中兴辅佐,列于方叔、召虎、仲山甫焉。[3]

---

[1]　黄晖:《论衡校释(附刘盼遂集解)》卷一九《恢国》,第961页。
[2]　黄晖:《论衡校释(附刘盼遂集解)》卷一九《宣汉》,第957页。
[3]　《汉书》卷五四《苏建传附苏武传》,第2468—2469页。

所谓"皆有功德,知名当世,是以表而扬之,明著中兴辅佐,列于方叔、召虎、仲山甫焉"云云,颜师古注曰:"三人皆周宣王之臣,有文武之功,佐宣王中兴者也。言宣帝亦重兴汉室,而霍光等并为名臣,皆比于方叔之属。"[1]此处言中兴,似有彼时汉宣帝自比周宣王,以麒麟阁功臣喻周宣王辅臣之意。章尚正认为宣帝隆重图像之本旨,固有表彰功臣之意,更有藉此昭扬中兴伟绩之心。[2]汪华龙认为在新材料证明其时已有"宣帝中兴"的认识之前,此语当是班固回溯性的描述,而非西汉时的真实写照。[3]杨俊波则认为汉宣帝图画功臣于麒麟阁,自喻周宣。[4]结合前文来看,宣帝以降西汉时人对汉朝中兴之主的认识当是相对模糊的,若是宣帝自言中兴,西汉中后期时人应不太可能仍对中兴之主有不同的看法,因此笔者更认同汪先生的观点。

汉宣帝于甘露三年在麒麟阁画图表功具有重大的政治意义。这一年,汉朝外交取得了重大成果,匈奴的内乱致使呼韩邪单于入朝称臣。如前所述,四夷宾服是国家中兴的一个重要条件,汉宣帝履"圣王制御蛮夷之常道"[5],使匈奴臣服。呼韩邪单于入朝时,"其左右当户之群皆列观,蛮夷君长王侯迎者数万人,夹道陈"[6]。匈奴官员、蛮夷君长皆夹道迎接观礼,这般声势浩大的庄严仪式正象征着四夷宾服。而藏功臣图像的麒麟阁位于未央宫,《三辅黄图》释汉宫"未央宫"条引《汉宫殿疏》曰:"未央宫有麒麟阁、天禄阁,有金马门、青琐门,

---

① 《汉书》卷五四《苏建传附苏武传》,第2469页。
② 章尚正:《汉唐图像褒奖功臣论》,《人文杂志》2002年第6期。
③ 汪华龙:《"中兴"说的缘起与东汉士大夫的"中兴"理想》,《南都学坛》2012年第5期。
④ 杨俊波:《宣帝政治合法性建构与宣元政治发微》,《咸阳师范学院学报》2019年第1期。
⑤ 《汉书》卷九四下《匈奴传》,第3834页。
⑥ 《汉书》卷八《宣帝纪》,第271页。

玄武、苍龙二阙。朱鸟堂、画堂、甲观,非常室。"①未央宫是西汉最主要的宫殿之一,而麒麟阁位于其中,地位可见一斑。此外,方叔、召虎、仲山甫为周宣王肱股之臣,颂方叔、召虎之诗前文已述,仲山甫亦为周人所颂,《诗经·烝民》赞其云:"仲山甫之德,柔嘉维则。令仪令色,小心翼翼。古训是式,威仪是力。天子是若,明命使赋。"②其辅佐周宣王征伐四夷,使周朝复兴。观麒麟阁所绘十一功臣,皆有中兴辅运之功,一如周宣王故臣。

汉宣帝在四夷宾服,天下太平之时,思念股肱之美,于汉家最重要的宫室之内画图表彰十一功臣,正有宣布大功告成之意,故颜师古的判断颇是。班固延续扬雄的认识,将上古贤臣与宣帝朝功臣联系在一起,再搭建一条从上古贤臣—中兴辅臣到上古贤王—中兴之主的通路,意在突出宣帝中兴汉室,以文本的形式建立起了周宣王与汉宣帝之间的等式,以达到其建构宣帝中兴汉朝形象的目的。《汉书·宣帝纪》文末赞美宣帝之功曰:"功光祖宗,业垂后嗣,可谓中兴,侔德殷宗、周宣矣。"颜师古曰:"侔等殷之高宗及周宣王也。"③班固明言宣帝中兴汉朝之功与周宣王复兴周室相等,即是这一认识的直观反映。

(二)比德汉高祖

班固除了将汉宣帝与周宣王类比外,还使其与汉高祖刘邦相提并论。前文已云,汉宣帝继承政权的合法性先天不足,而同样起自民间的刘邦也曾面临着相同的挑战。高祖末年,淮南王英布叛乱,刘邦亲征英布,不幸身中流矢,却拒绝就医,并谩骂医者曰:"吾以布衣提三尺剑取天下,此非天命乎?命乃在天,虽扁鹊何益!"④刘邦身受重

---

① 何清谷:《三辅黄图校释》卷二,第119页。
② 程俊英、蒋见元:《诗经注析》,第954页。
③ 《汉书》卷八《宣帝纪》,第275页。
④ 《史记》卷八《高祖本纪》,第391页。

伤,却拒不就医,明确宣称自己因天命得天下,命数由天,非人力可为。这一看似荒诞的选择实则透露出重要的信息。以刘邦的出身,本不可能登上皇位。因缘际会,秦朝统治秩序的崩塌使刘邦得以凭借武力征伐而拥有天下。为昭示自己以庶民之身打破前代贵族世袭统治的桎梏,拥有建立政权的合法地位,刘邦需假借天命之说,拔高汉家地位,增强皇权的神圣性。如此,刘邦重伤后的固执便容易理解。但汉家薄弱的天命基础仍需后世不断地强化。刘邦驾崩后,吕后与审食其便担心开国诸将会不服少主而反叛,原因就在于诸将与刘邦昔日同为编户民,深谙其中道理。① 其后昭帝、宣帝皆有奇异,即出于对天命的迫切需要。

天命为皇权增添了神秘色彩,强化了皇帝统治天下的合法地位,这一观念为后世所认同。如史籍中刘邦的形象,在一定程度上是由司马迁所构建的。在这一叙事体系中,高祖刘邦生为蛟龙赤帝之子,斩白蛇起义,颇有传奇色彩。如此书写,实与后世史籍记载帝王祥瑞之意相同,旨在反复强调君权神授,巩固其统治的合法地位。两汉之际班彪作《王命论》云:"世俗见高祖兴于布衣,不达其故,以为适遭暴乱,得奋其剑,游说之士至比天下于逐鹿,幸捷而得之,不知神器有命,不可以智力求也。"② 班彪盛言汉朝因天命而兴,意在感化隗嚣,以期其能助汉室复兴。东汉末年荀悦对刘邦的赞语亦持此论:"夫帝王之作,必有神人之助,非德无以建业,非命无以定众,或以文昭,或以武兴,或以圣立,或以人崇,焚鱼斩蛇,异功同符,岂非精灵之感哉!"③ 汪高鑫认为刘汉皇朝的无土而王和失而复得现象,使得汉皇朝的史学家们自觉地通过宣扬其神意史观,来为刘汉政权的合法性

① 《汉书》卷一下《高帝纪下》,第79—80页。
② 《汉书》卷一〇〇上《叙传上》,第4208—4209页。
③ [东汉] 荀悦撰,张烈点校:《汉纪》卷一《高祖皇帝纪》,第57页。

进行解说、做出论证。①

　　自刘邦以来的天命建构与传递,使得凡经常规程序继承父祖之位的西汉君主,便可自动获得天命,不再需要神异的加持。王刚认为汉皇帝获命于天,从某种意义上来说,从汉高祖开始的皇位传承,其实质乃是"天命"代言人在皇室之间的传递。②但宣帝与刘邦相同,父祖非为皇帝,又曾身陷囹圄,起自民间,天命先天不足,就需要相仿的建构来证明其统治的合法性。如前所述,制造宣帝圣主形象的活动在西汉中后期就已经存在,而班固作《汉书》,则需要以文本的形式将其最终定型。

　　《汉书》于武帝以前的纪传多采《史记》原文,赵翼有云:"《汉书》,武帝以前纪传多用《史记》原文,惟移换之法别见翦裁。"③故《汉书》中的刘邦形象与《史记》基本相同。在这一基础上,班固在撰写《宣帝纪》时便首先试图通过模仿刘邦的形象事迹来刻画宣帝,建立起宣帝与高祖之间的联系,以期为宣帝渲染天命色彩,强化其统治天下的合法性。对比《汉书》两帝纪可知此意:

　　《汉书·高帝纪》云:

　　　　高祖为人,隆准而龙颜,美须髯,左股有七十二黑子。宽仁爱人,意豁如也。常有大度,不事家人生产作业。及壮,试吏,为泗上亭长,廷中吏无所不狎侮。好酒及色。常从王媪、武负贳酒,时饮醉卧,武负、王媪见其上常有怪。高祖每酤留饮,酒雠数倍。及见怪,岁竟,此两家常折券弃责。④

---

① 汪高鑫:《汉代社会与史学思想》,《史学史研究》2013年第1期。
② 王刚:《宗庙与刘贺政治命运探微》,《人文杂志》2017年第8期。
③ ［清］赵翼著,王树民校证:《廿二史劄记校证》卷二,第28页。
④ 《汉书》卷一上《高帝纪上》,第2页。

《汉书·宣帝纪》曰：

> 曾孙因依倚广汉兄弟及祖母家史氏。受《诗》于东海澓中翁，高材好学，然亦喜游侠，斗鸡走马，具知闾里奸邪，吏治得失。数上下诸陵，周遍三辅，常困于莲勺卤中。尤乐杜、鄠之间，率常在下杜。时会朝请，舍长安尚冠里，身足下有毛，卧居数有光耀。每买饼，所从买家辄大雠，亦以是自怪。①

刘邦天生异象，刘病已的身体也异于常人。刘邦不治产业，交游无度；刘病已虽读诗书，却亦喜游侠，曾频繁地参与斗鸡走马博弈等活动，周游三辅，如刘邦一般交游无度。②刘邦买酒，酒家生意愈加兴隆；刘询买饼，卖家生意亦倍于常时。此事颇奇，经《汉书》传布，影响深远。至北宋，关中卖饼家更奉宣帝为祖师爷，以期生意兴隆，"汉宣帝在仄微，有售饼之异，见于《汉书·纪》，至今凡千百岁，而关中饼师，每图宣帝像于肆中，今殆成俗"③。此故事却与刘邦赊酒颇为相似，赵翼有云："《索隐》曰：高祖大度，既赏饮，则雠其数倍价也。按雠与售同，卖物受直也，武负、王媪皆酒家，每值高祖酤饮，则人竞买之，其获利较倍于常也。宣帝少时从民间买饼，所从买家辄大雠，正与此相类。"④廖伯源亦认为后者明显带有模仿前者的

---

① 《汉书》卷八《宣帝纪》，第236—237页。
② 刘病已少时尝游斗鸡翁舍处，且后于旁为张贺安置守冢户（《汉书》卷五九《张汤传附张安世传》，第2651页），与岳父王奉光便相识于斗鸡场所（《汉书》卷九七上《孝宣王皇后传》，第3969页）。其时刘病已还常与陈遂博弈，屡胜之（《汉书》卷九二《陈遵传》，第3709页）。
③ ［宋］蔡絛撰，冯惠民、沈锡麟点校：《铁围山丛谈》卷六，北京：中华书局，1983年，第107页。
④ ［清］赵翼撰，栾保群点校：《陔余丛考》卷五《司马贞史记索隐》，北京：中华书局，2019年，第130页。

痕迹。①

　　另有一故事亦经班固书写，被熔铸于宣帝潜龙传奇之中，却为史家所不查。此便是宣帝的婚姻经历，与刘邦娶亲相仿。刘邦与吕雉结婚颇有曲折。吕公因避仇而居沛县。沛令为之置酒，豪侠往贺。刘邦不拘礼节，举止无度，吕公颇奇，欲嫁女于刘邦。吕媪便大怒云："公始常欲奇此女，与贵人。沛令善公，求之不与，何自妄许与刘季？"②吕公以媪无知，遂将吕雉嫁与刘邦。③宣帝亦如此，彼时身份尚较刘邦为高，号为皇曾孙，更有张贺不失为关内侯的期许，仍为许平君母所恶，许广汉亦执意嫁女。④这两则故事中，皆有被预示未来将大贵的女儿与游手好闲，看似并无前途的少年。宣帝与刘邦同起仄微，政治根基薄弱，尤重自身天命所归形象的塑造，相同故事的模仿与书写，既是真实事件的记录，又是天命在兹的宣告。

　　其次，刘邦与刘询皆有类似的异象相应，班固便因此建立了两者之间的联系。《汉书》中反复出现的天子气可为一证。天子气应是一种自然现象，《隋书·天文志》对此有详细记述，其文云："天子气，内赤外黄正四方，所发之处，当有王者。若天子欲有游往处，其地亦先发此气。或如城门，隐隐在气雾中，恒带杀气森森然，或如华盖在气雾中，或有五色，多在晨昏见。或如千石仓在雾中，恒带杀气，或如高楼在雾气中，或如山镇。苍帝起，青云扶日。赤帝起，赤云扶日。黄帝起，黄云扶日。白帝起，白云扶日。黑帝起，黑云扶日。或日气象青衣人，无手，在日西，天子之气也。敌上气如龙马，或杂色郁郁冲天者，此帝王之气，不可击。若在吾军，战必大胜。凡天子之气，皆多上

---

① 　廖伯源：《制度与政治：政治制度与西汉后期之政局变化》，第60页。
② 　《史记》卷八《高祖本纪》，第344页。
③ 　《史记》卷八《高祖本纪》，第345页。
④ 　《汉书》卷九七上《孝宣许皇后传》，第3964—3965页。

达于天,以王相日见。"①

此天象变幻莫测,古人便将其与帝王联系在一起。《史》《汉》二书不止一次记载刘邦有此天象相随,如《史记·高祖本纪》云:"秦始皇帝常曰'东南有天子气',于是因东游以厌之。高祖即自疑,亡匿,隐于芒、砀山泽岩石之间。吕后与人俱求,常得之。高祖怪问之。吕后曰:'季所居上常有云气,故从往常得季。'高祖心喜。"张守节注曰:"京房《易飞候》云:'何以知贤人隐?'师曰:'四方常有大云,五色具而不雨,其下有贤人隐矣。'故吕后望云气而得之。"②又《汉书·高帝纪》载项羽入关后范增说其急击刘邦时语云:"沛公居山东时,贪财好色,今闻其入关,珍物无所取,妇女无所幸,此其志不小。吾使人望其气,皆为龙,成五色,此天子气。急击之,勿失。"③吕后为刘邦妻子,秦始皇、范增则处于刘邦的对立面,从持有不同立场的他人口中说出的,对刘邦所随天子气的描述性话语,无疑强化了刘邦拥有天命的形象,因此最初"沛中子弟或闻之,多欲附者矣"④,最终刘邦夺取了天下。

而在《汉书》的叙事下,宣帝亦有天子之气。《汉书·宣帝纪》云:"巫蛊事连岁不决。至后元二年,武帝疾,往来长杨、五柞宫,望气者言长安狱中有天子气,上遣使者分条中都官狱系者,轻重皆杀之。"⑤宣帝其时尚在襁褓,却因巫蛊之祸,系于长安郡邸狱中,此天子气当属宣帝。《汉书·丙吉传》详记后事云:"内谒者令郭穰夜到郡邸狱,吉闭门拒使者不纳,曰:'皇曾孙在。他人亡辜死者犹不可,

① ［唐］魏徵等:《隋书》(修订本)卷二一《天文下》,北京:中华书局,2019年,第584页。
② 《史记》卷八《高祖本纪》,第348—349页。
③ 《汉书》卷一上《高帝纪上》,第24页。
④ 《史记》卷八《高祖本纪》,第348页。
⑤ 《汉书》卷八《宣帝纪》,第236页。

况亲曾孙乎!'相守至天明不得入,穰还以闻,因劾奏吉。武帝亦
寤,曰:'天使之也。'因赦天下。郡邸狱系者独赖吉得生,恩及四海
矣。"①丙吉本一狱法小吏,人微言轻,生杀大权决于武帝。武帝却
幡然醒悟,认为天命如此,进而大赦天下,或是念及亲情,或是迷信
鬼神,但这一举动无疑强化了宣帝天命所归的形象,进一步神化了
宣帝。

　　除刘邦、刘询之外,《汉书》中另有一人似亦曾致天子气,其人即
是昭帝生母钩弋夫人赵婕妤。《汉书·昭帝纪》云:"孝昭皇帝,武帝
少子也。母曰赵婕妤,本以有奇异得幸,及生帝,亦奇异。"②颜师古注
曰:"谓望气者言有奇女天子气。及召见,手指拳,上自披之,即时
伸。"③颜说当并非班固本意。《汉书·外戚传》便不提此事,其文云:
"孝武钩弋赵婕妤,昭帝母也,家在河间。武帝巡狩过河间,望气者言
此有奇女,天子亟使使召之。既至,女两手皆拳,上自披之,手即时
伸。由是得幸,号曰拳夫人。"④颜说当另有其本,沈约《宋书·符瑞
志》记此事云:"望气者言,此有奇女天子气。"⑤沈约云拳夫人有天子
气,不知所出,颜师古或采信沈约,以此为注,但与班固本意相违背。
班固在赵婕妤本传中只说有奇异,并未明言天子气,应有其将宣帝与
高帝单独联系起来的考虑。

　　再者,《汉书》并非成于一人之手,《后汉书·班昭传》云:"兄固
著《汉书》,其八表及《天文志》未及竟而卒,和帝诏昭就东观藏书阁
踵而成之。"⑥但《汉书》对宣帝形象的建构却是一以贯之的。如《汉

---

①　《汉书》卷七四《丙吉传》,第3142页。
②　《汉书》卷七《昭帝纪》,第217页。
③　《汉书》卷七《昭帝纪》,第217页。
④　《汉书》卷九七上《孝武钩弋赵婕妤传》,第3956页。
⑤　[梁]沈约:《宋书》卷二七《符瑞志上》,北京:中华书局,1974年,第768页。
⑥　《后汉书》卷八四《班昭传》,第2784—2785页。

书·外戚恩泽侯表》云："自古受命及中兴之君，必兴灭继绝，修废举逸，然后天下归仁，四方之政行焉。"①《汉书》诸表作者化用孔子之言，言受命及中兴之君当有兴灭继绝之功。兴灭继绝意为复兴灭亡的国家，延续断绝的世代，于汉朝而言，即指皇帝允许侯国旁系子孙继承爵位，重建因故失去的侯国。班固在《汉书》中试图建立起刘邦与刘询的联系，就其所构造的汉史而言，高祖刘邦是受命之君，中宗宣帝是中兴之主。这一观点为续作《汉书》诸表者所延续，如《汉书·高惠高后文功臣表序》云：

　　自古帝王之兴，曷尝不建辅弼之臣所与共成天功者乎！汉兴自秦二世元年之秋，楚陈之岁，初以沛公总帅雄俊，三年然后西灭秦，立汉王之号，五年东克项羽，即皇帝位，八载而天下乃平，始论功而定封。讫十二年，侯者百四十有三人。时大城名都民人散亡，户口可得而数裁什二三，是以大侯不过万家，小者五六百户。封爵之誓曰："黄河如带，泰山若厉，国以永存，爰及苗裔。"于是申以丹书之信，重以白马之盟，又作十八侯之位次。……故孝宣皇帝愍而录之，乃开庙臧，览旧籍，诏令有司求其子孙，咸出庸保之中，并受复除，或加以金帛，用章中兴之德。②

此序述及西汉开国功臣家族盛衰始末，高祖初封开国功臣一百四十三人，其后惠、高后、文、景、武、昭之间诸功臣子孙各有兴亡，以至零落，及宣帝时方有绍封之事。《汉书·宣帝纪》载元康元年（前65）

①　《汉书》卷一八《外戚恩泽侯表》，第677页。
②　《汉书》卷一六《高惠高后文功臣表》，第527—528页。

五月宣帝绍封开国功臣事曰:"复高皇帝功臣绛侯周勃等百三十六人家子孙,令奉祭祀,世世勿绝。"①汉高祖首封功臣,汉宣帝绍封功臣子弟,二帝扮演的正是兴灭继绝的角色。

前文所述建武十九年光武重建宗庙体系事,群臣奏议时曾并举高祖与宣帝之故事以劝光武改制。而将高祖与宣帝并举似乎已是东汉初年朝野的主流认识。这很大程度上源于二人的共性:潜龙时的平民身份,登基后对类似问题的处理办法以及所创造的伟大功绩,班固将此共识内化到《汉书》中,形成了汉宣帝的又一面相。《汉书·魏相丙吉传》赞曰:"故经谓君为元首,臣为股肱,明其一体,相待而成也。是故君臣相配,古今常道,自然之势也。近观汉相,高祖开基,萧、曹为冠,孝宣中兴,丙、魏有声。"②此传为"孝宣中兴辅臣传"③,传主魏相、丙吉皆辅宣帝以成中兴之业。萧何、曹参佐刘邦开汉家天下,尤为知名。班固于此一如周宣王前例,又将宣帝君臣与高祖君臣类比,褒扬辅臣,突出宣帝中兴之功,进而使其与高祖刘邦比肩。日后东汉为强调自身的独立性,凸显光武创革之功,才使刘秀以世祖的

---

① 《汉书》卷八《宣帝纪》,第254页。
② 《汉书》卷七四《魏相丙吉传》,第3150—3151页。
③ 所谓"孝宣中兴辅臣传",为笔者自行命名。前贤时彦对正史纪传的重新归类和命名并非罕事,徐冲指出魏晋南北朝史家在书写诸史籍时会设置"开国群雄传",这种作者杜撰的列传类型与"禅让"之王朝更替所反映的皇帝权力起源模式密切相关。可参见徐冲:《"开国群雄传"小考》,《文史》2008年第2辑。曲柄睿对此问题亦关注有年,在研究范晔《后汉书》时,曲先生认为范晔《后汉书》的列传编纂大体上符合《史记》《汉书》《三国志》以来的列传编纂范式:以人物登用时间为序,形成"某帝朝大臣"的结构单元;使用宗王传区分不同单元;同一单元内的诸臣,按照官职位次合传。如曲先生即将传首人物登用在光武帝朝的诸列传称为光武诸臣传,可参见曲柄睿:《范晔〈后汉书〉光武守业诸臣传的编纂》,杨共乐主编:《史学理论与史学史学刊》第14卷,北京:社会科学文献出版社,2016年,第55—69页。沿着曲先生的思路,魏相、丙吉虽非登用于孝宣朝,但此二人夹辅汉室,以助宣帝中兴汉朝,笔者认为可将此传视为"孝宣中兴辅臣传"的一部分应是合理的。

身份与高祖刘邦齐名,但宣帝与高祖的联系并未因此断绝,在《汉书》中,这一联系是清晰可见的。

（三）与汉武帝、汉元帝的形象对比

《汉书》对武帝和元帝形象的塑造同样成就了宣帝。武帝为汉代雄主,宣帝为其曾孙,祖孙执政风格颇似,故班固常常并提武、宣二帝。但由《汉书》诸纪传的书写可知,班固对武帝的评价是有所保留的,其所塑造的武帝形象更有些许衬托宣帝之意。刘彻在位五十余年,屡兴征伐,东伐朝鲜,南定夷越,西开荒域,北击匈奴,拓地万里,其中又以数出大漠,封狼居胥最为耀眼。但班固对武帝执着于征伐四方而几致汉室倾颓的举动颇为不满,如《汉书·西域传》云:"是时军旅连出,师行三十二年,海内虚耗。"[1]班固于《武帝纪》论赞中对这般武功更是不置一词,只是列举其文治诸成就,更是生发出了"如武帝之雄材大略,不改文景之恭俭以济斯民,虽《诗》《书》所称何有加焉"[2]的感慨,与《宣帝纪》之赞语形成了鲜明的对比。赵翼认为班固如此书写"盖其（武帝）穷兵黩武,敝中国以事四夷,当时实为天下大害。……至东汉之初,论者犹以为戒"[3]。又武帝好用酷吏,《汉书·酷吏传》所载官吏多逞能于武帝时,其人行苛政,班固于后又常书"上以为能"之语,更加凸显出武帝好任酷吏。与之相反,在《汉书·循吏传》中有详细事迹的诸吏竟无人显名于武帝朝,彼时可称循吏者,仅董仲舒、公孙弘与兒宽等寥寥数人。[4]有别于武帝,宣帝善使循吏,且《循吏传》所记多为宣帝时人。南宋绍兴年间李谊有云:"《汉·循吏传》六人,而五人出于宣帝;《酷吏传》十二人,而

① 《汉书》卷九六下《西域传下》,第3912页。
② 《汉书》卷六《武帝纪》,第212页。
③ ［清］赵翼著,王树民校证:《廿二史劄记校证》卷二,第35页。
④ 《汉书》卷八九《循吏传》,第3623页。

八人出于武帝。……吏治视上之趋向。"①李谊以为吏治得失受君主个人影响颇大。翁元圻又举武帝时另有酷吏张汤、杜周,皆自有传,以证武帝政治之严苛。由此可见,班固对史事的处理颇有心思,不仅凸显出宣帝朝吏治之美,更使后世史家在吏治上,视宣帝为优于武帝的明主。

至于元帝,《汉书·王子侯表下》云:"孝元之世,亡王子侯者,盛衰终始,岂非命哉!"②如此带有宿命论的感叹,隐隐有汉家衰于元帝之意。而这样的书写,集中体现于《元帝纪》。《元帝纪》开首除介绍刘奭的基本情况外,还详记了宣帝与元帝的一次对话,前文已数次提及。宣帝奉行"霸王道杂之"的汉家制度,元帝却仰慕周政,父子的执政理念存在差异,为其后二帝执政道路相左埋下伏笔。东汉初年回归以孝宣政治为代表的理性政治,班固自然不会认同过分崇儒、优游不断的元帝政治。对比宣、元二帝纪便可发现其中的差别。

按《宣帝纪》,宣帝朝虽不乏水旱地震之灾,但频频出现的祥瑞还是建构出了一幅盛世图景。《元帝纪》不见《宣帝纪》中常见的祥瑞,反而多是关于日食、洪水、饥荒、地震等被汉人视为灾异的现象。

书法的转变首先是客观史实的反映。元帝时确实灾异频发。初元二年(前47)元帝有诏云:"盖闻贤圣在位,阴阳和,风雨时,日月光,星辰静,黎庶康宁,考终厥命。今朕恭承天地,托于公侯之上,明不能烛,德不能绥,灾异并臻,连年不息。"③又永光元年(前43)刘向上书元帝云:"由此观之,和气致祥,乖气致异;祥多者其国安,异众者其国危,天地之常经,古今之通义也。……初元以来六年矣,案

---

① ［宋］王应麟著,［清］翁元圻辑注,孙通海点校:《困学纪闻注》卷一五《考史》,第1882页。

② 《汉书》卷一五下《王子侯表下》,第483页。

③ 《汉书》卷九《元帝纪》,第281页。

《春秋》六年之中,灾异未有稠如今者也。"①再其时京房与元帝语云:"《春秋》纪二百四十二年灾异,以视万世之君。今陛下即位以来,日月失明,星辰逆行,山崩泉涌,地震石陨,夏霜冬雷,春凋秋荣,陨霜不杀,水旱螟虫,民人饥疫,盗贼不禁,刑人满市,《春秋》所记灾异尽备。"②如此来看,《元帝纪》真实地记录了元帝朝的灾异情况。

在尊重史实的同时,这一书写显然也夹杂着彼时政治文化的改变。陈侃理认为:"史料记载西汉后期灾异高发,或许有一定的客观因素,但更重要的恐怕是对灾异的主观认识发生转变。"③元帝与宣帝治道不同,其即位后便大幅变更宣帝旧政,"时,上好儒术文辞,颇改宣帝之政,言事者多进见,人人自以为得上意"④,唐人刘蕡更有"昔汉元帝即位之初,更制七十余事"⑤之说。从宣帝朝的祥瑞屡至到元帝朝的灾异频现,天人感应之灾异观念在西汉后期的流行使得汉人将前后的落差归因于元帝擅改孝宣之政。彼时京房即曰:"古帝王以功举贤,则万化成,瑞应著,末世以毁誉取人,故功业废而致灾异。宜令百官各试其功,灾异可息。"⑥似暗喻元帝变政致败。《元帝纪》文末赞语有曰:

> 臣外祖兄弟为元帝侍中,语臣曰元帝多材艺,善史书。鼓琴瑟,吹洞箫,自度曲,被歌声,分刌节度,穷极幼眇。少而好儒,及即位,征用儒生,委之以政,贡、薛、韦、匡迭为宰相。而上牵制文

① 《汉书》卷三六《楚元王传附刘向传》,第1941—1942页。
② 《汉书》卷七五《京房传》,第3162页。
③ 陈侃理:《儒学、数术与政治:灾异的政治文化史》,北京:北京大学出版社,2015年,第111页。
④ 《汉书》卷八一《匡衡传》,第3338页。
⑤ 《旧唐书》卷一九〇下《刘蕡传》,第5072页。
⑥ 《汉书》卷七五《京房传》,第3160页。

义,优游不断,孝宣之业衰焉。然宽弘尽下,出于恭俭,号令温雅,有古之风烈。①

赞语是《汉书》对人物生平的总结性评论,周一良认为在纪传体史书的编排中,除去体制编排之外,"仍自有最能体现作者特色的地方,就是序或论部分"②。周先生虽云南北朝史学之异同,于两汉史学同样适用。此语与《元帝纪》开首宣、元二帝的对话相呼应,明言元帝拘泥于文义,优柔寡断,由此衰败孝宣之业。这应正是《元帝纪》对元帝朝政治的综合看法。宣、元二帝纪两相对比,形象高下分明。

以苛刻为能、外儒内法的汉武帝和屡致灾异、纯任儒生的汉元帝,其所形成的儒法两个极端,与屡致祥瑞、兼杂王霸的汉宣帝相对比,共同烘托出了宣帝中兴之功。这与前举《汉书》对宣帝齐功周宣,比德汉高的形象塑造一道,共同强化了东汉对宣帝中兴汉朝形象的认识。一脉相承的"孝宣情结",使得《汉书》虽不成于一人之手,但诸人所建构的汉宣帝形象却是统一的。由此,《汉书》以文本的形式将宣帝唯一中兴汉朝的形象最终固定,而东汉初年宣帝政治地位上升的事实亦得以垂文史册。书成后,"当世甚重其书,学者莫不讽诵焉"③。《汉书》的广泛传播反过来又加固了宣帝的中兴形象,使之长久地影响东汉的政治。

---

① 《汉书》卷九《元帝纪》,第298—299页。颜师古注引应劭曰:"《元》《成帝纪》皆班固父彪所作,臣则彪自说也。外祖,金敞也。"又引如淳曰:"班固外祖,樊叔皮也。"颜师古认同应劭之说,认为元、成二帝纪为班彪所作(《汉书》卷九《元帝纪》,第299页)。如淳则认为《元帝纪》为班固自作。《元帝纪》何人所撰或存疑问,但于结论并无甚影响。若如应劭、颜师古所言,《元帝纪》全文为班彪所作,班固将其保留,即证明班固对班彪所塑造的元帝形象的认同。
② 周一良:《略论南朝北朝史学之异同》,《北京大学学报》1990年第3期。
③ 《后汉书》卷四〇上《班彪传附班固传》,第1334页。

第二节 孝宣政治的回归

　　光武在建武十九年对宗庙和嗣子这两件具体国家事务的调整昭示着其复行孝宣之政的决心。这同样表现在整体的政治实践上。宣帝兼杂王霸的政治思想与以吏治建设为核心的政治实践，亦为东汉皇帝所效仿。东汉初年孝宣政治的回归，便是东汉皇帝之"孝宣情结"在政治上的集中体现。

一、"柔道"与"霸王道杂之"

　　"柔道"一词于《后汉书》仅见于《光武帝纪》。建武十七年（41）十月甲申，光武至章陵省亲：

　　　　甲申，幸章陵。修园庙，祠旧宅，观田庐，置酒作乐，赏赐。时宗室诸母因醺悦，相与语曰："文叔少时谨信，与人不款曲，唯直柔耳。今乃能如此！"帝闻之，大笑曰："吾理天下，亦欲以柔道行之。"①

光武与故旧欢宴，宗室诸母皆认为光武"少时谨信，与人不款曲，唯直柔耳"，故能取得天下，光武则明言将以柔道治国。又建武二十七年（51）臧宫、马武上书光武，主动请缨，愿提锐旅，北击匈奴以建勒石之功。光武诏报云：《黄石公记》曰：'柔能制刚，弱能制强。'柔者德也，刚者贼也，弱者仁之助也，强者怨之归也。故曰有德之君，以所

――――――――――

① 《后汉书》卷一下《光武帝纪下》，第68—69页。

乐乐人；无德之君，以所乐乐身。乐人者其乐长，乐身者不久而亡。舍近谋远者，劳而无功；舍远谋近者，逸而有终。逸政多忠臣，劳政多乱人。故曰务广地者荒，务广德者强。有其有者安，贪人有者残。残灭之政，虽成必败。"①

光武所谓"柔道"为何，前贤时彦有不同认识。光武引《黄石公记》，申言以柔克刚，似有道家之意。王夫之认为光武取天下、治国家皆由此法，"以静制动，以道制权，以谋制力，以缓制猝，以宽制猛而已"②。王夫之亦指出："柔者非弱之谓也，反本自治，顺人心以不犯阴阳之忌也。"③林剑鸣认为刘秀采用道家学说作为东汉初统治的指导思想，所谓"柔道"即是黄老道家所说的"守柔曰强"的"柔"。④张强则从地域文化的视角出发，指出光武所行之柔道发端于老子之无为而治，主要体现在对外正确处理民族关系、对内贵人安民的治国方略上。⑤

其他学者则有不同认识。在曹金华看来，"柔道"具体反映到社会意识形态，所包含的内容并非单一的，而是杂谶纬神学、黄老思想和儒学于一体，以"德""仁""息人"等温和手法为核心唯"柔"是用的一种结合体。刘秀的"柔道"思想是"光武中兴"的指导思想，对整个东汉时期所产生的影响也是比较深远的，是东汉统治思想中的一个显著特点。⑥朱绍侯认为所谓"柔道"，其实质就是"儒道"，即儒家所行的"仁政"。"柔"是刘秀"软"的一手，而刘秀另有"刚""硬"

---

① 《后汉书》卷一八《臧宫传》，第695—696页。
② ［清］王夫之著，舒士彦点校：《读通鉴论》卷六，第140页。
③ ［清］王夫之著，舒士彦点校：《读通鉴论》卷六，第140页。
④ 林剑鸣：《秦汉史》，第753—754页。
⑤ 张强：《荆楚文化视野下的光武帝"柔道治国"》，江畅主编：《文化发展论丛·湖北卷·2016》，北京：社会科学文献出版社，2017年，第167—180页。
⑥ 曹金华：《刘秀"柔道"思想述论》，《南都学坛》1990年第2期。

的一手,刚柔相济,才是刘秀治理天下的真正手段。这也即是西汉武帝以来所确立的外儒内法的统治术。[①]杨建宏则强调,所谓"柔道"即是兼杂王霸的汉家旧法。光武帝刘秀采用了儒法并用、两手兼治的统治思想——柔道以处理豪强地主与东汉政权的特殊关系。[②]阎步克认为光武所谓"柔道"是值得商榷的,并非纯粹的德政,更引陈登原"所谓柔道,自是英雄欺人"之语道出心声。[③]

卫广来以光武的学术背景入手辨析,认为光武帝"柔道"一项只用于特定范围,而非致治的总体思想。总体思想可依次假定是:柔以治社会,刚以治吏职,正直以自治,三德之治而已。[④]蒋戎认为:"柔道,原意是指'温和谦顺之道',引申到政治领域,则是与'激进'相对的'温和'路线,强调要以温和安抚为主的政策措施来进行统治。在儒家传统政治思想中,'柔道'相当于'王道'与'霸道'中的'王道'、'德政'与'刑政'中的'德政'、'文德'与'武威'中的'文德'。"[⑤]中川祐志指出,光武帝所奉行之"柔道"政策师承汉宣帝"王霸杂用"。[⑥]林聪舜从领导统御的面向切入,探讨刘秀如何施展他的"柔道",并以被称为"岂不仁哉"的刘恒为对照,说明两人的领导统御作风多有相似之处。林先生认为,刘秀虽欲以"柔道"治天下,但他行"柔道"是依附在严猛、苛刻上表现出来的。[⑦]

---

① 朱绍侯:《刘秀与他的功臣们》,《中国史研究》1995年第4期。

② 杨建宏:《论东汉明章时期柔道政策的两极分化》,《长沙大学学报》1996年第4期。

③ 阎步克:《士大夫政治演生史稿》,第366—368页。

④ 卫广来:《汉魏晋皇权嬗代》,第14页。

⑤ 蒋戎:《东汉时期"柔道行之"治边思想及其在东北地区的影响》,《东北史地》2006年第5期。

⑥ [日]中川祐志:《光武帝の宣帝観》,《史学論叢》第42号,2012年3月。

⑦ 林聪舜:《刘秀的"柔道"与刘恒的"岂不仁哉"》,《东汉史学术研讨会论文集》,2016年,第3—11页。

前贤时彦的分歧只是理解问题的角度不同,依笔者陋见,柔道应只是光武治术的一方面。从国家意识形态上来看,儒术正是东汉初年的主流。光武雅好儒学,少时负笈长安,师从许子威学《尚书》,略通大义。^①尔后光武起事,于戎马倥偬间,犹好经学。安帝时樊准上书有云:"及光武皇帝受命中兴,群雄崩扰,旌旗乱野,东西诛战,不遑启处,然犹投戈讲艺,息马论道。"^②"及光武中兴,爱好经术,未及下车,而先访儒雅,采求阙文,补缀漏逸。"^③建国后,光武白日上朝理事,日昃朝罢之后,还能饶有兴致地与群臣讲经,直至半夜。^④东汉开国元勋又多有儒者之风,赵翼感慨有云:"西汉开国,功臣多出于亡命无赖。至东汉中兴,则诸将帅皆有儒者气象,亦一时风会不同也。"^⑤朝堂之上儒术氛围浓厚。

光武还非常重视儒术教育。其时有汝南钟兴,少从少府丁恭习《严氏春秋》,学问品行俱佳,故为丁恭推荐,得光武召见。光武问以经义,钟兴应答如流。光武称许钟兴之才,拜为郎中,又转任左中郎将。尔后光武诏令钟兴整理《春秋》章句,删去重复,教授皇太子,又命宗室诸侯从学章句。光武因钟兴教导太子宗室诸侯而欲拜其为关内侯,钟兴自以为无功,不敢受爵,光武答曰:"生教训太子及诸王侯,非大功邪?"^⑥钟兴谦让,即称其师丁恭,光武遂拜丁恭为关内侯。钟兴却始终不敢受爵。关内侯是秦汉爵位体系中的第十九级爵,仅次于列侯(彻侯),以事功为主要的得爵途径。东汉开国元勋多曾因军

---

① 《后汉书》卷一上《光武帝纪上》,第1—2页。
② 《后汉书》卷三二《樊宏传附樊准传》,第1125页。
③ 《后汉书》卷七九上《儒林列传上》,第2545页。
④ 《后汉书》卷一下《光武帝纪下》,第85页;[东汉]刘珍等撰,吴树平校注:《东观汉记校注》卷一《世祖光武皇帝纪》,第13页。
⑤ [清]赵翼著,王树民校证:《廿二史劄记校证》卷四,第91页。
⑥ 《后汉书》卷七九下《钟兴传》,第2579—2580页。

功获赐关内侯,如云台二十八将之一的王梁即因攻拔邯郸之军功而得爵关内侯。[①]诚如于迎春所言,光武帝将教育太子王侯之功等同于成就军国大业,可见其对经术儒学的重视程度。[②]

在光武的熏陶下,明帝少通《春秋》,后又师从桓荣学《欧阳尚书》,经学造诣颇高。明帝登极后不久宣布诏书,有所谓"方今上无天子,下无方伯"[③]之语,文引《公羊传》,李贤认为诏书引此以为谦。[④]赵翼更认为此诏系明帝自作。[⑤]明帝还曾亲制《五家要说章句》并解说,又命桓郁另说一篇,更借《论语》绘事后素的典故自比孔子。[⑥]明帝亲撰诏书章句,又向往圣人之业[⑦],可知其崇儒之意。明帝亦不忘教育。永平二年(59)十月壬子,明帝特拜桓荣为关内侯,以奖掖其训导之功,如建武故事。[⑧]九年(66)明帝又特为四姓小侯开立学校,设置《五经》学官,李贤注引袁宏《汉纪》曰:"永平中崇尚儒学,自皇太子、诸王侯及功臣子弟,莫不受经。又为外戚樊氏、郭氏、阴氏、马氏诸子弟立学,号四姓小侯,置《五经》师。"[⑨]十五年(72)明帝东巡鲁地,祭祀孔子及其七十二弟子,还亲临讲堂,命太子、诸王解说经文。[⑩]故永平之时,朝堂上亦是君臣向儒。

前举樊准上疏称美光武崇儒,亦追忆永平故事云:"至孝明皇帝,兼天地之姿,用日月之明,庶政万机,无不简心,而垂情古典,游意经

① 《后汉书》卷二二《王梁传》,第774页。
② 于迎春:《秦汉士史》,第288页。
③ 《后汉书》卷二《明帝纪》,第96页。
④ 《后汉书》卷二《明帝纪》,第97页。
⑤ [清] 赵翼著,王树民校证:《廿二史劄记校证》卷四,第87页。
⑥ 《后汉书》卷三七《桓荣传附桓郁传》,第1254—1255页。
⑦ 邢义田:《秦汉皇帝与"圣人"》,《天下一家:皇帝、官僚与社会》,第77—78页。
⑧ 《后汉书》卷二《明帝纪》,第102页。
⑨ 《后汉书》卷二《明帝纪》,第113页。
⑩ 《后汉书》卷二《明帝纪》,第118页。

艺,每飨射礼毕,正坐自讲,诸儒并听,四方欣欣。虽阙里之化,矍相
之事,诚不足言。又多征名儒,以充礼官,如沛国赵孝、琅邪承宫等,
或安车结驷,告归乡里;或丰衣博带,从见宗庙。其余以经术见优
者,布在廊庙。故朝多皤皤之良,华首之老。每宴会,则论难衎衎,共
求政化。详览群言,响如振玉。朝者进而思政,罢者退而备问。小大
随化,雍雍可嘉。朝门羽林介胄之士,悉通《孝经》。博士议郎,一人
开门,徒众百数。化自圣躬,流及蛮荒,匈奴遣伊秩訾王大车且渠来
入就学。八方肃清,上下无事。是以议者每称盛时,咸言永平。"[1]又
傅毅《七激》有云:"汉之盛世,存乎永平,太和协畅,万机穆清,于是
群俊学士,云集辟雍,含咏圣术,文质发矇,达羲农之妙旨,昭虞夏之
典坟,遵孔氏之宪则,投颜闵之高迹。"[2]范晔在梳理建武、永平二朝君
臣向儒之风后,也由是感慨云:"济济乎,洋洋乎,盛于永平矣!"[3]

而此时东汉的国家治理却是另一番景象,帝国上下在具体行政
中竟以苛刻为能。光武为人严谨,"好吏事,动如节度,又不喜饮
酒"[4]。明帝则"性褊察,好以耳目隐发为明"[5],范晔更有"夫岂弘人
之度未优乎"[6]之惑,称明帝量狭。二帝皆躬好吏事。[7]南宋叶适有
"及光武明帝,真若一吏,方代有司行事,所以与群臣日斗其聪明也"[8]
云云,更视光武、明帝为大吏。吕思勉认为光武的致治之术"实在以

---

① 《后汉书》卷三二《樊宏传附樊准传》,第1125—1126页。
② [唐]欧阳询撰,汪绍楹校:《艺文类聚》卷五七《杂文部三》,上海:上海古籍出版社,1999年,第1024页。
③ 《后汉书》卷七九上《儒林列传上》,第2546页。
④ 《后汉书》卷二四《马援传》,第831页。
⑤ 《后汉书》卷四一《钟离意传》,第1409页。
⑥ 《后汉书》卷二《明帝纪》,第124—125页。
⑦ 曲柄睿详细列举了范晔《后汉书》中记载东汉初光武、明帝时期政治苛细的情况,值得关注。曲柄睿:《范晔〈后汉书〉光武守业诸臣传的编纂》,杨共乐主编:《史学理论与史学史学刊》第14卷,第6—65页。
⑧ [宋]叶适:《习学记言序目》卷二五《后汉书二》,第347—348页。

吏事责三公,而功臣不用"①。二帝之严苛,朝廷百官首当其冲。建武朝即是如此,光武"勤吏治,俗颇苛刻"②,又"时内外群官,多帝自选举,加以法理严察,职事过苦,尚书近臣,至乃捶扑牵曳于前,群臣莫敢正言"③。永平时尤甚,"故公卿大臣数被诋毁,近臣尚书以下至见提拽"④。郎官药崧还因此留名史册。地方守相亦颇受波及,"然建武、永平之间,吏事刻深,亟以谣言单辞,转易守长"⑤。皇帝严苛至此,百官震恐,"朝廷莫不悚栗,争为严切,以避诛责"⑥。永平时名臣祭肜因北征匈奴未果而入狱,其人"沉毅内重",自恨见诈无功,出狱数日,便呕血而亡。祭肜因愤慨而死,范晔感叹云:"古所谓'必世而后仁',岂不然哉! 而一眚之故,以致感愤,惜哉,畏法之敝也!"⑦范晔有感于祭肜之死,暗讽明帝以严法绳下。总之,东汉王朝竟同时存在着两种截然不同的景象,这一反差使得范晔也不由得发出"所以中兴之美,盖未尽焉"⑧的感慨。

看似矛盾的两方面正是东汉初年诸帝兼综王霸的体现。意识形态与国家治理互动所形成的合力导向了汉家制度的传统。按《东观汉记》,光武与群臣议论朝廷政事结束后,又与其人讲论古代先贤的行为做事,然后论说之前居于地方时所认识的乡里间有才能的吏员,并将这些人物按类型分别排出名次。又讲论忠臣孝子义夫节士,在座之人受他们事迹的感召,时而激扬,时而凄怆,时而欣然和悦,一派

---

① 吕思勉:《秦汉史》,第226页。
② [晋]袁宏撰,周天游校注:《后汉纪校注》卷六《光武皇帝纪》,天津:天津古籍出版社,1987年,第146页。
③ 《后汉书》卷二九《申屠刚传》,第1017页。
④ 《后汉书》卷四一《钟离意传》,第1409页。
⑤ 《后汉书》卷七六《循吏列传》,第2457页。
⑥ 《后汉书》卷四一《钟离意传》,第1409页。
⑦ 《后汉书》卷二〇《祭遵传附祭肜传》,第747页。
⑧ 《后汉书》卷七六《循吏列传》,第2457页。

君臣和睦的景象。①《后汉书·循吏传序》亦云："初,光武长于民间,颇达情伪,见稼穑艰难,百姓病害,至天下已定,务用安静,解王莽之繁密,还汉世之轻法。……数引公卿郎将,列于禁坐。广求民瘼,观纳风谣。"②即使是在朝毕之后,光武仍不忘谈论文吏和节士。③而文吏正可视为霸(法)术的化身,忠臣、孝子、义夫、节士则可目为儒术的代表。光武对这两类人的关注,应出于治国理民的考虑,正是其以"霸王道杂之"政治思想治国的体现。而东汉时文吏与儒生逐渐融合的新现象,使得东汉的"霸王道杂之"并非如宣帝时那般相对机械地并用,而是真正将他们融合到一起。

　　阎步克认为："王莽'新政'昙花一现,此后东京之'汉政'实行'经术'和'吏化'并重的方针。它一方面是对西汉'霸王道杂之'的回归,同时又使'礼''法'的结合达到了更为融洽的水平。儒家学说作为帝国的正统意识形态的地位更加巩固了,但是帝国政治同时又是以官僚制理性行政为其坚实基础的。"④从儒家学说在东汉国家政治中的具体应用来看,陈苏镇所揭橥之《公羊》家在东汉的复起自不待言。⑤陈侃理在分析陈书时指出,《公羊》家的"以德化民"与《穀梁》《左传》的"以礼为治"这两种政治思想互动的线索贯穿陈书。在陈书所描绘的两汉历史进程中,武、昭、宣三朝是以"以德化民"作为主导思想的时代,西汉后期至王莽则是"以礼为治"对"以德化民"的第一回合的挑战和补充。而《公羊》学又在继之而起的

① ［东汉］刘珍等撰,吴树平校注:《东观汉记校注》卷一《世祖光武皇帝纪》,第13页。
② 《后汉书》卷七六《循吏列传》,第2457页。
③ 这种非官方的私下品评古今人物并分类排名的做法,可能是受到西汉以来儒、吏二途分科察举的影响。西汉察举是秀才、孝廉、尤异、廉吏并行,刘向曾编有《孝子传》《列女传》,其后《汉书》亦将人物排出次第,有《古今人表》一篇。
④ 阎步克:《士大夫政治演生史稿》,第421页。
⑤ 陈苏镇:《〈春秋〉与"汉道":两汉政治与政治文化研究》,第453—581页。

东汉重新成为政治指导思想。[①]如此来看,东汉不失为孝宣政治的继承者。王莽盲目恢复周政的失败,为西汉后期兴起的儒家复古潮流暂时画上了句号。光武中兴,出于现实考虑,又将政治思想重新调整到"霸王道杂之"上,取法孝宣政治。光武之"柔道"当是其治术的一部分,其整体指导思想应仍是承自有汉家传统,经武帝确立,由宣帝大成的"霸王道杂之"的政治思想。在东汉王朝庞大的机体里,可以清楚地看到在国家意识形态与官僚政治行政上关于儒法的两条线路:宫室朝堂上儒学鼎盛,君臣向儒;地方行政中以苛刻为能,"吏化"明显,这便是"霸王道杂之"这一思想的外在表现。

二、"中兴已来,追踪宣帝"

光武中兴,孝明继体,东汉初年的政治转轨,使得国家重回以孝宣政治为典型的政治理性轨道之上。光武所谓的"柔道",实乃"霸王道杂之"政治思想的一个面向,不离汉家本色。而在具体的政治实践中,作为宣帝中兴功业重要组成部分的制度建设也成为东汉王朝再造国家的蓝本。

吏治建设是汉宣帝政治实践中的核心,而合理的俸禄制度又是其中的关键一环。延平元年(106)魏郡太守黄香有语云:"《田令》'商者不农',《王制》'仕者不耕'。伐冰食禄之人,不与百姓争利。"李贤注引《王制》曰:"上农夫食九人,下士视上农夫,禄足以代耕也。"[②]官吏不事农耕,故一家生计全凭俸禄维持。由此推知,合理的俸禄制度至少要使官吏的俸禄价值与其参与农业生产所创造的价值相等。官吏俸禄的多寡与百姓能否安居乐业有着重要的联系,尤其是直接治民的基层

---

① 陈侃理:《读〈《春秋》与"汉道"〉》,《读书》2012年第7期。
② 《后汉书》卷八○上《黄香传》,第2615页。

官吏,其人以俸禄为生,又无其他收入来源,若俸禄微薄,极易走上侵渔百姓以取足的贪腐之路,如王莽时经济崩溃,"天下吏以不得奉禄,并为奸利,郡尹县宰家累千金"①。而百姓不堪其扰则会对国家产生不满,长此以往自会侵蚀国家的统治基础,更有可能导致王朝的崩溃。

为了避免这种情况的发生,如前所述,宣帝的吏治建设重视基层官吏的俸禄问题,曾下诏普增小吏俸禄。其后哀帝亦于绥和二年(前7)六月下诏"益吏三百石以下奉"②。西汉这两次明载史册的增俸在陈梦家、黄惠贤、陈锋、杨际平等诸位先生看来应为定制。③笔者亦认同这一看法,且这两次旨在缩小官吏间俸禄差距的增俸皆以俸禄寡少的下级官吏为对象,确为惠及小吏,讲求政治清平的举措。

光武亦明此道,吕思勉指出:"则帝于小臣,亦颇能体恤。"④刘秀建立东汉后,以建武二十六年(50)为界,此前因国家事务繁多,用度不足,没有足够的财力对俸禄制度进行调整,故吏禄寡少。⑤直至该年,天下太平,四方贡献,府库渐丰,东汉上层建筑的重构业已完成,于是光武便下诏调整百官俸禄。《后汉书·光武帝纪》曰:"(建武)二十六年春正月,诏有司增百官奉。其千石已上,减于西京旧制;六百石已下,增于旧秩。"⑥又《东观汉记·光武皇帝纪》云:"自三公下至佐史各有差。"⑦三公与佐史分居东汉官僚系统头尾,《汉书·百

---

① 《汉书》卷九九下《王莽传下》,第4152页。
② 《汉书》卷一一《哀帝纪》,第336页。
③ 陈梦家:《汉简缀述》,北京:中华书局,2004年,第136页;黄惠贤、陈锋:《中国俸禄制度史》(修订版),第41—43页;杨际平:《中国财政通史·秦汉财政史》,第736页。
④ 吕思勉:《秦汉史》,第227页。
⑤ 〔东汉〕刘珍等撰,吴树平校注:《东观汉记校注》卷一《世祖光武皇帝纪》,第12页。
⑥ 《后汉书》卷一下《光武帝纪下》,第77页。
⑦ 〔东汉〕刘珍等撰,吴树平校注:《东观汉记校注》卷一《世祖光武皇帝纪》,第12页。

官公卿表》云:"百石以下有斗食、佐史之秩,是为少吏。"颜师古注曰:"《汉官名秩簿》云斗食月奉十一斛,佐史月奉八斛也。一说,斗食者,岁奉不满百石,计日而食一斗二升,故云斗食也。"①光武重新调整了原依西汉旧制建立的东汉俸禄制度。刘昭注《续汉书·百官志》所引荀绰《晋百官表注》记有东汉延平年间(106—107)某月官吏俸禄发放的真实情况。②由此推算其时下级官吏如秩三百石的县长名义上一年能收一百四十四斛米,可得二万四千钱,这应是历次加俸的结果。建武、永平之时吏治趋平,当受到了光武加俸的影响。

由传世文献及出土文献可知,西汉时多以钱币发俸,而东汉俸禄则基本上以半钱半谷的形式发放,俸禄成分的变化应是历史发展的产物。王莽时盲目改制导致经济崩溃,严重的财政危机使得吏俸多以实物充给。天凤二年(15)"谷常贵,边兵二十余万人仰衣食,县官愁苦"③,尔后资用匮乏,更一度"自公卿以下,一月之禄十缎布二匹,或帛一匹"④。东汉初年西北边郡仍以实物如谷物充吏俸⑤,"居延都尉,奉谷月六十石"⑥,显然是受到了新莽时期财政危机的持续影响。东汉改以半钱半谷的形式发放俸禄,在顺应历史发展的同时,当有满足官吏基本生活需求,使得其人俸禄足以代耕之意。

需要注意的是,两书记载有所出入,如按《东观汉记》之说,当是各级官吏皆有增俸,若如《后汉书》所云,应是秩千石以上的高级官吏减俸,秩六百石以下的低级官吏增俸。陈仲安、王素在经过推算和比较相关史料后认为:"二千石以上月俸,西汉高于东汉;比二千石

① 《汉书》卷一九上《百官公卿表上》,第742—743页。
② 《后汉书》志二八《百官志五》,第3633页。
③ 《汉书》卷九九中《王莽传中》,第4140页。
④ 《汉书》卷九九中《王莽传中》,第4142页。
⑤ 杨际平即持此论,可参见氏著:《中国财政通史·秦汉财政史》,第738页。
⑥ 张德芳:《居延新简集释》(七),兰州:甘肃文化出版社,2016年,第454页。

以下月俸,西汉低于东汉。前引东汉建武制调整官吏月俸,结果是:千石以上,西汉高于东汉,六百石以下,西汉低于东汉。二者虽然在中间断限上有出入,但在高官秩月俸西汉高于东汉,低官制月俸西汉低于东汉的大原则上却是一致的。"①黄惠贤、陈锋根据列表计算后认为即使在考虑西汉曾增三百石以下俸这一情况下(以增俸不会超出"十五"的比率为前提),《后汉书》所云东汉建武二十六年基于西汉旧制调整千石已上及六百石以下各级官俸当为事实。②并且,黄、陈二位先生还依此计算出西汉三公(丞相)与佐史的月俸比率为100∶1,东汉这一比率则降为43∶1弱。③由此来看,虽然相关细节待考,但光武此次调整在普增小吏俸禄的同时,更在西汉旧制的基础上大幅缩小了高级与低级官吏间的俸禄差距,实为惠吏之举。

　　而宣帝朝典型的,即包括长期留任良二千石;凡长吏治理有功,则下书勉励,予以增秩赐金拜爵之赏,更征召其人入朝为公卿在内的诸项治吏举措,显然也影响了东汉初期的吏治建设。《政论》盛赞宣帝治吏之法,有"宣帝时,王成为胶东相,黄霸为颍川太守,皆且十年,但就增秩、赐金、封关内侯,以次入为公卿,然后政化大行,勋垂竹帛"④云云,崔寔以王成、黄霸故事为宣帝重建吏治,推行奖惩制度,从而政化一方的典范。此二人事迹明载于《汉书·循吏传》,确是"勋垂竹帛"。崔寔视此为"先帝旧法,所宜因循"⑤,是文后又言及光武、明章之治,即认为光武、明、章诸帝取法孝宣以致治,"及中兴后,上官象为并州刺史,祭肜为辽东太守,视事各十八年,皆增秩中二千

---

① 陈仲安、王素:《汉唐职官制度研究》(增订本),第343—345页。
② 黄惠贤、陈锋:《中国俸禄制度史》(修订版),第51页。
③ 黄惠贤、陈锋:《中国俸禄制度史》(修订版),第50—51页。
④ [汉]崔寔撰,孙启治校注:《政论校注》,第134页。
⑤ [汉]崔寔撰,孙启治校注:《政论校注》,第134页。

石。建初中,南阳阴意以诏除郎,为绕阳令,视事二十三年,迁寿阳令,又十八年"①。

上官象、阴意二人,诸家后汉史书皆无传,生平不详,暂且不论。祭肜之事,范晔《后汉书》记载相对详细,或可一参。建武时,祭肜因其兄祭遵之故为黄门侍郎。尔后祭遵病卒,因其无子,光武感伤,令祭肜任偃师长,以方便四时祭祀祭遵。祭肜由是出守地方,后升任襄贲令,因治县有功,得光武玺书勉励,获增秩一等,受赐缣百匹。②这应是光武效仿孝宣增秩任职,褒扬吏治之举。其后边境烽火四起,建武十七年(41)祭肜受命为辽东太守,出镇辽东,制衡三虏(匈奴、鲜卑及赤山乌桓),威行北狄,"肜之威声,畅于北方,西自武威,东尽玄菟及乐浪,胡夷皆来内附,野无风尘"③,祭肜声名远扬,以致边塞无烽火,汉廷更是因此悉罢缘边屯兵。永平十二年(69)祭肜被征入朝为中二千石卿——太仆,距离其初拜辽东太守已近三十年,正与宣帝之官员久任制相合。④范晔论云:"且临守偏海,政移犷俗,徼人请符以立信,胡貊数级于郊下,至乃卧鼓边亭,灭烽幽障者将三十年。"⑤祭肜由辽东太守入朝为卿,又符合宣帝积极录用治郡有功的二千石入朝为公卿的故事。祭肜去世后,吏民追思不已,"乌桓、鲜卑追思肜无已,每朝贺京师,常过冢拜谒,仰天号泣乃去。辽东吏人为立祠,四时奉祭焉"⑥。此正与《汉书·循吏传序》所谓"所居民富,所去见思,生

① [汉]崔寔撰,孙启治校注:《政论校注》,第134页。《政论》原文作"祭肜",恐误,按《后汉书·祭肜传》,此祭肜即祭肜,当是字形相近致误,今据改。关于祭肜出任辽东太守的年限亦有差错,可见后文。
② 《后汉书》卷二〇《祭遵传附祭肜传》,第744页。
③ 《后汉书》卷二〇《祭遵传附祭肜传》,第745页。
④ 《后汉书》志二五《百官志二》,第3581页;《后汉书》卷二〇《祭遵传附祭肜传》,第745页。
⑤ 《后汉书》卷二〇《祭遵传附祭肜传》,第747页。
⑥ 《后汉书》卷二〇《祭遵传附祭肜传》,第746页。

有荣号,死见奉祀,此禀禀庶几德让君子之遗风矣"①云云相合,祭肜无愧良吏之名,足以与前朝循吏齐名,而光武、明帝对其的一路培养提拔,也正与孝宣故政相仿。

建武六年(30)八月光武撤销了内郡原负责军事戍防的都尉,并职太守,仅有边郡仍常置都尉及属国都尉。较之西汉,东汉内郡太守除治民外,另荷御侮之重任,职权的扩大更使郡将成为太守的代名词。②公务的客观增加也意味着能吏长期镇守地方有着迫切的现实需要。同年九月丙寅出现了日食,朱浮联系光武吏治苛刻,常因小过频繁改易二千石长吏,致使百姓不宁的情况,便上疏光武,建议推行前朝官吏久任之制,光武采纳了他的建议。③自此,光武朝郡守得长久任职地方,如云台二十八将之一的王霸便久为边地太守,其自建武九年(33)得拜上谷太守后,至永平二年(59)才因病卸任,前后治理上谷二十余年。又割据陇右的隗嚣败亡后,光武特选樊晔为天水太守以镇西北,其人"政严猛,好申韩法,善恶立断"④,治郡得力,镇守天水十四年。明帝追思樊晔之功,赐其家钱百万,以示表彰。

辽东、上谷、天水等边郡如此,内郡亦然。如建武七年(31)杜诗为南阳太守,"视事七年,政化大行"⑤,建武十四年(38)因他罪被征,不幸病卒。杜诗治郡有方,南阳百姓将其比作前汉召信臣,有"前有

① 《汉书》卷八九《循吏传》,第3624页。
② 西汉时即有郡将之说,《汉书·严延年传》有"绣见延年新将"云云,颜师古注曰:"新为郡将也,谓郡守为郡将者,以其兼领武事也。"(《汉书》卷九〇《严延年传》,第3668页)光武省并都尉后,郡将之称更为普遍,《后汉书》所见尤多,如《第五伦传》有"前后郡将莫敢禁"之语(《后汉书》卷四一《第五伦传》,第1397页),可观其时风气。
③ 《后汉书》卷三三《朱浮传》,第1141—1142页。
④ 《后汉书》卷七七《樊晔传》,第2491页。
⑤ 《后汉书》卷三一《杜诗传》,第1097页。

召父,后有杜母"①之称,若非涉及派遣宾客为弟报仇一案,或应继续担任南阳太守。又建武年间桂阳太守卫飒治郡十年,郡内清理,光武征卫飒还朝,欲拜其为少府,因其被疾而作罢。②卫飒任十年桂阳太守,为官员久任之例。光武征卫飒还朝欲拜其为秩中二千石的卿——少府,又如宣帝录用二千石郡国守相为公卿的故事。周长山视六年为汉官久任与否的标准,梳理了两汉任期记载明确的诸太守情况。据其统计,在建武时任职年限明确的二十四位太守中,超过六年的久任者有十五人,余者任期亦均在三年以上。周先生认为至明、章之世,地方长吏久任风习似无根本改变,十五位任期明确的郡国守相中有十一位属于久任。③

汉宣帝常亲自召见新任刺史守相,以察名实。光武亦循此道,屡召新任地方长官问询,如建武朝循吏任延即因官职变动而数见光武。任延年少成名,初仕更始,为会稽都尉,建武初上书归拜王庭,本欲退隐,光武惜才,转拜其为九真太守,亲自召见,"赐马杂缯,令妻子留洛阳"④。数年后任延被征,赴洛阳,因病停留,后左转为睢阳令,再转拜武威太守,光武又亲自接见。增秩任职之事亦有,永平年间王景与王吴治黄河有功,明帝便下诏增王吴及诸从事掾史秩一等,三迁王景为侍御史。

要之,东汉前期士人对宣帝形象的重构与定型,以及国家向孝宣

---

① 《后汉书》卷三一《杜诗传》,第1094页。
② 《后汉书》卷七六《卫飒传》,第2459页。
③ 周长山:《汉代地方政治史论:对郡县制度若干问题的考察》,北京:中国社会科学出版社,2006年,第104—107页。周先生以传世文献(《史记》《汉书》《后汉书》《三国志》)为主,辅以出土文献(碑刻、方志),整理而成的诸表如《两汉郡国守相状况一览表》(期时/姓名/籍贯/任职郡国/出身/起家方式/前期任职/后期任职/出典)、《两汉守(相)任期表》(期时/在职年数/太守〔相〕/去向/出身郡/出典)均颇有价值,可参考周长山:《汉代地方政治史论:对郡县制度若干问题的考察》。
④ 《后汉书》卷七六《任延传》,第2462页。

政治回归这两条路线是清晰可见的。光武、明帝励精图治,重视吏治建设,吸纳并采取了孝宣政治中的治吏良方,使得东汉王朝循吏辈出,"故能内外匪懈,百姓宽息。自临宰邦邑者,竞能其官"[①],国家大治。班固作《东都赋》,文中虚构的东都主人便以建武、永平之政为例,向西都宾客盛言洛阳之美,其文云:"今将语子以建武之理,永平之事,监乎太清,以变子之或志。"[②]又范晔有赞曰:"故后之言事者,莫不先建武、永平之政。"[③]

不过,如此盛世之下还是暗藏隐患,在东汉初年的叙事体系中,光武、明帝躬亲吏事,对吏治颇为重视,使之愈发趋严。可以看到,在推行孝宣政治中典型的"官员久任制"的同时,"亟以谣言单辞,转易守长"[④]亦是存在的事实,官吏则多以苛刻为能,以称上意,此类史事不绝于史籍。永平年间诸侯王交通宾客、蓄意谋反之事屡出,更使得明帝对严法的推许到了近乎偏执的程度,其中以楚王刘英之事牵连最广,"楚狱遂至累年,其辞语相连,自京师亲戚诸侯州郡豪桀及考案吏,阿附相陷,坐死徙者以千数"[⑤]。由"楚狱"大兴,可知明帝时的吏治显然已经超出了宣帝所秉持的"奉法循理"的界限,滑向了滥刑这一极端,给盛世投下了阴影。吕思勉认为:"盖建武刻急之治,至永平,几于变本加厉矣。"[⑥]因皇帝持严法而逐渐激化的社会矛盾,使得明帝的继任者章帝不得不为之调整国家政治的走向,而这一次政治转型将深刻地影响东汉王朝,也为东汉中后期士人重新呼唤孝宣政治埋下了伏笔。

---

① 《后汉书》卷七六《循吏列传》,第2457页。
② 《后汉书》卷四〇下《班彪传附班固传》,第1359页。
③ 《后汉书》卷二《明帝纪》,第124页。
④ 《后汉书》卷七六《循吏列传》,第2457页。
⑤ 《后汉书》卷四二《楚王英传》,第1430页。
⑥ 吕思勉:《秦汉史》,第231页。

第三章 政治转型与中兴呼唤："孝宣情结"的分化

第一节 章、和二朝的政治转型

光武建武元年（25）至和帝元兴元年（105）这八十年，可谓东汉兴盛期。光武重开汉德，明、章励精图治，自不待言，和帝之政亦不逊色。从中国古代最受国家关注的户口数来看，和帝时期的人口已接近西汉末年的水平，是东汉出现的第一个人口高峰。[①]时人更是不吝溢美之词，如李尤有叹云："卓矣煌煌，永元之隆。"[②]在范晔看来，和帝于内政"虽颇有弛张，而俱存不扰，是以齐民岁增，辟土世广"[③]，于外交则"偏师出塞，则漠北地空；都护西指，则通译四万"[④]。和帝时内政虽有所变动，但总体上仍能使百姓安居乐业，外交上既有窦宪勒石燕然，肃清漠北，又有班超威震西域，致万国来朝，可谓盛世。今人对这一看法颇为认同，翦伯赞认为："东汉的政权，到和帝时，便发展到全

---

① 和帝时的户口数见《后汉书》志二三《郡国志五》，第3534页。袁延胜：《中国人口通史·东汉卷》，北京：人民出版社，2007年，第23页。
② ［汉］李尤：《辟雍赋》，［清］严可均辑：《全后汉文》卷五〇，第746页。
③ 《后汉书》卷四《和帝纪》，第195页。
④ 《后汉书》卷四《和帝纪》，第195页。

盛时代的顶点。"[①]如前所述,王云度、林剑鸣亦有类似认识。[②]

元兴元年和帝驾崩,殇帝、安帝相继即位,东汉却由盛转衰。后世对这一转变颇为敏感,如质帝驾崩后,太尉李固、司徒胡广及司空赵戒就议立新帝之事,联名致书大将军梁冀,其文有曰:"且永初以来,政事多谬,地震宫庙,彗星竟天,诚是将军用情之日。"[③]永初是安帝的第一个年号,由此可知和帝以降国家的衰败已为时人所明了。东汉末年,魏相国华歆等人上言劝进,其文即有"汉自章、和之后,世多变故,稍以陵迟"[④]之语。三国时吴人薛莹记述后汉史,对此有云:"汉氏中兴,至于延平而世业损矣。"[⑤]延平为殇帝年号,殇帝正是和帝的继承者,薛莹亦视和帝为东汉盛衰的分水岭。

前举范书《和帝纪》赞,再对比同书《安帝纪》赞语,落差愈发明显。《安帝纪》赞云:"安德不升,秕我王度。降夺储嫡,开萌邪蠹。冯石承欢,杨公逢怒。彼日而微,遂祲天路。"李贤注曰:"日,君道也。微,不明也。祲,阴阳相侵之气也。《诗》曰:'彼月而微。此日而微。'言君道暗乱,政化陵迟,汉祚衰微,自此而始,故言遂祲天路也。"[⑥]李贤又于《献帝纪》论云:"汉自和帝以后,政教陵迟,故言天厌汉德久矣。祸之来也,非独山阳公之过,其何所诛责乎?"[⑦]司马光亦曰:"及孝和以降,贵戚擅权,嬖幸用事,赏罚无章,贿赂公行,贤愚浑淆,是非颠倒,可谓乱矣。"[⑧]

---

① 翦伯赞:《秦汉史》,第482页。
② 王云度:《东汉史分期刍议》,《南都学坛》1991年第1期;林剑鸣:《秦汉史》,第777页。
③ 《后汉书》卷六三《李固传》,第2086页。
④ 《三国志》卷二《文帝纪》,第73页。
⑤ 薛莹:《后汉纪·灵帝纪》,周天游辑注:《八家后汉书辑注》,第289页。
⑥ 《后汉书》卷五《安帝纪》,第243页。
⑦ 《后汉书》卷九《献帝纪》,第392页。
⑧ 《资治通鉴》卷六八《汉纪六〇》"献帝建安二十四年",第2217—2218页。

由此来看，和、殇、安三帝之际，是世人所公认之东汉王朝的历史拐点。但细查史料可以发现，和帝以降王朝衰落实为表象，东汉政治在章帝朝已经开始转向，只是其时帝国仍保持着向前发展的惯性，故至和帝朝，东汉还是达到了兴盛的顶点，正如范晔所谓"岂其道远三代，术长前世？将服叛去来，自有数也"[①]之说，然而帝国的发展惯性却没能阻止业已转向的东汉王朝滑向衰亡的深渊。

一、尚宽的皇帝与严苛的官吏

光武、孝明二帝因其"孝宣情结"的影响，重新调整并巩固了帝国的前进方向，使国家再次回到以孝宣政治为典范的理性政治轨道上，为后世所称。永平末年，承平日久，天下乂安，明帝不满足于现状，欲有所兴作，光耀后世，一改光武对周边诸地的羁縻政策，大起征伐之事，以追汉武。永平十六年（73）明帝分遣四路大军出塞，北击匈奴，欲沟通西域，却仅窦固一路有功，破呼衍王于天山，东汉遂屯兵伊吾卢地。于阗诸国见状，皆遣子入侍，"西域自绝六十五载，乃复通焉"[②]。永平十七年（74）十一月，明帝复遣窦固、耿秉、刘张等率军出敦煌昆仑塞。汉军击破白山虏于蒲类海上，入车师。于是明帝复置西域都护、戊己校尉，东汉自光武"闭玉门以谢西域之质，卑词币以礼匈奴之使"[③]后，重新控制了西域。这一武功足以远追武、宣。可惜好景不长，永平十八年（75）三月，西域诸国和北匈奴突然一齐发难。数月之间，焉耆、龟兹攻没西域都护陈睦及其部众，北匈奴及车师后王率军包围戊己校尉关宠、耿恭等。明帝大怒，欲出兵救援，但不及处理便驾崩，将这些问题留给了帝国新的掌舵者——

① 《后汉书》卷四《和帝纪》，第195页。
② 《后汉书》卷八八《西域传》，第2909页。
③ 《后汉书》卷一八《臧宫传》，第697页。

汉章帝刘炟。

刘炟幼时"聪达才敏,多识世事,动容进止,圣表有异"①,长大后"仁明谦恕,温慈惠和,宽裕广博,亲爱九族,矜严方厉,威而不猛"②。刘炟性情宽容,以至孝著称,喜好儒术,兼通五经,又熟悉政务。明帝对刘炟颇为器重,常向他咨询世事。永平十八年八月壬子明帝驾崩,同日刘炟即位,是为汉章帝。

彼时东汉外有强敌虎视,内有人祸天灾。建初元年(76)校书郎杨终上书云:"臣窃案《春秋》水旱之变,皆应暴急,惠不下流。自永平以来,仍连大狱,有司穷考,转相牵引,掠考冤滥,家属徙边。加以北征匈奴,西开三十六国,频年服役,转输烦费。又远屯伊吾、楼兰、车师、戊己,民怀土思,怨结边域。"③由此可以推知,刘炟甫一登基,即需直面复杂的内外局势。

对此,章帝先诏公卿会议讨论西域之事,很快就达成了派兵西征的共识。汉军迅速出塞救援,并取得了胜利,迎回了仅存的戊己校尉耿恭等。而在战后西域诸官署的去留问题上,朝堂又有不同的声音。杨终两次上言,力谏章帝放弃西域。于是章帝采纳了他的建议,以"不欲疲敝中国以事夷狄"④为由,主动放弃了永平十六年以来开边的成果,罢戊己校尉官,不复遣西域都护。建初二年(77)章帝又诏罢伊吾卢屯田,仅留班超绥集西域诸国,汉朝在西域的存在几乎又重新回到了光武朝的状态。

建初初年的西域之议使东汉的外交政策完成了转变,章帝又听

---

① ［东汉］刘珍等撰,吴树平校注:《东观汉记校注》卷二《肃宗孝章皇帝纪》,第76页。
② ［东汉］刘珍等撰,吴树平校注:《东观汉记校注》卷二《肃宗孝章皇帝纪》,第76页。
③ 《后汉书》卷四八《杨终传》,第1597页。
④ 《后汉书》卷八八《西域传》,第2909—2910页。

还徙者,也拉开了内政调整的序幕。明帝与章帝个性不同,曹丕曾评论二帝云:"明帝察察,章帝长者。"[①] 又范晔论曰:"章帝素知人厌明帝苛切,事从宽厚。"[②] 吕思勉则认为:"盖明帝之为人,颇类前汉宣帝,而章帝则颇类元帝也。"[③] 光武、明帝亲责吏事,使得官吏为逢迎上意,追求苛刻,久成风化,故有"吏化"之说。明帝末年近乎偏执的严苛之政更是在一定程度上激化了社会矛盾。章帝好儒,登基后务求宽和,其对内政进行调整势在必行。

建初元年正月丙寅章帝下诏云:"比年牛多疾疫,垦田减少,谷价颇贵,人以流亡。方春东作,宜及时务。二千石勉劝农桑,弘致劳来。群公庶尹,各推精诚,专急人事。罪非殊死,须立秋案验。有司明慎选举,进柔良,退贪猾,顺时令,理冤狱。'五教在宽',帝《典》所美;'恺悌君子',《大雅》所叹。布告天下,使明知朕意。"[④] 章帝不满足于意识形态上的宽和,有意调整光武、明帝以来国家行政的吏化趋势,其诏书便表明了这一政治转向。建初四年(79),刘炟采纳杨终的建议,依宣帝石渠阁故事,亲至白虎观裁决五经,整齐经典,统一东汉思想,其崇儒至此,即有修正苛政之意。但文化上的崇儒却没有立即反映到政治实践中去,国家机器运转的惯性使得自光武、明帝以来帝国上下兴起的吏化之风并没有马上改变,国家政治出现了明显的脱节现象。[⑤]

---

① 《后汉书》卷三《章帝纪》,第159页。
② 《后汉书》卷三《章帝纪》,第159页。
③ 吕思勉:《秦汉史》,第232页。
④ 《后汉书》卷三《章帝纪》,第132—133页。
⑤ 关于章、和二帝的改革,王惟贞指出,章帝的改革主要有建初四年(79)的白虎观会议,建初六年(81)的复盐铁官,章和元年(87)任命曹褒制定汉礼等三项。可参见王惟贞:《东汉皇权的深化与局限:明、章二帝巩固政权的措施》,新北:花木兰文化出版社,2011年,第132页。薛梦潇引入"政治时间"的概念,所谓"政治时间",即指针对君主而人为规定的各具政治寓意的时间。如行刑 (转下页)

章帝初年，建武、永平的苛政如旧，"是时承永平故事，吏政尚严切"[1]，彼时尚书仆射朱晖的个人经历可为例证。章帝时米价常贵，国用不足。尚书张林上言建议"可尽封钱，一取布帛为租"[2]，又议复盐铁官营、均输之法。朱晖上书驳斥，此事暂寝。其后又有人复陈张林前议，章帝同意并下诏施行，朱晖再次反对。章帝本已应允此议，却又遭到朱晖的反驳，于是暴怒，切责诸尚书。朱晖等人自行系狱。虽然三天后章帝亲自下诏敕赦免诸人之罪，但朱晖称病不肯复署议，诸尚书竟惶恐不安，《后汉书·朱晖传》载其状云："尚书令以下惶怖，谓晖曰：'今临得谴让，奈何称病，其祸不细！'"[3]明帝亲执吏事，致使满朝皆惊，范晔于此所描绘的"尚书令以下惶怖"云云的情形，恰恰是诸尚书心有余悸，畏君如畏虎的表现，这显然来自建武、永平的记忆残余。韦彪认为章帝时承光武、明帝吏化之弊，俗吏以苛刻为能，又置官选职不以才能，故导致气候反常。[4]

"吏化"的承袭脉络清晰可见，但俗吏苛刻却与章帝本意相背。建初五年（80）三月甲寅章帝有诏云："孔子曰：'刑罚不中，则人无所

（接上页）时间即被目为一种政治时间。这一概念可参见薛梦潇：《早期中国的月令与"政治时间"》，上海：上海古籍出版社，2018年，第3—4页。薛先生认为章、和二帝于传统司法制度上有所更张，明帝时期，死刑的执行期限为十月至十二月。这与西汉宣帝以来的惯例并无差别。而自章帝起，汉廷开始改革司法制度。章帝于元和二年（85），和帝于永元十五年（103）先后依照《月令》时政更定行刑时间，欲改革传统司法制度。但"元和改律"与"永元改律"最终均以失败告终。东汉的刑罚时间，重新回归"旧制"。按照《月令》制定的行刑时间表，因现实执行中的种种偏差和弊端而难以为继。而偏差和弊端的产生，则源自"吏化"的政治传统惯性。因此，改律的成败，反映出的是传统与"兴作"之间的博弈。可参见氏著：《早期中国的月令与"政治时间"》，第211页。在薛先生看来，"吏化"的政治传统惯性导致了章、和二帝对传统司法制度改革的最终失败。

[1]　《后汉书》卷四六《陈宠传》，第1549页。
[2]　《后汉书》卷四三《朱晖传》，第1460页。
[3]　《后汉书》卷四三《朱晖传》，第1461页。
[4]　《后汉书》卷二六《韦彪传》，第918—919页。

措手足.'今吏多不良,擅行喜怒,或案不以罪,迫胁无辜,致令自杀者,一岁且多于断狱,甚非为人父母之意也。有司其议纠举之。"① 又元和二年(85)正月章帝下书三公有云:"夫俗吏矫饰外貌,似是而非,揆之人事则悦耳,论之阴阳则伤化,朕甚厌之,甚苦之。安静之吏,悃愊无华,日计不足,月计有余。如襄城令刘方,吏人同声谓之不烦,虽未有它异,斯亦殆近之矣。间敕二千石各尚宽明,而今富奸行赂于下,贪吏枉法于上,使有罪不论而无过被刑,甚大逆也。夫以苛为察,以刻为明,以轻为德,以重为威,四者或兴,则下有怨心。吾诏书数下,冠盖接道,而吏不加理,人或失职,其咎安在?勉思旧令,称朕意焉。"② 由此可见,其时地方官吏用刑太深,又多不依时令,章帝数次下诏责令吏员务求安静,俗吏却仍苛刻如旧,显然违背了章帝之意。

章帝的宽和亦影响了部分士人对国家政治的认识。时为司空的第五伦虽严峻刚正,但也常痛恨俗吏苛刻,有感于政治风向的转变,上疏颂德议事。是疏直言当时东汉存在的两大问题,一是俗吏苛刻;二是诸王主贵戚,骄奢逾制。于俗吏苛刻,第五伦云:"然诏书每下宽和而政急不解,务存节俭而奢侈不止者,咎在俗敝,群下不称故也。"③ 第五伦将这种割裂归咎于"俗敝",应指中央与地方上的文化差距,实则即是中央全面尚宽的新风与地方上存在的"吏化"惯性的矛盾。第五伦认为光武行苛政以惩王莽弊政,"颇以严猛为政,后代因之,遂成风化"④ 此举正是光武向孝宣故政回归的重要表现。阎步克认为,东汉初年"经术"与"吏化"的兼用,是向汉宣帝所申明的

---

① 《后汉书》卷三《章帝纪》,第140页。
② 《后汉书》卷三《章帝纪》,第148页。
③ 《后汉书》卷四一《第五伦传》,第1400页。
④ 《后汉书》卷四一《第五伦传》,第1400页。

"霸王道杂之"的政治路线的回归。[1]而其时郡国选材仍以文法吏为主,并未完成儒法的彻底统合,致使中央的政治转型未能实现与地方的良性互动。彼时有陈留令刘豫、冠军令驷协,皆好专任杀伐,为政苛刻,议者竟视其为能吏,可知光武、明帝遗风仍存。故第五伦建议罢黜酷吏,追究举主责任,并选仁贤儒生,行宽和之政,移风易俗,以弥合中央与地方的政治错位,"务进仁贤以任时政,不过数人,则风俗自化矣"[2],又提及嬴秦、王莽以苛政亡国的教训,希冀变吏治苛刻之风。由第五伦的上疏可见,中央与地方的脱节应是此时东汉社会的一个显著特征。

这一问题出现的根源就在于发端自东汉中央的政治转型未能与地方及时联动,前朝政治的惯性使得地方苛政继续存在。第五伦选任儒生以期上下接轨的建议尚未被章帝采纳,而章帝由上而下的制度更化,崇尚宽政,又自断监察严法,反而使得地方的暴虐愈演愈烈。东汉王朝上下不能协调一致,由是中央与地方脱节,国家不可收拾。明帝以刑名绳下,为世人所熟知。黄初三年(222),魏文帝曹丕南巡,曾诏令百官不得干预郡县的正常运转。车驾至宛城,宛令却错解诏令,关闭市门,文帝大怒云:"吾是寇邪?"于是下令收押宛令及南阳太守杨俊,又下诏问尚书云:"汉明帝杀几二千石?"[3]曹丕向尚书求汉明帝杀二千石长吏之故事,可知明帝对地方官吏的控制之烈。

章帝为矫明帝苛政之弊,却不待上下转型的完成,从制度上主动放松了对官吏的控制。尚书陈宠以为其时吏政严切,宜宽和行政,删减烦苛之法,以济众生。章帝采纳了陈宠的建议,诏命有司删改律令,"绝钻钻诸惨酷之科,解妖恶之禁,除文致之请谳五十余事,定著

---

① 　阎步克:《士大夫政治演生史稿》,第368—369页。
② 　《后汉书》卷四一《第五伦传》,第1400页。
③ 　《三国志》卷二三《杨俊传》,第664页。

于令"①。陈宠建议删律意在顺应章帝宽和行政的政治转型,促使地方与中央政治接轨,虽有"是后人俗和平,屡有嘉瑞"②的美名,却操之过急,贻害无穷。范晔有云:"自中兴以后,科网稍密,吏人之严害者,方于前世省矣。"③范晔认为东汉酷吏较之西汉有所减少,正是因为针对官吏之科法愈发细密。而章帝听从陈宠的建议,删减了酷法,等于主动放弃了制御群下的"辔策"。曹金华指出,章帝实行的"宽厚"政策,主要表现在对下层劳动人民和统治阶级内部两个方面。在对广大劳动人民实行"宽厚"政策的同时,章帝对官吏、宗室、外戚等封建统治阶级,也同样实行了"每事务于宽厚"的政策。④

曹丕本感慨明、章治术之别,那么章帝又如何处置违法的长吏呢? 建初四年(79)前后,第五伦曾上书章帝云:"陛下即位,躬天然之德,体晏晏之姿,以宽弘临下,出入四年,前岁诛刺史、二千石贪残者六人。斯皆明圣所鉴,非群下所及。"李贤注引《东观汉记》曰:"去年伏诛者,刺史一人,太守三人,减死罪二人,凡六人。"⑤章帝看似亦以刑法绳下,可第五伦奏疏所提的长吏诸如陈留令刘豫、冠军令驷协等却仍就任地方。

章帝对违令的地方长吏多不处以极刑。以周纡事为例,下邳周纡"为人刻削少恩,好韩非之术"⑥,章帝时为渤海太守,常违诏书,《东观汉记校注·周纡传》云:"周纡为渤海太守,敕令诏书到门不出,夜遣吏到属县尽决罪行刑。坐征诣廷尉,系狱数日,免归。"⑦周纡

---

① 《后汉书》卷四六《陈宠传》,第1549页。
② 《后汉书》卷四六《陈宠传》,第1549页。
③ 《后汉书》卷七七《酷吏列传》,第2488页。
④ 曹金华:《"每事务于宽厚"的汉章帝》,《南都学坛》1994年第1期。
⑤ 《后汉书》卷四一《第五伦传》,第1400—1401页。
⑥ 《后汉书》卷七七《周纡传》,第2493页。
⑦ [东汉]刘珍等撰,吴树平校注:《东观汉记校注》卷一八《周纡传》,第811—812页。

违反赦令,擅自提前行刑时间,也只是入狱数日罢归而已。《后汉书·周纡传》云:"建初中,为勃海太守。每赦令到郡,辄隐闭不出,先遣使属县尽决刑罪,乃出诏书。坐征诣廷尉,免归。"① 由《后汉书》的记载来看,周纡更是屡次违反赦令,章帝却仍不加责罚,只是罢免而已,之后还因周纡廉洁,家无余财,征召他担任郎官。章帝如此举措,显然间接削弱了自身权威,反而不利于国家的统治。彼时又有益州刺史朱酺、扬州刺史倪说、凉州刺史尹业等,监察不严,玩忽职守,又选举不实,竟无贬坐。直至马严上封事,痛斥其人,章帝方才罢免诸刺史,其宽可知。② 王夫之叹曰:"君若臣相劝于纵弛,一激一反,国事几何而不乱哉!"③

　　章帝"宽以待吏",自断"缮策",使得其时国家对诸州郡的控制力已有下降的趋势。以选举为例,东汉时二千石长吏掌部分选举权,光武、明帝对此颇为重视。光武亲典选举,以严法治吏。永平时有州郡长吏不奉职选官的记载,明帝亲自下诏督责,其诏云:"今选举不实,邪佞未去,权门请托,残吏放手,百姓愁怨,情无告诉。有司明奏罪名,并正举者。"④ 明帝强调举主与被举人之间的连带责任,对违法之吏严惩不贷。明帝还加强了对各级官吏的监督和控制。永平九年(66)明帝令"司隶校尉、部刺史岁上墨绶长吏视事三岁已上理状尤异者各一人,与计偕上。及尤不政理者,亦以闻"⑤。此后明帝诏书不复提及此事,应是在其高压下,州郡长吏重视选举,以称其心。

----

① 《后汉书》卷七七《周纡传》,第2494页。
② 《后汉书》卷二四《马援传附马严传》,第860页。
③ [清]王夫之著,舒士彦点校:《读通鉴论》卷七,第174页。
④ 《后汉书》卷二《明帝纪》,第98页。
⑤ 《后汉书》卷二《明帝纪》,第112页。

永平末年至建初初年,州郡选举事却渐趋懈怠。前举益州刺史朱酺、扬州刺史倪说、凉州刺史尹业等,便皆有选举不实之失。《后汉书·韦彪传》云:"是时陈事者,多言郡国贡举率非功次,故守职益懈而吏事浸疏,咎在州郡。"[1]为扭转这一颓势,建初八年(83)十二月己未,章帝下诏地方以四科取士,《汉官仪》载文云:"诏书辟士四科:一曰德行高妙,志节清白;二曰经明行修,能任博士;三曰明晓法律,足以决疑,能案章覆问,文任御史;四曰刚毅多略,遭事不惑,明足照奸,勇足决断,才任三辅令。皆存孝悌清公之行。自今已后,审四科辟召,及刺史、二千石察举茂才尤异孝廉吏,务实校试以职。有非其人,不习曹事,正举者故不以实法。"[2]刺史、二千石举士需使其试职,举非其人,举者亦需受罚。章帝这一选举制度的设计承接明帝,初衷颇善。但具体落实情况如何呢?

九年后的永元五年(93)三月戊子,和帝亦下诏言选举之事曰:"选举良才,为政之本。科别行能,必由乡曲。而郡国举吏,不加简择,故先帝明敕在所,令试之以职,乃得充选。又德行尤异,不须经职者,别署状上。而宣布以来,出入九年,二千石曾不承奉,恣心从好,司隶、刺史讫无纠察。今新蒙赦令,且复申敕,后有犯者,显明其罚。在位不以选举为忧,督察不以发觉为负,非独州郡也。是以庶官多非其人。下民被奸邪之伤,由法不行故也。"[3]由和帝的诏书可知,章帝的诏书流于一纸空文。自选举诏书颁行以来,二千石长吏选举不利,无视诏令,司隶、刺史亦玩忽职守,全无纠察之举。对此,和帝也只能既往不咎,重申敕令,以期官吏能恪尽职守。和帝所谓"下民被奸邪之伤,由法不行故也"的感慨应有选举

---

① 《后汉书》卷二六《韦彪传》,第917页。
② 《后汉书》卷四《和帝纪》,第176页。
③ 《后汉书》卷四《和帝纪》,第176页。

治吏之法不得正常运转之意，东汉中央控制力的下降，于此可见一斑。

不独选举，和帝时东汉上下脱节的趋势愈加明显，地方吏治苛刻之风仍未改变，与中央的态度相悖。如永元时何敞为汝南太守，“疾文俗吏以苛刻求当时名誉，故在职以宽和为政”[1]，何敞以文俗吏行苛政求名为恨，可知其时地方行政仍尚苛刻。又和帝末年州郡以苛察为政，竟公然违背上令，擅自将断狱时间提前至盛夏。[2]和帝亦意识到了这一问题，屡下诏书以斥，如永元十二年（100）三月丙申诏曰：“数诏有司，务择良吏。今犹不改，竞为苛暴，侵愁小民，以求虚名，委任下吏，假势行邪。是以令下而奸生，禁至而诈起。巧法析律，饰文增辞，货行于言，罪成乎手，朕甚病焉。公卿不思助明好恶，将何以救其咎罚？咎罚既至，复令灾及小民。若上下同心，庶或有瘳。”[3]又永元十六年（104）七月戊午诏云：“今秋稼方穗而旱，云雨不沾，疑吏行惨刻，不宣恩泽，妄拘无罪，幽闭良善所致。其一切囚徒于法疑者勿决，以奉秋令。方察烦苛之吏，显明其罚。”[4]和帝诏书所云与前文所云州郡擅自提前断狱时间，应为一事。从诏书中可以看到，和帝欲待民以宽和，而地方仍以苛刻为能，两者的分歧显而易见。和帝感慨若是君臣上下同心，或可惩前毖后。东汉中央与地方的割裂跃然纸上。王惟贞指出：“整个东汉政权，分裂成中央与地方两个世界，身处中央的章帝与朝臣，是中央集权的权力中心，却无法影响地方的事务，甚至是莫可奈何。”[5]可以说，章、和二朝皆

---

① 《后汉书》卷四三《何敞传》，第1487页。
② 《后汉书》卷二五《鲁恭传》，第879页。
③ 《后汉书》卷四《和帝纪》，第186页。
④ 《后汉书》卷四《和帝纪》，第192页。
⑤ 王惟贞：《东汉皇权的深化与局限：明、章二帝巩固政权的措施》，第137页。

是如此。

为弥合这一裂痕,和帝曾一度任用酷吏,欲加强对官吏的控制,但这样的政治文化竟已不为东汉朝堂所容。前文所举周纡在章、和之际为御史中丞,执法严酷。和帝即位后,太傅邓彪便认为周纡酷烈如此,不应典司京辇,和帝因此罢黜周纡。之后和帝又重新起用周纡,先后为御史中丞、司隶校尉,行督查之事,应是为纠正此弊。政治舆论却又将各地气候异常归因于严苛的吏治,永元五年六月,三郡国降冰雹,大如鸡蛋,"是时和帝用酷吏周纡为司隶校尉,刑诛深刻"①。永元六年(94)洛阳大旱,和帝亲至洛阳寺省察囚犯,理明冤案。洛阳令因此下狱抵罪,司隶校尉周纡与河南尹亦遭降职。和帝未及还宫便逢时雨。②永元时李法"以为朝政苛碎,违永平、建初故事"③,上疏批评时政。苛碎有苛刻琐碎之意,永平、建初故事所指不明,其风应与苛碎相左,当是崇简尚宽之政。由李法之疏可知彼时东汉上层政治认识的明显转变。

光武、明帝时,帝国意识形态虽是崇儒,具体的政治实践却是上下皆奉行严苛之政,君主严以治吏,群下为称上意,争为严切。章帝即位,"每事务于宽厚"④,中央开始转型。而地方却在东汉开国以来形成的"吏化"惯性驱动下,辅以几乎同时形成的,关乎地方长吏政治前途的,对地方行政风格的评价,依旧行前朝的严苛之政。上下一体的转型尚未完成,东汉中央又主动放松了对地方官吏的严格管控,使得本是针对强宗豪右和地方官吏的严法却因为章帝的宽和而屡遭删减。士人们对政治的认识亦随之改变,吏治逐渐向宽和发展,而地

---

① 《后汉书》志一五《五行志三》,第3313页。
② 《后汉书》卷四《和帝纪》,第179页;《后汉书》卷七七《周纡传》,第2496页。
③ 《后汉书》卷四八《李法传》,第1601页。
④ 《后汉书》卷四六《陈宠传》,第1549页。

方行政却仍以苛刻为能,国无定法,正会造成马严所谓"是使臣下得作威福也"①的局面。中央政治的转型与地方政治的惯性使得东汉国家权力结构上下脱节。杨建宏认为明帝统治思想偏重于法,为政严切苛猛;章帝则偏向于儒,为政宽缓儒柔。光武刚柔并济的柔道思想在明、章统治时期分别朝着刚、柔两极发生分化。②陈苏镇指出:"章帝以降,禁苛暴、尚宽厚成为东汉朝廷的既定方针……然而风气既成,积重难返。"③

二、外戚、宦官的崛起

（一）章帝与外戚

东汉因豪族而立,但豪族的无限扩张也使得东汉皇帝不得不对其有所限制。光武、明帝强化吏治,一个很重要的原因就是为了限制豪族。光武对这一问题尤为关注,前举《东观汉记》云光武取法宣帝,限制权臣外戚,有"至于建武,朝无权臣,外族阴、郭之家,不过九卿,亲属势位,不能及许、史、王氏之半"④之说。联系上下文可知,许、史、王三氏即指汉宣帝的外家。宣帝因其特殊的成长经历,对外戚颇有感情,诸人皆因旧典封侯。宣帝时许氏侯者凡三人(许广汉、许延寿、许舜),日后有位高至大司马车骑将军者;史氏侯者有三人(史高、史曾、史玄),亦有为大司马车骑将军者;王氏则有宣帝母王翁须一支(王武、王无故)和宣帝后王氏一支(王奉光),皆得侯爵。宣帝虽优待此四家外戚,但其严明的个性还是使得这些外戚

① 《后汉书》卷二四《马援传附马严传》,第860页。
② 杨建宏:《论东汉明章时期柔道政策的两极分化》,《长沙大学学报》1996年第4期。
③ 陈苏镇:《〈春秋〉与"汉道":两汉政治与政治文化研究》,第625—626页。
④ [东汉]刘珍等撰,吴树平校注:《东观汉记校注》卷二《显宗孝明皇帝纪》,第57页。

没有过多地干预政治,至多只是起到了辅政的作用。宣帝亲政后果断诛杀霍氏,主威独运,不假借于外戚、宦官,他姓权移主上的情况,并未长期存在。因而汉末仲长统有云:"孝宣之世,则以弘恭为中书令,石显为仆射。中宗严明,二竖不敢容错其奸心也。"①宣帝此举更为后世所法,如汉哀帝鉴于成帝时禄去王室、权柄外移的情况,故临朝屡诛大臣,有意效法武、宣二帝强化皇权。②由此可知宣帝时皇权之强。

不只哀帝,宣帝的严明形象在东汉初年以外戚王莽篡权为教训的时代背景下极具现实意义,也为东汉时人所推崇。③光武强化吏治应有这一方面的考虑,甚至较宣帝再进一步,对外戚豪族的限制更为严格。明帝亦然,"帝遵奉建武制度,无敢违者。后宫之家,不得封侯与政"④。光武之女馆陶公主曾为其子求郎官,明帝不许,赐钱千万以安抚其人,又对群臣云:"郎官上应星宿,又需治民,若非其人,则百姓受苦,故以此不许。"⑤正是在如此不近人情的控制下,明帝一朝才能"吏称其官,民安其业,远近肃服,户口滋殖焉"⑥。

光武、明帝对豪族的控制强化了皇权,却在一定程度上激化了社会矛盾,陈苏镇认为:"东汉王朝用严刑峻法规范豪族的行为,收到了恢复并维持社会安定的效果,但同时也使吏治苛刻问题日益严重。"⑦章帝即位后主导的政治转向,亦使前朝限制外戚之政出现了变化。由前文所举曹金华对章帝实行"宽厚"政策对象的分析可知,外戚亦

---

① ［汉］仲长统撰,孙启治校注:《昌言校注》,第341页。
② 《汉书》卷一一《哀帝纪》,第345页。
③ 郭善兵:《中国古代帝王宗庙礼制研究》,第178页;［日］東晋次:《後漢時代の政治と社会》,名古屋:名古屋大学出版会,1995年,第45页。
④ 《后汉书》卷二《明帝纪》,第124页。
⑤ 《后汉书》卷二《明帝纪》,第124页。
⑥ 《后汉书》卷二《明帝纪》,第124页。
⑦ 陈苏镇:《〈春秋〉与"汉道":两汉政治与政治文化研究》,第583页。

是其中之一。①

以后见之明,东汉有六后曾临朝称制,首位即是章帝的窦皇后。明帝虽严以律己,却并未就此将限制外戚之法制度化,更未改正后妃之制,遗祸后世。故范晔有叹云:"故孝章以下,渐用色授,恩隆好合,遂忘淄蠹。"②王夫之感慨章帝误国,过于元帝,其有曰:"西汉之衰自元帝始,未尽然也;东汉之衰自章帝始,人莫之察也。元帝之失以柔,而章帝滋甚。王氏之祸,非元帝启之,帝崩而王氏始张;窦宪之横,章帝实使之然矣。第五伦言之而不听;贵主讼之,怒形于言,不须臾而解;周纡忤窦笃而送诏狱;郑弘以死谏,知其忠,问其疾,而终不能用。若此者,与元帝之处萧、张、弘、石者无以异。而元帝之柔,柔以己也,章帝之柔,柔以宫闱外戚也,章帝滋甚矣。托仁厚而溺于床笫,终汉之世,颠越于妇家,以进奸雄而陨大命,帝恶能辞其咎哉?"③

"章帝之柔,柔以宫闱外戚也",王夫之道出了章帝之失。刘炟即位后对外戚颇为关心,屡次想依照旧典封外家马氏为列侯,却为马太后所不允。直到建初四年(79)章帝才得以封拜诸马,马氏贵幸,门庭若市,"帝以明德太后故,尊崇舅氏马廖,兄弟并居职任。廖等倾身交结,冠盖之士争赴趣之"④。章帝又任命马防为车骑将军,委以重兵,命其远征西羌。章帝此举虽与宣帝委任许延寿征讨西羌之故事相仿,但章帝与宣帝不同的个性还是让其时的士人感受到了政治风向的变化,对此颇为忧虑。第五伦就此上书章帝,认为应限制外戚,"可

---

①　曹金华:《"每事务于宽厚"的汉章帝》,《南都学坛》1994年第1期。
②　《后汉书》卷一〇上《皇后纪》,第400页。
③　[清]王夫之著,舒士彦点校:《读通鉴论》卷七,第178页。
④　《后汉书》卷四一《第五伦传》,第1398页。

封侯以富之,不当职事以任之"①,章帝不听。诸马虽贵幸一时,但毕竟是前朝外戚,马太后驾崩后,家势遂颓,后皆获罪归国。

新的外戚势力,即章帝皇后一族——窦氏迅速崛起,填补了马氏留下的权力真空。章帝窦皇后是扶风窦融曾孙。群雄逐鹿时,窦氏献河西东归,加速了东汉王朝的统一进程,虽非佐命元勋,却亦是开国功臣,窦融也因此名列云台。窦皇后虽是功臣之后,但家道中落,章帝时入选掖庭,后总领六宫。窦氏一族由是复兴,"兄弟亲幸,并侍宫省,赏赐累积,宠贵日盛,自王、主及阴、马诸家,莫不畏惮"②。窦皇后之兄窦宪更是飞扬跋扈,视皇室成员及各大豪族如无物,还曾低价抢夺明帝之女沁水公主的园田,其威风可想而知。某日章帝过园田问事,窦宪支吾不能答。尔后事发,章帝大怒,斥责窦宪。《后汉书·窦宪传》载其后事云:"宪大震惧,皇后为毁服深谢,良久乃得解,使以田还主。虽不绳其罪,然亦不授以重任。"③章帝因窦后之故,不将窦宪绳之以法,却也因此不重用窦宪。窦宪在案发前为侍中,此案后,窦宪仍居原职,至章帝驾崩时仍为侍中。看似公平的冷处理却造成了法律的结构性缺失,使得外戚不再如光武、明帝时一般畏惧法律。

先前第五伦曾上书章帝言及诸王主贵戚骄奢逾制,主张教化移风,之后第五伦又就外戚问题上书,建议皇帝、皇后应令外戚不得交通士大夫,以防患于未然。章帝对此皆熟视无睹,结果纵容了外戚势力的发展,为东汉王朝留下了巨大的隐患。陈苏镇认为,无论是章帝极力促成与窦氏的联姻,还是对窦氏的一再忍让,都是出于政治考虑,以阻止河北、山东豪族势力利用郭氏集团谋反。章帝的举措收到了一定的效果。但陈先生同时也指出,章帝此举使得东汉最高统治

---

① 《后汉书》卷四一《第五伦传》,第1399页。
② 《后汉书》卷二三《窦融传附窦宪传》,第812页。
③ 《后汉书》卷二三《窦融传附窦宪传》,第812页。

集团的权力格局发生重大变化。[①]这一变化直接使得外戚势力膨胀，也促使了宦官势力的间接生成。

（二）和帝与宦官

章和二年（88）二月壬辰章帝驾崩，年仅十岁的太子刘肇即位，章帝皇后窦氏升格为皇太后，临朝称制。章帝遗诏又以窦笃为虎贲中郎将，其弟窦景和窦瑰并为中常侍，加上侍中窦宪，窦氏一门盈朝。窦宪利用太傅邓彪、屯骑校尉桓郁等人与世无争、列位而已的心态，"令百官总己以听"[②]，遥制内外，独揽大权。永元元年（89）窦宪为争权，派遣门客刺杀了窦后的宠臣都乡侯刘畅，又嫁祸于他人。事发后窦后大怒，幽禁窦宪。窦宪害怕因此被杀，便主动请缨北伐，欲击匈奴戴罪立功，窦后应允。于是窦宪率军远征匈奴，出塞三千里，勒石燕然，荡空漠北，一时风头无两。和帝拜窦宪为大将军，位在三公之上，仅次于太傅，其掾吏皆得增秩之赏。诸窦由是愈发专横跋扈，故吏乱法，宾客犯禁，有司更是不敢举奏。窦宪久专国政，又手握重兵，百官争相依附，更有伏称万岁之议。[③]

和帝受制于窦氏，渐生夺权之意。因窦宪勾连内外，切断了和帝与外朝文官的联系，故和帝只能和左右亲近如废太子清河王刘庆、宦官郑众等密谋夺权。《后汉书·清河孝王庆传》云："帝将诛窦氏，欲得《外戚传》，惧左右不敢使，乃令庆私从千乘王求，夜独内之；又令庆传语中常侍郑众求索故事。"李贤注云："谓文帝诛薄昭，武帝诛窦婴故事。"[④]和帝暗中积蓄力量，静待时机。至窦宪等人意欲谋反之时，和帝果断出手处置。

① 陈苏镇：《〈春秋〉与"汉道"：两汉政治与政治文化研究》，第654—658页。
② 《后汉书》卷二三《窦融传附窦宪传》，第813页。
③ 《后汉书·韩棱传》云："会帝西祠园陵，诏宪与车驾会长安。及宪至，尚书以下议欲拜之，伏称万岁。"《后汉书》卷四五《韩棱传》，第1535页。
④ 《后汉书》卷五五《清河孝王庆传》，第1800—1801页。

永元四年（92）六月，和帝待窦宪、邓叠等人班师回京，先派大鸿胪持节出郊迎接，对各级军吏赏赐有差，麻痹窦宪等人。六月庚申，待窦宪等人至京城，和帝方亲自坐镇北宫，调动卫戍部队屯驻南、北宫，关闭宫门，将其党如邓叠、邓磊、郭璜、郭举等一网打尽，皆下狱诛杀，家属流放合浦，再遣使收缴窦宪的大将军印绶，更封其为冠军侯，又命窦宪、窦笃、窦景等人就国，并迫令其人自杀。借窦宪权力为官的窦氏宗族、宾客皆被罢免，遣归本郡。和帝成功夺权后，论功行赏，拜郑众为大长秋。郑众自谦，对赏赐多有不受。此事之后，和帝对郑众愈发重视，常与其讨论国事，"中官用权，自众始焉"[①]。尔后和帝追美郑众之功，更拜其为鄛乡侯，食邑五千户，开东汉宦官封侯之先例。范晔由是感叹曰："于是中官始盛焉。"[②]当然，此时的宦官只是站上了政治舞台，势力还远未达到日后"手握王爵、口含天宪"[③]的程度。

东汉皇室本就是由地方豪族演化而来的，又向来与大族联姻，外戚势力颇为强大。光武、明帝常持宽严两器，宽以教化，严以酷法，尚能限制外戚势力，而章帝纵容外戚，失严法之箝策，致使外戚坐大。永平年间明帝因担心阴、邓两家外戚逾制，曾令阴党、阴博、邓叠三人互相纠察，致使其时贵戚不敢犯法，"自是洛中无复权戚，书记请托一皆断绝"[④]。至章帝时应无此举措，结果窦宪与邓叠等沆瀣一气，在和帝初年更是形成了权移主上的局面，几迁龟鼎。由于东汉政治体制运行模式的设置，和帝又无法与外朝文官集团有效沟通，只得仰仗内廷中人，并最终与宦官合谋夺权。和帝因此功给予宦官升官封侯之赏，又常与之议事，打破了常规的政治运行模式，使得宦官势力崛起。

---

① 《后汉书》卷七八《郑众传》，第2512页。
② 《后汉书》卷七八《宦者列传》，第2509页。
③ 《后汉书》卷七八《宦者列传》，第2509页。
④ 《后汉书》卷四一《第五伦传》，第1398页。

依托于皇权的外戚、宦官势力先后膨胀,势必会倾夺相对有限的皇权,章、和二帝尽失制御之法,难辞其咎。

为矫正明帝严苛之政,章帝以宽容行政,放松了对官吏、外戚、豪族的控制,致使吏治有崩坏之迹,外戚豪族势力亦有所膨胀。和帝联合宦官成功从外戚手中夺回权力,并由此提高宦官的地位,使得宦官站上了东汉的政治舞台,却又埋下了隐患。和帝欲有所兴作,纠章帝宽和之政,但东汉中央与地方的脱节使得和帝的努力没有成功。和帝以降,东汉王朝陷入了外戚与宦官反复绞缠的政治漩涡之中,国家也因此深陷泥沼。中下层士人的检讨反思和对中兴的呼唤则将成为下一个时段的社会主流思潮。

第二节 东汉中后期所面临的困境与 士人重建孝宣政治的尝试

一、东汉中后期面临的困境

(一)中央权假他姓

由章、和二帝先后亲手打开的外戚、宦官夺权之门,使得东汉中央自和帝以降就陷入了外戚与宦官迭兴的怪圈:新皇帝与大族联姻,立其子嗣为后,向外戚让渡部分权力(拜官封爵)。皇帝驾崩后,皇后选立小皇帝,临朝称制,以外戚为辅,期间极力扩张外戚权力,侵夺皇权。皇帝长大后为夺权只得与宦官联手,反政后又委政于宦官,再娶大族,使得这一循环继续,周而复始,直至王朝灭亡。东汉共六后曾临朝称制,除安帝阎皇后、灵帝何皇后背景稍逊外,其余四位皆出自开国元勋如窦、邓、梁之家。

元兴元年（105）十二月辛未和帝驾崩，其皇后南阳邓氏——邓绥临朝，先立出生仅百日的刘隆为皇帝，是为殇帝。殇帝即位不及九月便驾崩。邓后又立清河王子刘祜，是为安帝，邓后仍临朝称制。

邓后临朝近十六载，可谓毁誉参半。一方面，邓后重申严法，检敕宗族。邓氏其先邓禹为开国元勋，常教训子孙，一族皆遵守法度，深以窦氏为戒，严查宗族，不交通士人。邓后曾诏令司隶校尉、河南尹、南阳太守等督查邓氏宗族，其诏曰："每览前代外戚宾客，假借威权，轻薄謿调，至有浊乱奉公，为人患苦。咎在执法怠懈，不辄行其罚故也。今车骑将军骘等虽怀敬顺之志，而宗门广大，姻戚不少，宾客奸猾，多干禁宪。其明加检来，勿相容护。"①由是邓氏亲属犯罪，无所假贷。邓骘之子侍中邓凤曾致书尚书郎张龛，以为郎中马融有才，宜在台阁。又中郎将任尚曾赠送良马给邓凤，后任尚坐法，征车诣廷尉。邓凤怕此事流出，便先行向邓骘坦白，邓骘害怕太后严罚，髡其妻和邓凤以谢罪，此行为天下所称。②

另一方面，邓后却长期临朝，不还政于安帝，又扶植外戚势力，引得士人不满。"时和熹邓后临朝，权在外戚"③，"时和熹邓后临朝，外戚横恣，安帝长大，犹未归政"④，郎中杜根认为安帝已经成年，理应亲政，与同期的郎官上书劝谏邓后还政，却招致杀身之祸，因执法者留情才逃过一劫，待安帝亲政，邓氏被诛后方得复出。其时劝谏邓后还政者不乏其人，如平原郡吏成翊世，结果亦因言获罪，直到安帝亲政时才与杜根同时被征召入朝。⑤邓后从弟邓康亦曾数次上书劝谏邓

① 《后汉书》卷一〇上《和熹邓皇后纪》，第423页。
② 《后汉书》卷一六《邓禹传附邓骘传》，第616页。
③ 《后汉书》卷五七《杜根传》，第1839页。
④ 《三国志》卷二三《杜袭传》，第665页。
⑤ 《后汉书》卷五七《杜根传》，第1840页。

后"宜崇公室,自损私权"①,邓后不从。后邓康得罪邓后,竟因此免官归国除籍。可知邓氏恭谦亦不尽然。

永宁二年(121)三月癸巳邓后驾崩,安帝始掌大权。此时的东汉朝廷俨然成为一座围绕权力而展开的角斗场。彼时佞幸乘权。先是,邓后久不归政,安帝乳母王圣担心有废立之举,常与中黄门李闰、江京候伺安帝左右,诋毁邓后。安帝亲政后,有宫人因前次受罚怀恨,王圣与李闰等故而诬告邓氏曾欲改立前平原王刘得②为帝,安帝大怒,废杀邓氏,江京、李闰、樊丰、刘安等人得幸。又外戚放恣,元初二年(115)安帝立阎氏为皇后,亲政后拔擢阎氏兄弟,加官晋爵,委以禁兵,阎氏兄弟遂盛。另有帝舅耿宝,亦屡任要职。延光三年(124),王圣与其女伯荣、耿宝、樊丰、周广、谢恽等人勾结,逼死了屡次上书劝诫安帝远离小人的大臣杨震。同年,王圣、樊丰、江京等人因事诬陷太子刘保的乳母王男、厨监邴吉,并将二人诛杀,刘保常为之叹息,王圣等人恐留有后患,又伙同阎氏兄弟构陷刘保,安帝大怒,将其废为济阴王。

延光四年(125)三月丁卯安帝驾崩于叶县,阎太后称制。早前废太子刘保生母李氏为阎后鸩杀,阎后与其兄阎显等又欲久专国政,贪立幼主,此时自不会拥立刘保为帝。于是诸阎定策禁中,推北乡侯

---

① 《后汉书》卷一六《邓禹传附邓康传》,第606页。
② 此处平原王为谁,范晔《后汉书》多处记载相互抵牾,《安帝纪》作刘翼(《后汉书》卷五《安帝纪》,第233页);《邓骘传》作刘得,《校勘记》以为刘翼(《后汉书》卷一六《邓骘传》,第616、636页);《章帝八王传》作刘翼(《后汉书》卷五五《河间王开传附蠡吾侯翼传》,第1809页);《后汉书》卷五五《平原怀王胜传》,第1810页);《孙程传》本作刘德,《校勘记》改为刘翼(《后汉书》卷七八《孙程传》,第2514、2540页)。陈苏镇引《后汉书·河间王开传》认为刘翼也被指认参与了邓氏与刘德(得)的阴谋,因而被废。可参见陈苏镇:《〈春秋〉与"汉道":两汉政治与政治文化研究》,第662—663页。曹金华对诸说后认为刘得为是(曹金华:《后汉书稽疑》,第1041—1042页),根据史实,今暂从曹说作刘得。

刘懿为帝,史称少帝。阎氏又与耿宝、王圣等人争权,废杀其党,独揽大权。刘懿在位二百余日便病重,阎显与江京密谋征召诸侯王子入朝为帝。同年十月辛亥少帝驾崩,阎显建白阎后,征召济北、河间王子。此事未定,十一月丁巳,宦者孙程等十九人于西钟下密谋夺权,斩杀江京等人,喋血宫廷,迎废太子济阴王刘保至德阳殿西钟下登基,是为顺帝。次日,刘保遣使入省夺印绶,更遣侍御史持节逮捕阎显兄弟,废黜太后,遂定大局。顺帝因定策之功,大封诸宦官共十九人为列侯。此时孙程等人尚无力乱政,顺帝仍能对其进行有效地控制。刘保立梁氏为皇后,后父梁商为大将军辅政,梁商去世后,其子梁冀继任大将军。

建康元年(144)八月庚午顺帝驾崩,梁后与其兄梁冀定策禁中,先立时年二岁的皇太子刘炳为帝,即冲帝。冲帝早夭,梁冀等又征时年八岁的刘缵入替,为质帝。质帝聪明,直指梁冀为"跋扈将军",为梁冀鸩杀。尔后议立新帝,大臣李固、杜乔等有意清河王刘蒜,中常侍曹腾等则劝梁冀立蠡吾侯刘志为帝,以保荣华富贵。梁冀权衡之后胁迫百官,强行拥立刘志上位,即桓帝。其后梁冀掌权,专横跋扈,使得桓帝不满。刘志联合中常侍单超、具瑗、唐衡、左悺、徐璜五人诛杀梁冀等,夺回大权。单超等五人同日并封,时人谓之"五侯"。五侯贵重,桓帝又贪图享乐,放权于宦官,"自是权归宦官,朝廷日乱矣"[1]。陈苏镇认为:"梁氏的覆灭使整个外戚集团遭到沉重打击,从此失去了朝廷主导权。"[2]永康元年(167)十二月丁丑桓帝驾崩,窦太后临朝,迎立解渎侯刘宏,是为灵帝。外戚大将军窦武与陈蕃等士人欲澄清天下,清理宦官,但犹豫不决,失去先机。宦官合谋,抢先发动政

---

① 《后汉书》卷七八《单超传》,第2520页。
② 陈苏镇:《〈春秋〉与"汉道":两汉政治与政治文化研究》,第669页。

变，诛杀窦武、陈蕃等人，废黜太后，灵帝由是亲政，却又委政宦官，直到中平六年（189）灵帝驾崩。东汉中央权假他姓便是这一时期东汉政治的主要线索，在外戚、宦官的反复斗争中，东汉逐渐脱离了理性政治的常规轨道。

（二）地方吏治崩坏

和帝以降的东汉中央权假他姓，地方吏治败坏的问题也日益凸显。延平元年（106）七月庚寅，时临朝称制的邓太后就吏治问题下书司隶校尉、诸部刺史曰："间者郡国或有水灾，妨害秋稼。朝廷惟咎，忧惶悼惧。而郡国欲获丰穰虚饰之誉，遂覆蔽灾害，多张垦田，不揣流亡，竞增户口，掩匿盗贼，令奸恶无惩，署用非次，选举乖宜，贪苛惨毒，延及平民。刺史垂头塞耳，阿私下比，'不畏于天，不愧于人'。假贷之恩，不可数恃，自今以后，将纠其罚。二千石长吏其各实核所伤害，为除田租、刍禀。"[1]其时水灾频繁，庄稼歉收，各郡国长吏却徒务虚名，瞒报户口及垦田数，致使百姓涂炭。邓太后此诏只是东汉中后期政治全面坍塌的一个缩影，皇帝自断制御臣下的"辔策"，加之调节机制的结构性缺失，致使其时东汉的地方吏治崩溃。

1."宽以治吏，严以待民"

明帝时朱晖治郡颇得其法，《后汉书·朱晖传》云："晖好节概，有所拔用，皆厉行士。其诸报怨，以义犯率，皆为求其理，多得生济。其不义之囚，即时僵仆。吏人畏爱，为之歌曰：'强直自遂，南阳朱季。吏畏其威，人怀其惠。'"[2]朱晖严以治吏，宽以待民，当是地方治理的典范。章帝时马严针对其时尚宽的治吏之风指出："宜敕正百司，各责以事，州郡所举，必得其人。若不如言，裁以法令。传曰：'上德以

---

① 《后汉书》卷四《殇帝纪》，第198页。
② 《后汉书》卷四三《朱晖传》，第1458—1459页。

宽服民,其次莫如猛。故火烈则人望而畏之,水懦则人狎而玩之。为政者宽以济猛,猛以济宽。'如此,绥御有体,灾眚消矣。"①马严认为执政者应宽猛相济,其后他出任陈留太守,还因治下圉令曹褒以礼理人,不杀盗贼,上书弹劾曹褒软弱,使其罢官归郡。②王夫之有云:"严者,治吏之经也;宽者,养民之纬也;并行不悖,而非以时为进退者也。……故严以治吏,宽以养民,无择于时而并行焉,庶得之矣。"③吕思勉论及汉家"霸王道杂之"时亦云:"宣帝所谓霸,便是法家;所谓王,是儒家;以霸王道杂之,谓以督责之术对付官僚阶级,以儒家宽仁之政对待人民。质而言之,便是'严以察吏,宽以驭民',这实在最合理的治法。"④

　　而东汉中后期却恰恰相反,"宽以治吏,严以待民"大行其道。这一时期的"宽以治吏"表现在国家对治民的酷吏过分宽容,没有强力的手段严惩,酷吏反可以威名晋升。首先,章帝时去除苛法,致使此后国家对酷吏失去了强力的钳制手段。安帝时邓太后临朝,樊准曾上书邓后云:"今学者盖少,远方尤甚。博士倚席不讲,儒者竞论浮丽,忘謇謇之忠,习謏謏之辞。文吏则去法律而学诋欺,锐锥刀之锋,断刑辟之重,德陋俗薄,以致苛刻。"⑤阎步克据此认为和、安之间的"时贱经学",是光武、明帝以来婴心吏事、重视文法的直接后果。⑥从另一角度来说,樊准对文吏超越法律框架而自行其是的批评,正是光武、明帝时期的吏化发展至东汉中后期地方官吏的常态。

---

①　《后汉书》卷二四《马援传附马严传》,第860页。

②　《后汉书》卷三五《曹褒传》,第1202页。

③　[清] 王夫之著,舒士彦点校:《读通鉴论》卷八,第215—216页。

④　吕思勉:《中国政治思想史讲义》,天津:天津古籍出版社,2007年,第160页。

⑤　《后汉书》卷三二《樊宏传附樊准传》,第1126页。

⑥　阎步克:《士大夫政治演生史稿》,第373页。

安帝时内乱不止,各地盗贼频发,一个很重要的原因就是郡县防御不善,互相推诿,既不全力清剿,又不及时上报实情。为求虚名,郡县官吏更有意隐瞒辖区内的盗贼实情,以蒙蔽上峰。辖区内没有盗贼,自当归功于长吏治理有方。长吏获得声名,更有利于其未来的政治前途。这使长吏一人得利,却让国家政治一发不可收拾。郡县官吏又滥用刑罚,刻剥百姓,激化了官民矛盾,致使盗贼坐大。针对这一情况,陈忠认为当以严法治吏,其建议云:"宜纠增旧科,以防来事。自今强盗为上官若它郡县所纠觉,一发,部吏皆正法,尉贬秩一等,令长三月奉赎罪;二发,尉免官,令长贬秩一等;三发以上,令长免官。便可撰立科条,处为诏文,切敕刺史,严加纠罚。"①陈忠建议将官吏的职位俸禄与盗贼出现的情况直接挂钩,建立问责制,又使长官与各郡县互相纠察,以加强对官吏的监管。基层官吏的有恃无恐正反映出彼时吏治的松懈。本是"严以治吏,宽以待民"的治国之经却颠倒过来,变成了"宽以治吏,严以待民"。陈忠希望借此法"以猛济宽,惊惧奸慝"②,但其后盗贼之事不息,可知陈忠之议不为安帝所纳。

又元初二年(115)五月,京师大旱,河南及郡国遭受蝗灾,安帝下诏云:"朝廷不明,庶事失中,灾异不息,忧心悼惧。被蝗以来,七年于兹,而州郡隐匿,裁言顷亩。今群飞蔽天,为害广远,所言所见,宁相副邪?三司之职,内外是监,既不奏闻,又不举正。天灾至重,欺罔罪大。今方盛夏,且复假贷,以观厥后。其务消救灾眚,安辑黎元。"③由安帝诏书可知,诸郡长期隐匿地方的受灾情况,直至京城受灾,方才事发。而三公集体失职,既不上报相关情况,也不列举其罪而正之

① 《后汉书》卷四六《陈宠传附陈忠传》,第1559页。
② 《后汉书》卷四六《陈宠传附陈忠传》,第1559页。
③ 《后汉书》卷五《安帝纪》,第222—223页。

以法。对此,安帝竟既往不咎,欲观后效,无疑又助长了这一风气。元初四年(117)七月安帝下诏云:"今年秋稼茂好,垂可收获,而连雨未霁,惧必淹伤。夕惕惟忧,思念厥咎。夫霖雨者,人怨之所致。其武吏以威暴下,文吏妄行苛刻,乡吏因公生奸,为百姓所患苦者,有司显明其罚。"[1]治吏之法的缺失,加之君主频繁地纵容,使得这般旨在禁苛暴的诏书屡下,却实无益于吏治。可知治吏"辔策"的结构性缺失自章帝起至安帝时,已经发展成为一个既定的客观事实。

顺帝永建元年(126),虞诩代陈禅为司隶校尉。虞诩上任不过数月便屡劾群臣,太傅冯石、太尉刘熹与中常侍如程璜、陈秉、孟生、李闰等在列。百官嫉恨,称其为政苛刻。三公因此弹劾虞诩于盛夏滥捕无辜,有违时令。[2]二府虽有自保之嫌,但此事如前文所举周纡故事,由时政—灾异联动装置的滥用可知,彼时朝廷上层风气宽和如旧。这一宽和主要是指对官吏督查的放松。虞诩上书自讼云:"法禁者俗之堤防,刑罚者人之衔辔。今州曰任郡,郡曰任县,更相委远,百姓怨穷,以苟容为贤,尽节为愚。臣所发举,臧罪非一,二府恐为臣所奏,遂加诬罪。臣将从史鱼死,即以尸谏耳。"[3]虞诩指出其时州郡间互相推诿,致使百姓怨穷。时人视屈从附和以取容于世为贤,反以保全节操而牺牲生命为愚,可知世风之变。顺帝最终信从虞诩,罢免了司空陶敦,却并无进一步的举动。虞诩欲重申早已不为朝堂所容的严法治吏,其结果是可想而知的。

彼时选举制度的松懈亦可窥见治吏之失。前文已述,章、和时的选举即漏洞频出,其后尤甚。安帝时权臣耿宝、阎显先后向太尉杨震推荐亲信,杨震不允,司空刘授却主动辟召此二人,不过旬日其人便

① 《后汉书》卷五《安帝纪》,第227页。
② 《后汉书》卷五八《虞诩传》,第1870页。
③ 《后汉书》卷五八《虞诩传》,第1870页。

获拔擢。^①顺帝时中常侍张防专以权势干涉人事任免。每有请托,虞诩便查办通报,却为张防所阻梗,难以上达天听。阳嘉二年(133),郎颛诣阙拜章云:"今选举牧守,委任三府。长吏不良,既咎州郡,州郡得失,岂得不归责举者? 而陛下崇之弥优,自下慢事愈甚,所谓大网疏,小网数。"李贤注"大网疏,小网数"云:"谓缓于三公,切于州郡也。"^②东汉三公掌握地方长吏的选举权,郎颛认为,其时三公选举的长吏治郡不利,皇帝优崇三公,不予惩罚,却苛责州郡,有失偏颇。灵帝时宦官吕强有云:"旧典选举委任三府,三府有选,参议掾属,咨其行状,度其器能,受试任用,责以成功。若无可察,然后付之尚书。尚书举劾,请下廷尉,覆案虚实,行其诛罚。今但任尚书,或复敕用。如是,三公得免选举之负,尚书亦复不坐,责赏无归,岂肯空自苦劳乎!"^③由此可知灵帝时三公、尚书都无须担负选举的连带责任,选举自然不受重视。制度松懈,不能得人,地方吏治的败坏可想而知,这也使得地方的离心力愈甚。

再者,治民的酷吏行苛刻之政,非但不受惩罚,竟可以此博取声名,从而加官进位。酷吏与能吏之间画等号使得官场的风气以严苛为美。顺帝时左雄有感彼时吏治败坏,上书言事,其文有"谓杀害不辜为威风,聚敛整辨为贤能,以理己安民为劣弱,以奉法循理为不化"^④之语,可知一时风貌。《史记》首创《循吏列传》,太史公曰:"法令所以导民也,刑罚所以禁奸也。文武不备,良民惧然身修者,官未曾乱也。奉职循理,亦可以为治,何必威严哉?"^⑤又《索隐》按循吏:

---

① 《后汉书》卷五四《杨震传》,第1763页。
② 《后汉书》卷三〇下《郎颛传》,第1056—1057页。
③ 《后汉书》卷七八《吕强传》,第2532页。
④ 《后汉书》卷六一《左雄传》,第2017页。
⑤ 《史记》卷一一九《循吏列传》,第3099页。

"谓本法循理之吏也。"① 可知奉法循理,奉职循理,或是本法循理,才是为吏之道,而此时的地方行政显然已经超过了奉法循理的界限。东汉地方以苛刻为能应归咎于开国以来的"吏化",但君主以宽容为名的姑息和主动放弃"罟策"的举措实际上亦纵容了这种状态的发展。

阳嘉二年(133)李固忧心时局,上书顺帝,仍提及这一情况曰:"古之进者,有德有命;今之进者,唯财与力。伏闻诏书务求宽博,疾恶严暴。而今长吏多杀伐致声名者,必加迁赏;其存宽和无党援者,辄见斥逐。是以淳厚之风不宣,雕薄之俗未革。虽繁刑重禁,何能有益?"② 李固以为,古时惟有德者方能加爵命,现在进身为官,只需凭借钱财和权势即可。王符所谓"富者乘其财力,贵者阻其势要,以钱多为贤,以刚强为上"③ 亦是此意。李固认为皇帝诏书务求宽博,地方官吏却行苛刻,以博取声名,并以此升官得赏,这又与前举第五伦于章帝时上书所言大意相同,苛刻成风,存宽和无党援之人则被罢黜。熹平六年(177)名儒蔡邕曾上书灵帝言七事,其中第四事即云:"夫司隶校尉、诸州刺史,所以督察奸枉,分别白黑者也。伏见幽州刺史杨憙、益州刺史庞芝、凉州刺史刘虔,各有奉公疾奸之心,憙等所纠,其效尤多。余皆枉桡,不能称职。或有抱罪怀瑕,与下同疾,纲网弛纵,莫相举察,公府台阁亦复默然。"④ 可知其时虽尚有数位刺史奉公

---

① 《史记》卷一一九《循吏列传》,第3099页。余英时认为:"《史记》中的循吏和宣帝以下的循吏虽同名而异实,其中一个最显著的分别便在前者是道家的无为,而后者则是儒家的有为。'所居民富,所去见思'决不是仅仅'奉法循理'所克悍致,而是只有通过积极的努力才能取得的收获。"(余英时:《汉代循吏与文化传播》,《士与中国文化》,第137—138页)余先生此说侧重于循吏教化地方与否,颇有创见。而就地方长吏本职而言,教化地方仅是众多复杂事务之一。尊崇君主旨意,奉法慎刑,自是循吏的应有之义。

② 《后汉书》卷六三《李固传》,第2074页。

③ 〔汉〕王符著,〔清〕汪继培笺,彭铎校正:《潜夫论笺校正》卷二《考绩第七》,第89页。

④ 《后汉书》卷六〇下《蔡邕传》,第1995—1996页。

为国,但治吏之严法几乎已经完全瘫痪了。

　　因国家"宽以治吏",故官吏"严以待民"之风大起。东汉政府的层级制架构虽然意味着官吏的级别越低,权限越小,但是其与百姓的相对距离却越近。那么中央朝廷放松对官吏的控制,基层官吏以苛刻为能,追求声名,行严苛之政,受苦的就只会是普通百姓。"宽以治吏,严以待民"就成了东汉中后期的社会常态。前举安帝时官吏以严刑待百姓致使叛乱四起之事即属此类,又顺帝永建年间盗贼频发,朝廷虽以大赦来缓解矛盾,却并非长久之计,左雄与郭虔就联名上疏,建议免去连坐法,宽和对待无罪百姓,"宜及其尚微,开令改悔。若告党与者,听除其罪;能诛斩者,明加其赏"[1]。这一建议却未得到顺帝的采纳。东汉中央务求宽和,地方以杀伐行事致声名,这样奇怪的张力使得国家政治出现了明显的脱节,似乎又流向了过度"吏化"的境地。但这与东汉初年的"吏化"不同,在君主的过分宽容与主动放弃制御臣下的"辔策"之后,此时的东汉王朝明显存在着上下分裂的情况。

　　2. 俸禄制度僵化

　　合理的俸禄制度是吏治建设的关键一环。前文已述,禄足以代耕即可视为合理的俸禄制度。地方官吏,尤其是直接治民的基层官吏,若没有合理的俸禄作为生活保障,便会侵渔百姓以取足,百姓不堪其扰则会反抗,周而复始,自会使国家崩溃。宣帝的吏治建设重视这一问题,曾下诏普增小吏俸禄,其后哀帝、光武皆有类似举动。

　　光武以后,明帝对俸禄亦时有调整,中元二年(57)四月丙辰明帝下诏书曰:中二千石下至黄绶,贬秩赎论者,悉皆复秩还赎。李贤注曰:"汉制,二百石以上铜印黄绶也。"[2]又按《续汉书·舆服志》,黄

---

① 《后汉书》卷六一《左雄传》,第2019页。
② 《后汉书》卷二《明帝纪》,第96—97页。

绶至低应为二百石官吏常服。^①彼时明帝初登帝位,为安定人心,下诏抚慰天下,使因事被罚秩的官员复秩还赎。复秩之事又可见于永平十七年(74)五月戊子,该年祥瑞屡出,外国贡献,群臣纷纷歌颂功德,明帝遂开恩下制,其中即有涉及恢复官员秩俸之语,其制曰:"中二千石、二千石下至黄绶,贬秩奉赎,在去年以来皆还赎。"^②一如即位之初诏书。明帝还曾下诏临时增加公卿俸禄。永平四年(61)二月辛亥,明帝有久旱逢甘露之喜,为褒扬群司祈祷之功,便下诏增加公卿俸禄,其诏书云:"朕亲耕藉田,以祈农事。京师冬无宿雪,春不燠沐,烦劳群司,积精祷求。而比再得时雨,宿麦润泽。其赐公卿半奉。有司勉遵时政,务平刑罚。"^③不过,明帝的政策有其特殊性,皆是临时调整,并非常制,与宣、哀、光武三帝直接定制不同,且大多仅惠及朝堂公卿,并未广泛地惠及中下级官吏。

明帝以降,史册中不见东汉其余诸帝有普遍性惠及基层官吏,旨在缩小上下差距的常规加俸之举。按《后汉书》,和帝、顺帝皆有临时加俸之举,但和明帝时一样,并非是制度化的加俸,且不涉及地方基层官吏。东汉前期国家处于上升趋势,总体保持稳定,这一问题尚未凸显。但时至东汉中后期,国势衰落,世风愈发向奢,内忧外患频发。在剧烈变动的社会环境下,国家又没有及时地调整俸禄制度,僵化的俸禄制度在与动态的社会环境的互动中脱节,基层官吏禄不代耕成为常态,无疑加剧了吏治败坏的问题。

汉世尚奢侈,这一情况集中表现在丧葬礼仪上,时人以厚葬为美。文帝遗诏便有"当今之世,咸嘉生而恶死,厚葬以破业,重服以伤生"^④

---

① 《后汉书》志三〇《舆服志下》,第3675页。
② 《后汉书》卷二《明帝纪》,第121页。
③ 《后汉书》卷二《明帝纪》,第107页。
④ 《汉书》卷四《文帝纪》,第132页。

之语。自武帝罢黜百家，表章《六经》起，时人受儒家思想影响愈深。葬礼可谓孝的一个具体表现形式，故此后的汉朝社会崇尚厚葬之风尤盛，到西汉中后期这一趋势已经十分明显。昭帝时的盐铁会议上，贤良文学便描绘了一幅西汉中期世尚厚葬的画面：“今富者绣墙题凑，中者梓棺梗椁，贫者画荒衣袍，缯囊缇橐。”①其时厚葬之风可见一斑。

　　两汉之际战乱频繁，时人或无暇于此，更不及匡正世风。东汉建立后，光武鉴于赤眉盗墓之祸，又出于矫俗的目的，于建武七年（31）亲自下诏提倡薄葬。②其后如明、章、和、安诸帝也曾数次下诏提倡薄葬，又多行薄葬之礼以为表率，明、章二帝更不起寝庙，不下珠玉玩好。文士亦以厚葬为讥，如活跃于东汉初年的王充提倡薄葬，其《对作》篇云：“《论死》《订鬼》，所以使俗薄丧葬也。……今著《论死》及《死伪》之篇，明人死无知，不能为鬼，冀观览者将一晓解约葬，更为节俭。”③王充又作《薄葬》篇以讽尚奢世风，其文云：“贤圣之业，皆以薄葬省用为务。然而世尚厚葬，有奢泰之失者，儒家论不明，墨家议之非故也。”④尽管皇帝与文士有志于矫正世风，但东汉社会的尚奢氛围依旧。

　　世尚奢侈，也使得百姓好贾趋利，本末倒置的现象变得非常普遍。活跃于东汉中期的王符作《潜夫论》，意在针砭时弊，可观一时风政。⑤《浮侈》篇云：“今举世舍农桑，趋商贾，牛马车舆，填塞道路，游手为巧，充盈都邑，治本者少，浮食者众。商邑翼翼，四方是极。今

---

① 王利器校注：《盐铁论校注》卷六《散不足》，北京：中华书局，2015年，第392页。
② 《后汉书》卷一下《光武帝纪下》，第51页。
③ 黄晖：《论衡校释（附刘盼遂集解）》卷二九《对作》，第1374页。
④ 黄晖：《论衡校释（附刘盼遂集解）》卷二三《薄葬》，第1117页。
⑤ 《后汉书》卷四九《王符传》，第1630页。

察洛阳,浮末者什于农夫,虚伪游手者什于浮末。"①彼时洛阳豪富贵戚奢侈无度,舆服僭越,贫富之家皆行互相攀比之风,更有甚者,散尽其财,家道败落。②由此可见,东汉中后期奢侈之风尤甚,而攀比行为更加剧了这一现象。

王符对此深感忧虑:"是则一夫耕,百人食之,一妇桑,百人衣之,以一奉百,孰能供之? 天下百郡千县,市邑万数,类皆如此,本末何足相供?"③王符并非无的放矢,东汉社会的尚奢氛围长期存在实际上会造成灾难性的连锁反应。务农者减少,会导致粮食产量下降,进而引发粮价的上涨。汉时丰年谷价常低,如宣帝元康年间常常丰收,谷价低至五钱一石。④而在荒年,谷价常至数千钱一石。安帝永初二年(108)"时州郡大饥,米石二千,人相食,老弱相弃道路"⑤。因小农舍本逐末而造成的粮食减产与荒年有相同的影响,供求关系的变化致使粮价上涨,通货膨胀严重,进而影响普通百姓的生活。

崔寔更将此斥为国家三患之一,"且世奢服僭,则无用之器贵,本务之业贱矣。农桑勤而利薄,工商逸而入厚,故农夫辍耒而雕镂,工女投杼而刺绣。躬耕者少,末作者众,生土虽皆垦乂,而地功不致,苟无力穑,焉得有年? 财郁蓄而不尽出,百姓穷匮而为奸寇,是以仓廪空而囹圄实。一谷不登,则饥馁流死,上下相匮,无以相济。国以民为根,民以谷为命,命尽则根拔,根拔则本颠,此最国家之毒忧,可为

---

① [汉]王符著,[清]汪继培笺,彭铎校正:《潜夫论笺校正》卷三《浮侈第十二》,第156—157页。
② [汉]王符著,[清]汪继培笺,彭铎校正:《潜夫论笺校正》卷三《浮侈第十二》,第170页。
③ [汉]王符著,[清]汪继培笺,彭铎校正:《潜夫论笺校正》卷三《浮侈第十二》,第157页。
④ 《汉书》卷八《宣帝纪》,第259页。
⑤ 《后汉书》卷五《安帝纪》,第209页。

热心者也。斯则天下之患二也"①。东汉俸禄本以半钱半谷的形式发放,应有满足官吏基本生活需求之意,但官吏的俸禄固定,没有因时而变,尚奢世风所带来的繁杂开支和高额生活成本显然会直接导致官吏,尤其是下级官吏的实际购买力大幅下降,薄俸就可想而知了。

再者,东汉中后期频繁的地方叛乱,也间接导致下级官吏的俸禄寡少。东汉国家赋税本不算高。光武追慕前圣,以轻徭薄赋为美,制订的基础赋税如田租仅三十税一。至东汉后期,三十税一的旧制具文而已,朝廷常有加赋之举,盘剥百姓,所增赋税却并非用于国计民生。灵帝曾欲铸造铜人,国用不足,"乃诏调民田,亩敛十钱。而比水旱伤稼,百姓贫苦"②。桓、灵二帝为一己私欲增加赋税,加重了百姓的负担,又因彼时吏治腐败,天灾频繁,致使社会矛盾被激化,叛乱频发。王朝内部起义不断,西北边境也不甚安宁。

为平定各方动乱,东汉中央耗费了大量的人力物力。如安帝时西羌反叛,十余年方才被平定,"自羌叛十余年间,兵连师老,不暂宁息。军旅之费,转运委输,用二百四十余亿,府帑空竭。延及内郡,边民死者不可胜数,并凉二州遂至虚耗"③。而国家财政收入的不足与统治集团的奢侈浪费又使得中央财政在面对诸如此类的突发情况时经常捉襟见肘。为填补巨大的财政亏空,东汉中央政府只能拆东墙补西墙,削减日常的财政支出以供军费开支,"时天下饥馑,帑藏虚尽,每出征伐,常减公卿奉禄,假王侯租赋"④,"至于假人增赋,借奉侯王,引金钱缣彩之珍,征粮粟盐铁之积"⑤。不独公卿,中下级官吏的俸禄

---

① ［汉］崔寔撰,孙启治校注:《政论校注》,第85页。
② 《后汉书》卷三一《陆康传》,第1113页。
③ 《后汉书》卷八七《西羌传》,第2891页。
④ 《后汉书》卷三八《冯绲传》,第1283页。
⑤ 《后汉书》卷八七《西羌传》,第2900页。

也常是被牺牲的对象。永初四年(110)安帝临时下诏减少中央及地方官吏俸禄,正是为了应付镇压海贼张伯路等和南匈奴的叛乱而产生的巨大军费开支。[①]顺帝、桓帝都曾因此下诏减俸。[②]桓帝为了平乱还曾向公卿以下借俸,如延熹五年(162)十月,武陵蛮反叛,寇江陵。桓帝以太常冯绲为车骑将军,进兵讨贼,"假公卿以下奉。又换王侯租以助军粮,出濯龙中藏钱还之"[③]。

长沙出土的东牌楼东汉简牍中有"中平五年(188)后临湘守令臣肃上言荆南频遇军寇文书"一件,其文有"荆南频遇军寇,租苇法赋,民不输入,冀蒙赦令,云当亏除。连年长逋,仓空无米,库无钱布。督课乡吏如旧。故自今虽有赦令,不宜复除"[④]云云。该件应为长沙郡治临湘县临时县令通过邮亭向上汇报荆南局势的公文。由简文可知,灵帝时地方频繁的战乱严重破坏了正常的政务运作,尽管基层小吏仍在勉强维持着地方政务的运行,但捉襟见肘的地方财政显然已经无力负担官吏的俸禄了。国家欲行赦令,免除赋税,却与地方利益相悖,东汉在临湘的统治濒临崩溃。

由此来看,尽管光武开国后在西汉旧制的基础上重新调整吏俸,惠及下级官吏,其人俸禄的数额较前朝增加不少。但社会环境的剧烈变动,如社会风气持续尚奢导致的物价上涨,因频繁发生战争而产

---

① 《后汉书》卷五《安帝纪》,第213—214页。安帝永初六年(112)恢复原俸(《后汉书》卷五《安帝纪》,第218页)。

② 《后汉书·顺帝纪》曰:"(汉安二年冬十月)甲辰,减百官奉。"(《后汉书》卷六《顺帝纪》,第273页)《后汉书·桓帝纪》曰:"(延熹四年六月)零吾羌与先零诸种并叛,寇三辅。……(延熹四年秋七月)减公卿以下奉,贷王侯半租。占卖关内侯、虎贲、羽林、缇骑营士、五大夫钱各有差。"(《后汉书》卷七《桓帝纪》,第308—309页)

③ 《后汉书》卷七《桓帝纪》,第311页。

④ 长沙市文物考古研究所、中国文物研究所编:《长沙东牌楼东汉简牍》,北京:文物出版社,2006年,第77—78页。该简牍的详细释读,可参考王素:《长沙东牌楼东汉简牍选释》,《文物》2005年第12期。

生的巨额军费开支侵夺,乃至国家可用于支付吏俸的收入不足等原因,致使俸禄制度出现了僵化,下级官吏难以维持基本的生活开销,亦可谓薄俸。下级官吏为了应付高额的生活成本,加之为完成上峰的征税任务,便会侵渔百姓,吏治崩坏,百姓不堪其苦,自然会起来反抗,又使得东汉内乱频繁。"地方官吏薄俸/统治者贪残—侵渔百姓—百姓叛乱—财政大量支出平叛—财政亏空—减俸假俸—官吏薄俸—侵渔百姓",这条无解的恶性循环严重地侵蚀了王朝统治的根基,长此以往,至东汉末年,国家政治败坏可想而知。

3. 地方官吏迁转制度失常

不独俸禄制度落后,东汉中后期地方官吏迁转制度同样也出现了问题。在经典的孝宣政治中,官吏可以正常迁转。而出于地方稳定和政策持续的考虑,皇帝会令部分治郡有方的官吏久任地方。为使这批长吏不失积极性,皇帝常会下玺书勉励,给予其人诸如增秩或拜爵的奖励,公卿若有缺位,诸郡国守相还能入朝补位,不至于久抑不迁。马德青认为官吏久任制作为一项合理的人事管理政策,是为当朝者多所肯定的。而"久抑不迁"却是汉代官吏考课任免制度下形成的一种特殊的政治现象。[①]

东汉初年,光武重建宣帝治吏之法,以预设的奖惩制度来保证整个官僚系统的活性,因而其时政治清明。东汉中后期,官员正常迁转的通道却被阻塞,前举酷吏以威名进位,另外两个极端的现象却也成为常态,一面是有的官吏迁转无常,旬月累迁;另一面则是有的官吏久抑不迁。如顺帝时左雄有感吏治败坏,上书言事,由其疏可知,其时"典城百里,转动无常,各怀一切,莫虑长久"[②],百里长吏负古之诸

---

① 马德青:《汉代官吏"久抑不迁"现象探析》,《理论学刊》2018年第2期。
② 《后汉书》卷六一《左雄传》,第2017页。

侯重任,却"转动无常",颜师古注《汉书·平帝纪》云:"一切者,权时之事,非经常也。"①因变动频繁,官吏心神不定,想要其用心治郡并不现实。左雄的建议一针见血,可拯时弊,顺帝对此也颇为认同,欲有所整顿,但彼时中枢权力转移,其策虽能暂行一时,却不能维持一世,"自是选代交互,令长月易,迎新送旧,劳扰无已,或官寺空旷,无人案事,每选部剧,乃至逃亡"②。如此,东汉吏治愈发崩坏。基层官吏仍是频繁调动,朝令夕改,惊扰百姓,反而降低了行政效率,危害国家,以致此后有司选择官吏就任难治之地时,竟有逃亡不应征者。韦义也多次上书,建议顺帝"宜依古典,考功黜陟,征集名儒,大定其制"③,又"讥切左右,贬刺窦氏"④。韦义奏书频上却不被采纳,本人又辗转诸县,不得升迁,后因其兄韦顺去世而辞官。韦义治理地方得法,颇受百姓爱戴,广都更于韦义在世时即为其立庙。韦义死后,其先前所治广都、甘陵、陈县三地吏民为其发丧,如丧考妣。⑤

　　为民父母,应是两汉对地方官吏的基本要求。文帝时缇萦上书救父,文帝下诏云:"故夫训道不纯而愚民陷焉。《诗》曰:'恺弟君子,民之父母。'今人有过,教未施而刑已加焉,或欲改行为善,而道亡繇至,朕甚怜之。夫刑至断支体,刻肌肤,终身不息,何其刑之痛而不德也!岂称为民父母之意哉?"颜师古注"恺弟君子,民之父母"云:"《大雅·泂酌》之诗也。言君子有和乐简易之德,则其下尊之如父,亲之如母也。"⑥又宣帝时有酷吏严延年,治郡苛刻,其母责备严延年云:"幸得备郡守,专治千里,不闻仁爱教化,有以全安愚民,顾乘刑罚

① 《汉书》卷一二《平帝纪》,第349页。
② 《后汉书》卷六一《左雄传》,第2019页。
③ 《后汉书》卷二六《韦彪传附韦义传》,第921页。
④ 《后汉书》卷二六《韦彪传附韦义传》,第921页。
⑤ 《后汉书》卷二六《韦彪传附韦义传》,第921页。
⑥ 《汉书》卷二三《刑法志》,第1098页。

多刑杀人,欲以立威,岂为民父母意哉!"① 由此可知,地方官吏应持为民父母之旨,当以礼理人,以德化俗,宽和行政,与酷吏相反。东汉南阳便风行"前有召父,后有杜母"② 之颂。韦义治县深得民心,当亦以宽和治民,如此良吏却不得升迁,正是李固上书中所谓"存宽和无党援者"。

又顺帝时灾异频发,顺帝诏周举对策,周举对云:"顷年以来,稍违于前,朝多宠幸,禄不序德。"③《后汉书·李固传》亦云:"初,顺帝时诸所除官,多不以次,及固在事,奏免百余人。"④ 由大量官员非正常的职位变动可知,顺帝时官吏正常的升迁渠道几乎已经崩坏了。

冲、质二帝国祚不永,权借外家,这一情况尚不明确,但桓、灵时倒并不鲜见。桓帝初年崔寔有云:"近日所见,或一期之中郡主易数二千石,云扰波转,溃溃纷纷,吏民疑惑,不知所谓,及公卿尚书亦复如此。"⑤ 灵帝时"朝廷爵授,多不以次"⑥。又因刘宏好微服出行,游幸外苑,故司徒杨赐上书劝谏,由其书可知,灵帝时官吏的迁转制度混乱如旧,往往是"有形势者,旬日累迁,守真之徒,历载不转"⑦,官吏正常的迁转通道被堵塞,又"劳逸无别,善恶同流"⑧,亦可知彼时已无前朝为调动官吏积极性,给予地方长吏增秩赐爵的做法。

光和元年(178)卢植上封事进谏,其中复云地方官吏迁转之事曰:"遵尧者,今郡守刺史一月数迁,宜依黜陟,以章能否,纵不九载,可满三岁。"李贤认为此皆唐尧旧法,故注引《尚书》曰:"三载考绩,

① 《汉书》卷九〇《严延年传》,第3672页。
② 《后汉书》卷三一《杜诗传》,第1094页。
③ 《后汉书》卷六一《周举传》,第2029页。
④ 《后汉书》卷六三《李固传》,第2084页。
⑤ [汉]崔寔撰,孙启治校注:《政论校注》,第139页。
⑥ 《后汉书》卷五四《杨震传附杨赐传》,第1777页。
⑦ 《后汉书》卷五四《杨震传附杨赐传》,第1778页。
⑧ 《后汉书》卷五四《杨震传附杨赐传》,第1778页。

黜陟幽明。"又引孔安国注曰:"三年考功,三考九年,能否幽明有别,
升进其明者,黜退其幽者。"①灵帝时有郡守刺史一月间多次调动之
事,卢植希冀用考功之法来规范官吏的黜陟,可惜灵帝并不采纳。薛
莹叙当日政治有云:"于时爵服横流,官以贿成,自公侯卿士,降于皂
隶,迁官袭级,无不以货。刑戮无辜,摧仆忠贤,佞谀在侧,直言不闻,
是以贤智退而穷处,忠良摈于下位。"②地方官吏迁转制度的混乱,使
得其人失去了上升的通道,又不同于官吏久任制有玺书勉励,增秩赐
金,封侯拜爵,乃至以次入朝补公卿位等补偿性措施以为缓冲,吏治
败坏,百姓疲敝可想而知。

和帝以降,由皇权衍生出来的外戚、宦官两大集团的互相倾轧使
得东汉政局陷入了更加复杂的泥沼。外戚、宦官交替干政,侵夺皇
权,使得东汉中后期诸帝无法再像光武、明帝一般,亲持辔策以御群
下,中央皇纲不振。另一方面,君主的过分宽容与治吏严法的结构性
缺失使得地方吏化加深,俸禄制度的僵化以及官员正常迁转通道的
堵塞等诸多问题凸显,地方吏治败坏。国家的衰败促使中下层士人
检讨与反思现实政治,东汉中后期的"孝宣情结"又有了新发展。

二、东汉士人重建孝宣政治的尝试

和帝以降,王朝的盛世余晖散尽,逐渐滑向衰亡的黑暗深渊。在
东汉日益衰败的社会背景下,中兴再次成为时代的主题。汪华龙认
为:"在以儒学为主导的中国传统政治,有着明显的向上追溯的特征,
而在儒术昌盛的东汉,这样的特点显得尤为突出。正如东汉士大夫
在批评朝廷'政不任下''三公权轻'时,会将矛头直指光武,指责其

① 《后汉书》卷六四《卢植传》,第2117—2118页。
② 薛莹:《后汉纪·灵帝纪》,周天游辑注:《八家后汉书辑注》,第289页。

重尚书之权,虚置三公;士人在冀望振衰起敝、再致太平时,光武中兴依然是士人群体最为之醉心的时代。"[1]光武中兴固然意义深远,但"实同创革"的本质使其在东汉士人的观念中并非是一般情况下的王朝中兴,且东汉中后期士人的心态已与开国时截然不同,彼时百废待兴,士人励精图治,标榜中兴,有与前朝比肩乃至超越之意。而此时国家势微,士人的心态亦出现了波动。中兴被赋予了不同的内涵,士人对中兴的呼唤不再仅为比肩前朝,更添拯救时弊之意。崔寔云:"自汉兴以来,三百五十余岁矣。政令垢玩,上下怠懈,风俗凋敝,人庶巧伪,百姓嚣然,咸复思中兴之救矣。"[2]

士人对中兴的呼唤,将沉寂一时的孝宣政治再次推上了历史舞台。宣帝曾中兴汉朝,开创盛世,为彼时士人所向往。东汉初年的政治重构和《汉书》的广泛流传,更使得宣帝的中兴形象深入人心。但自章帝推动政治转型起,东汉中后期诸帝不再主动地追慕孝宣政治。中央权力的转移又使得君主屡受掣肘,无法推行有效的改革。皇帝渐由主动转为被动,其时"宽以治吏,严以待民"的政治也与孝宣政治所代表的兼杂王霸的理性政治相悖。在君主身上逐渐消失的孝宣情结,此时却在中下层士人间继续发展。

士人们试图唤醒皇帝对孝宣政治的历史记忆,通过恢复宣帝时兼杂王霸的经典政治,以中兴日渐衰败的王朝。如崔寔有云:"故宜量力度德,《春秋》之义。今既不能纯法八世,故宜参以霸政,则宜重赏深罚以御之,明著法术以检之。自非上德,严之则理,宽之则乱。何以明其然也?近孝宣皇帝明于君人之道,审于为政之理,故严刑峻法,破奸轨之胆,海内清肃,天下密如,嘉瑞并集,屡获丰年,荐勋祖

---

① 汪华龙:《"中兴"说的缘起与东汉士大夫的"中兴"理想》,《南都学坛》2012年第5期。
② 《后汉书》卷五二《崔骃传附崔寔传》,第1726页。

庙,享号中宗。算计见效,优于孝文。元帝即位,多行宽政,卒以堕损,威权始夺,为汉室基祸之主。治国之道,得失之理,于是可以鉴矣。"①孝宣政治俨然是彼时士人眼中拯救汉家的良方。故士人持此术,热情地投身政治,欲致国中兴,再造大汉。

（一）重振中央皇权

章、和二帝时期中央对地方的控制力下降,加之期间先后崛起的外戚、宦官、佞幸对皇权的侵夺,使得东汉中后期的中央皇权衰落,君主的有效皇权亦不充分。有鉴于此,士人有意重振皇权。而在此期间,名臣李固的宦海浮沉则可视为这一行动的缩影,在其身上,可以看到彼时士人为此所做出的努力。

东汉中后期诸帝多非明君,但顺帝朝倒颇有几分中兴气象。顺帝虽由宦官迎立,但其限制宦官,打击外戚,其世可谓东汉中兴之时。故顺帝朝士人多踊跃上言,试图伸张皇权,李固便是其中一员。阳嘉二年(133)李固对策,有意限制佞幸、外戚和宦官对皇权的倾夺。在李固看来,于佞幸,"今宋阿母虽有大功勤谨之德,但加赏赐,足以酬其劳苦;至于裂土开国,实乖旧典"②;于外戚,"今梁氏戚为椒房,礼所不臣,尊以高爵,尚可然也。而子弟群从,荣显兼加,永平、建初故事,殆不如此。宜令步兵校尉冀及诸侍中还居黄门之官,使权去外戚,政归国家,岂不休乎"③;于宦官,则"又宜罢退宦官,去其权重,裁置常侍二人,方直有德者,省事左右;小黄门五人,才智闲雅者,给事殿中"④,又"诏书所以禁侍中尚书中臣子弟不得为吏察孝廉者,以其

① ［汉］崔寔撰,孙启治校注:《政论校注》,第57页。孙启治认为应是纯法八代,按国计算应称代,而不称世。所谓八代,即指五帝及夏、商、周共八代。［汉］崔寔撰,孙启治校注:《政论校注》,第59页。
② 《后汉书》卷六三《李固传》,第2074页。
③ 《后汉书》卷六三《李固传》,第2075页。
④ 《后汉书》卷六三《李固传》,第2077页。

秉威权,容请托故也。而中常侍在日月之侧,声势振天下,子弟禄仕,曾无限极。虽外托谦默,不干州郡,而谄伪之徒,望风进举。今可为设常禁,同之中臣"①。李固针对彼时佞幸、外戚、宦官干政的情况提出了相应的抑制举措。顺帝对此颇为重视,"览其对,多所纳用"②,史载:"即时出阿母还弟舍,诸常侍悉叩头谢罪,朝廷肃然。"③而李固也因此书得罪佞幸宦官,为其所陷。顺帝欲拜李固为议郎,也是历经了一番周折,冲破了佞幸、宦官的阻挠才得以实现。

其后李固出任广汉雒令,半道返乡。继而大将军梁商延请李固任从事中郎,李固上奏记劝梁商整齐风俗,辞退高满,梁商不能用其议。李固又历任刺史、太守,再为将作大匠、大司农,虽屡遭外戚梁冀打压,却仍数次上疏提议严查官吏,又举荐士人,顺帝多采其议。顺帝驾崩后,冲帝即位,梁太后临朝,擢李固任太尉。之后短短数年间,东汉皇统两绝,直到桓帝登基,局势才渐趋稳定。期间两次议立新帝成为呼唤中兴的士人与外戚、宦官的关键性博弈,李固等人活跃其中,以其"孝宣情结",为重振中央皇权而奔走。

永憙元年(145)正月戊戌冲帝驾崩,群臣议立新帝。时为太尉的李固有意迎立年长有德的清河王刘蒜,便向大将军梁冀进言,建议立年长高明有德、任亲政事者为帝,如周勃、霍光迎立文、宣二帝,当以前朝邓太后立殇帝,阎太后立北乡侯之过为戒。邓、阎二后皆特意选择年幼的皇子为帝,"贪孩童以久其政,抑明贤以专其威"④,国家由此衰败。而西汉周勃、霍光迎立长君,遂致国中兴。梁冀不听其言,立年仅八岁的刘缵为帝,梁太后继续临朝称制。梁太后对李固颇为

---

① 《后汉书》卷六三《李固传》,第2075—2076页。
② 《后汉书》卷六三《李固传》,第2078页。
③ 《后汉书》卷六三《李固传》,第2078页。
④ 《后汉书》卷一〇上《皇后纪》,第401页。

看重,其选立长君的建议虽未被采纳,但李固关于其他事务如限制宦官专权,举荐忠良等建议多为梁太后所认可并得以实施,由此更使时人看到了天下太平的希望。[①]李固有中兴之意,却屡受梁冀掣肘。顺帝后期拜官多不以次,李固掌事后奏免百余人。其人怨怒,寄希望于梁冀制衡,便上书构陷李固,梁冀将此事告知太后,欲治李固之罪,太后不允,此事方才作罢。[②]

尔后质帝刘缵数违梁冀之意,被其鸩杀。群臣再议立新帝时,李固先联合司徒胡广、司空赵戒等人致书梁冀,引霍光立宣帝故事,再次希望以刘蒜为帝。梁冀得书后召集三公、中二千石、列侯等讨论皇帝的人选。李固等一批朝臣皆属意明德远闻,又与皇室血统最为接近的刘蒜。[③]刘蒜年长有德,"为人严重,动止有度"[④],又"雅性聪明,敦诗悦礼"[⑤],当是李固屡次欲推其为帝的重要原因。史载:"朝臣太尉李固等莫不归心焉。"[⑥]梁冀则有意其时当迎娶梁冀之妹的蠡吾侯刘志,众意难齐。曾拜谒刘蒜却不得礼遇的中常侍曹腾等人听闻后便连夜登门,劝谏梁冀曰:"将军累世有椒房之亲,秉摄万机,宾客纵横,多有过差。清河王严明,若果立,则将军受祸不久矣。不如立蠡吾侯,富贵可长保也。"[⑦]曹腾很清楚,以刘蒜严明的个性,即位后定会打击外戚,限制宦官,伸张皇权。为了避免这一情况的出现,他建议梁冀立时年十五岁的刘志为帝,自可长保富贵。在国家前途与自身利益冲突时,宦官与外戚不思国恩,联手对抗朝臣,直接干预皇帝的

---

① 《后汉书》卷一〇下《顺烈梁皇后纪》,第440页;《后汉书》卷六三《李固传》,第2083页。
② 《后汉书》卷六三《李固传》,第2084页。
③ 《后汉书》卷六三《李固传》,第2086页。
④ 《后汉书》卷五五《清河孝王庆传附清河王蒜传》,第1805页。
⑤ 《后汉书》志一三《五行志一》,第3281页。
⑥ 《后汉书》卷五五《清河孝王庆传附清河王蒜传》,第1805页。
⑦ 《后汉书》卷六三《李固传》,第2086页。

选择,致使东汉中兴梦碎。

　　次日梁冀重会公卿,欲立刘志为帝,"意气凶凶,而言辞激切"①,胡广、赵戒及以下衮衮诸公迫于梁冀权势,只得屈从,只有李固、杜乔坚守本议。此次朝议仍未有结果,李固再次致书劝谏梁冀,梁冀大怒,说服梁太后策免李固,强行拥立刘志为帝,是为桓帝。李固则因数忤梁冀,后为梁冀所杀。李固临死前,致书痛斥同为三公的胡广、赵戒云:"固受国厚恩,是以竭其股肱,不顾死亡,志欲扶持王室,比隆文、宣。何图一朝梁氏迷谬,公等曲从,以吉为凶,成事为败乎?汉家衰微,从此始矣。公等受主厚禄,颠而不扶,倾覆大事,后之良史,岂有所私?固身已矣,于义得矣,夫复何言!"李贤注"比隆文、宣"曰:"文帝、宣帝皆群臣迎立,能兴汉祚。"②

　　两次议立新帝,李固皆举前汉周勃立孝文,霍光立孝宣故事劝谏梁冀,希望其能迎立长君。李固鉴于前朝之失,期待长君,自不待言。而李固对刘蒜的支持,还应蕴含着其欲中兴汉朝的政治理想。有汉一代,由群臣迎立的皇帝不独文、宣二帝,但进而完成中兴使命的却只有此二人。③文、宣二帝的中兴形象在东汉后期势衰的大环境下,有重要的现实意义。前举李固阳嘉二年(133)的对策就有"积敝之后,易致中兴"④之语,东汉士人对中兴的期待跃然纸上。

　　胡广、赵戒皆庸庸之辈,尸位素餐,屈服于梁冀的威权。李固则心系汉室,有意仿效前朝故事,本欲立年长有为,有兼杂王霸之相的刘蒜为帝,重振衰汉,使新主与文、宣二帝比隆,可惜事不成而饮

---

① 《后汉书》卷六三《李固传》,第2086页。
② 《后汉书》卷六三《李固传》,第2087—2088页。
③ 宣帝中兴前文已述,而文帝中兴印象在两汉亦有一个变化发展的过程,待另文展开,此不多言。
④ 《后汉书》卷六三《李固传》,第2074页。

恨。杜乔虽未明言文、宣二帝,但他与李固一道,坚持拥立刘蒜为帝,当与其同心,皆有意致国中兴。范晔更将二人合为一传,有赞曰:"李、杜司职,朋心合力。致主文、宣,抗情伊、稷。道亡时晦,终离罔极。蠥同赵孤,世载弦直。"①李固、杜乔对文、宣二帝中兴史事的追慕,即是此时东汉士人"孝宣情结"最好的体现。

向往中兴的东汉士人试图从中央改造国家,重振皇权是他们计划的第一步。但在外戚、宦官的联合干预下,士人如李固、杜乔等欲致主文宣的努力失败了。在东汉其后诸帝身上,再也看不到对中兴的向往了,其皇权始终受到外戚、宦官乃至权臣的倾夺,直至灭亡都处于不充分的状态。

(二)再造地方吏治

除了重振中央皇权外,再造地方吏治亦是此时士人的夙愿。基层官吏与国家治理的关系,早在汉代以前就受到了执政者的高度重视。试举一例,刘昭注《续汉书·百官志五》引《太公阴符》曰:"武王问太公:'愿闻治乱之要。'太公曰:'其本在吏。'武王曰:'吏者治也,所以为治,其乱者何?'太公曰:'故吏重罪有十。'武王问'吏之重罪'。太公曰:'一、吏苛刻;二、吏不平,三、吏贪污;四、吏以威力迫胁于民;五、吏与史合奸;六、吏与人亡情;七、吏作盗贼,使人为耳目;八、吏贱买卖贵于民;九、吏增易于民;十、吏振惧于民。'"②在吕尚看来,治乱之要在于小吏,吏罪有十,治者有三罪,百姓亦有十罪,君吏民三者之间存在着连锁反应,"所谓一家害一里,一里害诸侯,诸侯害天下"③,君主想要"绝吏之罪,塞民之大"④,就需

---

① 《后汉书》卷六三《李杜列传》,第2095页。
② 《后汉书》志二八《百官志五》,第3625页。
③ 《后汉书》志二八《百官志五》,第3626页。
④ 《后汉书》志二八《百官志五》,第3626页。

要"察民之暴吏,明其赏,审其诛"①,如此"则吏不敢犯罪,民不敢大也"②。吕尚认为,君、吏、民三者各司其职,由此形成的一条自上而下,再由小及大的循环反应链方能使国家大治,"为君守成,为吏守职,为民守事。如此,各居其道则国治,国治则都治,都治则里治,里治则家治,家治则善恶分明,善恶分明则国无事,国无事则吏民外不怀怨,内不徼事"③。

基层官吏之所以能在国家治理中扮演如此重要的角色,正是因为其直接治民。县是中国古代地方行政制度的基础。无论是秦汉的郡县二级制,还是东汉末年发展至魏晋南北朝时期成形的州郡县三级制,县一级都扮演着至关重要的角色。东晋葛洪曾论及百里长吏的重要性有云:"三台九列,坐而论道;州牧郡守,操纲举领。其官益大,其事愈优。烦剧所钟,其唯百里。"④葛洪认为三公九卿及州牧郡守皆位高任轻,县令长却位卑任重,与前举崔寔之说相仿。县是国家机器最基础的一环,亦是国家各项事务如赋税征收,徭役征发的起点,葛洪有云:"众役于是乎出,诛求之所丛赴,牧守虽贤,而令长不堪,则国事不举,万机有阙。其损败,岂徒止乎一境而已哉!"⑤

相比于三公九卿乃至州牧郡守,县令长及其掾属是与百姓最近的官吏,对大部分百姓来说,他们实际上就是皇权的代表,他们治县的好坏直接关系到百姓对皇帝个人甚至其所代表的整个政权的态度。因而基层治理的兴衰关乎国家大计。葛洪对此更是感慨云:"夫百寻之室,焚于分寸之飙;千丈之陂,溃于一蚁之穴。何可不深防

---

① 《后汉书》志二八《百官志五》,第3626页。
② 《后汉书》志二八《百官志五》,第3626页。
③ 《后汉书》志二八《百官志五》,第3626页。
④ 杨明照:《抱朴子外篇校笺》(下)卷二八《百里》,第49页。
⑤ 杨明照:《抱朴子外篇校笺》(下)卷二八《百里》,第49页。

乎!何可不改张乎!"①县令长治县不力,贪赃枉法,则会导致"百姓不堪,起为寇贼,衅咎发闻,置于丛棘"②,以至"亏君上之明,益刑书之烦"③。葛洪虽是晋人,但这一道理,东汉士人亦甚明了。

宣帝起自民间,深谙基层官吏与国家治理的关系,故其即位后重视吏治建设,得以中兴汉朝。光武、明帝时国家兴盛亦皆仰仗吏治得力。明帝末年制度稍懈,章帝时又力主政治转型,使得有感于吏治建设缺位的士人纷纷上言,建议章帝调整地方吏治。马严就奖惩制度败坏,刺史、太守尸位素餐,司察之官党同伐异之状上书章帝,主张遵循前制,严行赏罚,督察刺史、太守,重建官僚监督与奖惩体系。④需要指出的是,东汉士人对孝宣政治并非全盘吸收,而是从实际出发,去除不合时宜之政。如宣帝时丞相丙吉以年老优游,不案吏罪,后世以为故事,放纵属吏。马严认为丙吉此举徒务虚名而无益于国家,应当剔除此故事。

又彼时名臣第五伦上书有所谓"其刺史、太守以下,拜除京师及道出洛阳者,宜皆召见,可因博问四方,兼以观察其人"⑤的建议,这与宣帝拜刺史守相时"辄亲见问,观其所繇,退而考察所行以质其言"的行为何其相似,更有扩大考察对象的范围,延伸至刺史、太守以下之意。而"诸上书言事有不合者,可但报归田里,不宜过加喜怒,以明在宽"⑥之议,则旨在为上书言事者提供相应的保护,使其不会因为忌惮君威而不敢上言,避免上下沟通渠道的堵塞。

与第五伦同时代的韦彪亦重视二千石长吏的作用,其有云:"士

---

① 杨明照:《抱朴子外篇校笺》(下)卷二八《百里》,第52页。
② 杨明照:《抱朴子外篇校笺》(下)卷二八《百里》,第54页。
③ 杨明照:《抱朴子外篇校笺》(下)卷二八《百里》,第54页。
④ 《后汉书》卷二四《马援传附马严传》,第860页。
⑤ 《后汉书》卷四一《第五伦传》,第1400页。
⑥ 《后汉书》卷四一《第五伦传》,第1400页。

宜以才行为先,不可纯以阀阅。然其要归,在于选二千石。二千石贤,则贡举皆得其人矣。"①韦彪认为二千石长吏负选材之任,良二千石治郡选举,自会给国家带来优秀的人才,这与宣帝所谓"与我共此者,其唯良二千石乎"的认识是相同的,只是宣帝的落脚点在于政平讼理,而韦彪则关注更长远的选贤任能。之后韦彪又上书章帝言吏政,其有所谓"又御史外迁,动据州郡。并宜清选其任,责以言绩。其二千石视事虽久,而为吏民所便安者,宜增秩重赏,勿妄迁徙"②之语。韦彪主张"清选其任,责以言绩",行循名责实之法,对治郡有方的官吏增秩重赏,并令其安心长期任职某地,既保持地方施政的稳定性,又使官吏不失积极性,与宣帝以来的治吏之法可谓一脉相承。

和帝时有增秩任职之事,如黄香于永元四年(92)任尚书左丞,功满当迁任他职,和帝留黄香,增其秩以补偿,两年后黄香累迁至尚书令,又当迁东郡太守,黄香上书推辞,和帝又留其继任尚书令,尚书令原秩千石,和帝惜黄香之才,增其秩至二千石,又另赐钱三十万。③章、和二帝尚开明,能接受士人的上言,及时调整弊政,史书常有"纳之""深纳之"云云。但自和帝以降,东汉权假他姓,吏治崩坏,澄清吏治就成了其时士人的首要目标。当然士人对吏治建设的重新设计大多流于构想,这是首先要说明的。

1. 相关构想——以调整俸禄制度为例

鉴于东汉中后期官吏实际俸禄微薄的现实,有感于时代变化的士人,在对汉吏薄俸表达不满的同时,积极致力于俸禄制度的改革,并期望能够影响现实政治。梳理诸人之说可以发现,士人的构想与

---

① 《后汉书》卷二六《韦彪传》,第918页。
② 《后汉书》卷二六《韦彪传》,第919页。
③ 《后汉书》卷八〇上《黄香传》,第2614—2615页。

宣帝的初衷有共通之处,其人的"孝宣情结"在此体现得淋漓尽致。

永建初年,尚书令左雄全面剖析其时存在的国家和社会问题,上书顺帝,并提出了相应的解决办法。在左雄所设计的一系列关于重建吏治的措施中,调整东汉僵化的俸禄制度便是其中之一,其书云:"乡官部吏,职斯禄薄,车马衣服,一出于民,廉者取足,贪者充家,特选横调,纷纷不绝,送迎烦费,损政伤民。"①在左雄看来,下级官吏职贱禄薄,无论廉贪,其人如车马衣服这类日用物品皆会"取之于民",日积月累,只会"损政伤民"。因此,左雄建议顺帝增加基层官吏俸禄,给予免税特权,使其有固定的任职年限,其文云:"臣愚以为守相长吏,惠和有显效者,可就增秩……乡部亲民之吏,皆用儒生清白任从政者,宽其负算,增其秩禄,吏职满岁,宰府州郡乃得辟举。"②

东汉中期的王符对汉吏薄俸也有清楚的认识,作《班禄》篇以抒其愤,其文云:"是故明君临众,必以正轨,既无厌有,务节礼而厚下,复德而崇化,使皆皁于养生而竞于廉耻也。是以官长正而百姓化,邪心黜而奸匿绝,然后乃能协和气而致太平也。《易》曰:'圣人养贤以及万民。'为本,君以臣为基,然后高能可崇也;马肥,然后远能可致也。人君不务此而欲致太平,此犹薄趾而望高墙,骥瘠而责远道,其不可得也必矣。"③王符虽未明言汉吏薄俸,但其所举诸例皆指向汉吏薄俸这一事实。在他看来,下级官吏的俸禄与基层社会的稳定息息相关。若直接管理民众的下级官吏富足,自会使其"皁于养生而竞于廉耻",由此既可消弭奸邪,又能教化百姓,更可协和万物,致天下

---

① 《后汉书》卷六一《左雄传》,第2017页。
② 《后汉书》卷六一《左雄传》,第2018页。
③ [汉]王符著,[清]汪继培笺,彭铎校正:《潜夫论笺校正》卷四《班禄第十五》,第224页。

太平。王符主张增加吏禄的想法与宣帝一脉相承，即重视基层官吏与国家治理的关系，希望通过增加下级官吏俸禄的办法，来杜绝腐败现象，鼓励吏治，颇有现代社会高薪养廉的意味。

活跃年代稍晚于王符的崔寔亦认为汉时百里长吏（县长）任重禄轻，更举一例以证明，"夫百里长吏，荷诸侯之任，而食监门之禄。请举一隅，以率其余。一月之禄，得粟二十斛，钱二千。长吏虽欲崇约，犹当有从者一人，假令无奴，当复取客。客佣一月千，刍膏肉五百，薪炭盐菜又五百，二人食粟六斛，其余财足给马，岂能供冬夏衣被、四时祠祀、宾客斗酒之费乎？况复迎父母、致妻子哉"①，百里长吏俸禄不足，自然会侵渔百姓，卖官鬻狱，监守自盗的情况就会频繁发生，反而忠孝难两全。县长尚且入不敷出，何况更低级的官吏呢？

对此，崔寔明确提到宣帝加俸之举，其文云："孝宣皇帝悼其如此，乃诏曰：'吏不廉平则治道衰，今小吏皆勤事，而奉禄薄，欲其不侵渔百姓，难矣。其益吏奉百石以下什五。'然尚俭隘，又不上逮。"②宣帝意识到基层官吏与国家治理的关系，下诏增俸以杜其害，崔寔对此举颇为赞赏，但也认为宣帝增加吏俸的范围和程度都不够，前举百里长吏即不在宣帝加俸的行列内，主张提高加俸幅度且惠及更多的基层官吏。

崔寔既不要求恢复古制，又不奢望大幅加俸，只求国家能够小幅增加下级官吏俸禄，"使足代耕自供，以绝其内顾念奸之心"③，同时还主张严惩官吏受取赇贿的行为。崔寔意在从两方面整顿吏治，使得官吏既有足够的俸禄以供家用，又敬畏严法，进而不侵夺民利，即所

---

①　［汉］崔寔撰，孙启治校注：《政论校注》，第149页。
②　［汉］崔寔撰，孙启治校注：《政论校注》，第153页。
③　［汉］崔寔撰，孙启治校注：《政论校注》，第153页。

谓"吏内足于财,外惮严刑,人怀羔羊之洁,民无侵枉之性矣"①。东汉以前数代皆失之薄俸,《政论》云:"昔周之衰也,大夫无禄,诗人刺之。暴秦之政,始建薄奉。亡新之乱,不与吏除。三亡之失,异世同术,我无所鉴。夏后及商覆车之轨,宜以为戒。"②在崔寔看来,汉朝需要吸取前代灭亡的教训,重视基层官吏与社会治理的关系,以免重蹈覆辙。

东汉中后期左、王、崔等士人的观点与前举姜尚之说相差无几,皆视基层官吏为国家治理最关键的一环。由这一认识出发,士人极力呼吁国家及时调整俸禄制度,增加基层官吏俸禄,其意自在优待小吏,改善其人的生活水平,使其不至因俸禄不足而侵渔百姓,进而安抚百姓,稳定社会。诸人也并非盲目要求增加吏俸,只是主张根据现实情况,重新制定适合东汉现状的俸禄制度,至少应满足官吏日常生活的正常开销,以弥补其不事农桑的收入损失。左雄虽无具体的增秩加俸计划,但认为如果践行此建议,即可使"威福之路塞,虚伪之端绝,送迎之役损,赋敛之源息"③。

若要实现这一构想,吏俸应当增加至能够自主应付原本需要取于百姓才能弥补的开支的程度。王符亦无明确的建议,但期望基层官吏的俸禄能够使他们足以自给且心怀廉耻。崔寔认为官吏的俸禄使小吏有足够的经费维持基本生活即可。士人的目的在于维持国家稳定,进而挽救东汉王朝所面临的危机。从他们所提倡的重新调整俸禄制度这一观点出发,亦可发现东汉士人的"孝宣情结"。但这些建议在当时并没有得到东汉中央的响应,士人从俸禄入手试图重建吏治的努力失败了。

---

① ［汉］崔寔撰,孙启治校注:《政论校注》,第153页。
② ［汉］崔寔撰,孙启治校注:《政论校注》,第155页。
③ 《后汉书》卷六一《左雄传》,第2018页。

2. 相关实践——以顺帝朝的改革为例

如前所述,顺帝朝几有中兴气象,彼时士人踊跃,欲救国难,纷纷上疏言政。士人关于再造地方吏治的建议多被采纳。如彼时地方长吏、二千石收取百姓谪罚者赎罪金,号为"义钱",托名赈济穷人,实则沦为守令聚敛的工具。虞诩上书顺帝,议复永平、章和之政,其疏云:"寻永平、章和中,州郡以走卒钱给贷贫人,司空劾案,州及郡县皆坐免黜。今宜遵前典,蠲除权制。"①顺帝采纳其议,切责州郡,直接废除了谪罚输赎之制。故将顺帝推行的改革视作这一时段士人重建吏治的典型,可谓得宜。

前举永建初年左雄上书顺帝有意整饬吏治,其奏疏开篇即点明要旨云:"臣闻柔远和迩,莫大宁人,宁人之务,莫重用贤,用贤之道,必存考黜。"②所谓"柔远和迩",诸正史仅此一见,当与史籍中常见的"柔远能迩"意思相类,《尚书》有"惟时柔远能迩,惇德允元,而难任人,蛮夷率服"③之语,班固自述其撰写《宣帝纪》大意时亦称宣帝"柔远能迩,燀耀威灵"。又《汉书·百官公卿表序》云:"十有二牧,柔远能迩。"④颜师古注引应劭语曰:"牧,州牧也。"又自曰:"柔,安也。能,善也。迩,近也。"⑤可知"柔远能迩"与"柔远和迩"应皆指怀柔远方,优抚近地。在汉儒的认识中,此应是政通人和,四夷来朝,天下太平之景。

由此可知,在左雄的建议中,存在着"存考黜—用贤—宁人—柔远和迩"这样一条递进关系式,通过"存考黜",才能最终"柔远和

---

① 《后汉书》卷五八《虞诩传》,第1872页。
② 《后汉书》卷六一《左雄传》,第2015页。
③ [清] 孙星衍撰,陈抗、盛冬铃点校:《尚书今古文注疏》卷一《尧典第一下》,北京:中华书局,1986年,第60—61页。
④ 《汉书》卷一九上《百官公卿表上》,第721页。
⑤ 《汉书》卷一九上《百官公卿表上》,第723页。

迻"。所谓存考黜,顾名思义,当为考绩以定黜陟,此上可溯源至申不害、韩非子的循名责实之法。而循名责实,信赏必罚,正是汉宣帝吏治建设中的关键所在。

左雄继而历数自皋陶以来历代的用人得失,其中述及西汉文、景、宣三朝故事,于文景之治,仅有"至于文、景,天下康乂。诚由玄靖宽柔,克慎官人故也"①寥寥数语,而于宣帝治吏之事,则记述甚详:"降及宣帝,兴于仄陋,综核名实,知时所病,刺史守相,辄亲引见,考察言行,信赏必罚。帝乃叹曰:'民所以安而无怨者,政平吏良也。与我共此者,其唯良二千石乎!'以为吏数变易,则下不安业;久于其事,则民服教化。其有政理者,辄以玺书勉励,增秩赐金,或爵至关内侯,公卿缺则以次用之。是以吏称其职,人安其业。汉世良吏,于兹为盛,故能降来仪之瑞,建中兴之功。"②此说似曾相识,对比《汉书·循吏传序》可知,左雄几乎全引班说,只是略加修改而已。东汉中后期士人对于宣帝形象的认识很大程度应来自以《汉书》为主的史籍。如前所述,《汉书》成书后即为当世所重,和帝还于此间访求故事。左雄能征引《循吏传序》,当是熟读《汉书》,自然会受到班固思想的影响。而班固作书正是在东汉初"孝宣情结"最为浓厚之时,其又是促使宣帝中兴形象最终定型的关键人物之一,这应给左雄留下了深刻的印象,加之社会现实对中兴的呼唤,浸润其中,左雄倾心于孝宣政治并不难理解。

对此,左雄提出了相应的解决办法,其文云:"臣愚以为守相长吏,惠和有显效者,可就增秩,勿使移徙,非父母丧不得去官。其不从法禁,不式王命,锢之终身,虽会赦令,不得齿列。若被劾奏,亡不就

---

① 《后汉书》卷六一《左雄传》,第2016页。
② 《后汉书》卷六一《左雄传》,第2016页。

法者,徙家边郡,以惩其后。乡部亲民之吏,皆用儒生清白任从政者,宽其负算,增其秩禄,吏职满岁,宰府州郡乃得辟举。"[1]结合前文增秩之事来看,左雄主张提高治理有方之守相长吏秩级,并使其长期留任,以保持政策落实的持续性;对治理无方的守相长吏禁锢终身,不得赦除;被弹劾的人若是逃跑避责,则应将其家属流放边郡,以儆效尤;以清白儒生为乡部亲民之吏,宽宥所欠口钱,增加其秩禄,其人担任吏职达到相应年数,宰府州郡才能辟举。官吏的经常调动不利于政策的推行,久任不迁又不利于调动官吏的积极性。左雄的这套制度设计兼顾王霸二道,持德刑两器,既有意保持吏员的稳定性,又充分调动官吏的积极性,有孝宣故政之风,还适应了儒法合流的时代背景,使儒生为吏,相比于宣帝机械地兼用儒法,显然更加自然和精细化了。左雄期望君主能够推行此政,如此则能使"威福之路塞,虚伪之端绝,送迎之役损,赋敛之源息。循理之吏,得成其化;率土之民,各宁其所"[2],官吏奉法,百姓安乐,国家便可由此中兴,垂书史册,"追配文、宣中兴之轨,流光垂祚,永世不刊"[3]。左雄显然意在推动国家重回理性政治的轨道,而复行孝宣政治,正是这一构想下的最优解。此说可谓这一时代追慕孝宣政治的代表之一。

左雄对政治改革的设计不止于此。左雄推崇经学,主张修缮太学,上书顺帝建议征召海内名儒为博士,允许公卿子弟为诸生;又增加有志操者之俸禄;还建议修改选举制度,区分诸生与文吏,严格选举。左雄又力主重建选举中的追责制度,将举主和被举者日后的政绩表现挂钩。顺帝对左雄的建议颇为重视,多有采纳,并推行其政,

---

① 《后汉书》卷六一《左雄传》,第2018页。
② 《后汉书》卷六一《左雄传》,第2018页。
③ 《后汉书》卷六一《左雄传》,第2018页。

"申下有司,考其真伪,详所施行"①,如选举制度即是如此,阳嘉元年(132)十一月辛卯,顺帝令郡国举孝廉,"限年四十以上,诸生通章句,文吏能笺奏,乃得应选;其有茂才异行,若颜渊、子奇,不拘年齿"②。选举追责之制也得到了一定程度的推行,"于是济阴太守胡广等十余人皆坐谬举免黜,唯汝南陈蕃、颍川李膺、下邳陈球等三十余人得拜郎中。自是牧守畏栗,莫敢轻举。迄于永熹,察选清平,多得其人"③。除左雄外,此时的士人亦曾提及其他相应的政治改革举措,如时任大司农的李固与光禄勋刘宣便上言请严查守令,其疏云:"自顷选举牧守,多非其人,至行无道,侵害百姓。又宜止樊游,专心庶政。"④顺帝采纳了他们的建议,"于是下诏诸州劾奏守令以下,政有乖枉,遇人无惠者,免所居官;其奸秽重罪,收付诏狱"⑤。

顺帝还曾派遣使者巡行天下,观纳风俗,监督官吏。汉安元年(142)八月丁卯顺帝派遣侍中杜乔、光禄大夫周举、守光禄大夫郭遵、冯羡、栾巴、张纲、周栩、刘班八使巡行天下,观纳风俗,并给予其人监察特权,"其刺史、二千石有臧罪显明者,驿马上之;墨绶以下,便辄收举。其有清忠惠利,为百姓所安,宜表异者,皆以状上"⑥。八使督查地方,若发现有明确违法犯罪事实的刺史、二千石长吏,可遣人以驿马上书,直报中央。至于墨绶即千石、六百石县令长及以下官吏有违法犯罪行为,特使可直接收系弹劾;若有清官良吏,则可上状表彰。彼时又有雷义亦曾持节监督郡国推行风俗的情况,结果"太守令长坐者凡七十人"⑦。

----

① 《后汉书》卷六一《左雄传》,第2019页。
② 《后汉书》卷六《顺帝纪》,第261页。
③ 《后汉书》卷六一《左雄传》,第2020页。
④ 《后汉书》卷六三《李固传》,第2082页。
⑤ 《后汉书》卷六三《李固传》,第2082页。
⑥ 《后汉书》卷六一《周举传》,第2029页。
⑦ 《后汉书》卷八一《雷义传》,第2688页。

使者巡行本就是汉家故事,武帝时就曾派遣使者视察郡国,此后昭、宣、元、成、哀、平诸帝皆有此举。廖伯源指出:"使者巡行天下,其使命、功效与部刺史监察郡国类似;既置部刺史,又遣使巡行天下,实属重床叠架。然皇帝派遣使者监察地方,其重要原因之一乃是皇帝不满政府官员之行政,使者监督行政官员,令其确实执行皇帝之命令,或使者亲自执行,贯彻皇帝之旨意。派遣使者干事,乃皇帝在政府体制外之办事方法,使者之使命与官员之职掌重叠,其理甚明。"[①]由此可知,使者巡行实乃君主为强化皇权、监察百官而特设。

"八使巡行"正是东汉朝廷在常规吏治监察体系失效的情况下采取的临时性救弊措施。但此举的初期效果却并不如意,八使之一的杜乔曾上表弹劾陈留太守梁让、济阴太守氾宫、济北相崔瑗等人贪赃千万以上,只因其人皆为权臣梁冀的党羽,故并未受到应有的惩罚。[②]按《后汉书》,由日后梁冀再使杜乔举氾宫为尚书,梁让又担任屯骑校尉推知,八使巡行的效果未达预期。又《后汉书·李固传》云:"先是周举等八使案察天下,多所劾奏,其中并是宦者亲属,辄为请乞,诏遂令勿考。"[③]前举左雄的一系列举措也因宦竖的干扰而无法长期推行,而八使所劾人又多为宦官亲属,亦受此阻挠。在外戚、宦官的联合绞杀下,士人的努力几近白费。李固见此状,又因其时选举混乱,不经选试,便与廷尉吴雄联名上疏建议顺帝应立即处理八使所弹劾的相关官吏,并由有司来负责选用官吏。[④]有感于其言,顺帝才下令罢免八使所弹劾的刺史、二千石,修正选举制度,减少特授官

①　廖伯源:《使者与官制演变: 秦汉皇帝使者考论》,台北: 文津出版社,2006年,第116页。
②　《后汉书》卷六三《杜乔传》,第2092页。
③　《后汉书》卷六三《李固传》,第2082页。
④　《后汉书》卷六三《李固传》,第2082页。

职,并要求三公拜官严加考察。①由是朝廷称善。

　　八史巡行这一临时性的救弊措施颇受波折,没有取得很好的效果,也没能制度化。熹平六年(177)蔡邕上书灵帝七事,其中有云:"五年制书,议遣八使,又令三公谣言奏事。是时奉公者欣然得志,邪枉者忧悸失色。未详斯议,所因寝息。"②可知灵帝时虽复有使者出巡之议,却无八使之行,可知本自汉家故事,始于顺帝朝的八使巡行之政并没有完成制度化。监察制度的结构性缺失使得诸如张纲所谓"豺狼当路,安问狐狸"③之怒并没有解决办法。

　　顺帝时东汉确有中兴之象,可惜诸事未成。顺帝对孝宣政治的摇摆态度决定了这一结果。受士人与外戚、宦官博弈的影响,在刘保身上,看不到光武、明帝那种对孝宣政治的执着认同,待其驾崩,这一抹中兴曙光,就与他一道,如过眼云烟了。范晔论曰:"顺帝始以童弱反政,而号令自出,知能任使,故士得用情,天下喁喁仰其风采。遂乃备玄纁玉帛,以聘南阳樊英,天子降寝殿,设坛席,尚书奉引,延问失得。急登贤之举,虚降己之礼,于是处士鄙生,忘其拘儒,拂巾衽褐,以企旌车之招矣。至乃英能承风,俊乂咸事,若李固、周举之渊谟弘深,左雄、黄琼之政事贞固,桓焉、杨厚以儒学进,崔瑗、马融以文章显,吴佑、苏章、种暠、栾巴牧民之良干,庞参、虞诩将帅之宏规,王龚、张皓虚心以推士,张纲、杜乔直道以纠违,郎顗阴阳详密,张衡机术特妙:东京之士,于兹盛焉。向使庙堂纳其高谋,疆场宣其智力,帷幄容其謇辞,举厝禀其成式,则武、宣之轨,岂其远而?《诗》云:'靡不有初,鲜克有终。'可为恨哉!"④范晔感叹顺帝朝济济多士却有始无

① 《后汉书》卷六三《李固传》,第2082页。
② 《后汉书》卷六〇下《蔡邕传》,第1996页。
③ 《后汉书》卷五六《张晧传附张纲传》,第1817页。
④ 《后汉书》卷六一《左周黄列传》,第2042—2043页。

终,不成中兴功业,难履武、宣之轨。纵观顺帝一朝,用以调整政治方向的些许努力是需要指出的,不过也仅此而已。

　　顺帝以降,梁太后临朝,东汉一代权势最大的外戚梁冀掌权。近二十年间士人对中兴的呼唤不能上达天听。崔寔《政论》曾悉数宣帝、光武、明帝故事,试图通过重申吏治旧法,再造清明政治,更期待当朝皇帝能效仿文、宣二帝,致国中兴,其文云:"圣人行之于古,以致时雍;文、宣拟式,亦至隆平。若不克从,是羞效唐虞而耻遵先帝也。"[①]崔寔对文宣治世的向往,对东汉中兴的憧憬为当时所称,却不得实现,世变由是可知。桓帝延熹二年(159)梁冀覆灭后,宦官又顺势而起,独断朝纲。权力的消长使得外戚势衰,其后上台的外戚多采取与士人合作的态度。灵帝初立时,窦太后临朝,其父窦武以大将军之位辅政,广选天下名士,"于是天下雄俊,知其风旨,莫不延颈企踵,思奋其智力"[②],窦武等人拣选清白士人列于朝廷,使得政治一度有澄清之象。桓、灵之时,士人就任地方,多行严刑峻法以惩祸乱各地的中官豪强子弟。刘祐为河东太守,其时河东诸郡令长多出宦官之门,为百姓所患,刘祐到官后,罢黜诸人,平反了一批冤假错案。[③]李膺为司隶校尉,杀权监张让之弟野王令张朔。[④]岑晊杀宛县富商张汜。[⑤]杜密历任泰山太守、北海相,"其宦官子弟为令长有奸恶者,辄捕案之"[⑥]。王畅惩治豪强,更是"发屋伐树,埋井夷灶"[⑦]。为重建地方吏治,士人们采取强硬的手段打击豪强贵戚,但这反而激化了矛盾,士

---

①　[汉]崔寔撰,孙启治校注:《政论校注》,第139—140页。
②　《后汉书》卷六九《窦武传》,第2242页。
③　《后汉书》卷六七《刘祐传》,第2199页。
④　《后汉书》卷六七《李膺传》,第2194页。
⑤　《后汉书》卷六七《岑晊传》,第2212页。
⑥　《后汉书》卷六七《杜密传》,第2198页。
⑦　《后汉书》卷五六《王龚传附王畅传》,第1823页。

人刚刚燃起的救国之火，又重新为宦官所浇灭，两次党锢之祸打破了士人对朝廷的最后幻想，东汉国政遂不可收拾。刘昭注《续汉书·五行志》有云："灵帝之末，礼乐崩坏，赏刑失中，毁誉无验，竞饰伪服，以荡典制，远近翕然，咸名后生放声者为时人。有识者窃言：旧曰世人，次曰俗人，今更曰时人，此天促其期也。其间无几，天下大坏也。"①

东汉中后期，士人的"孝宣情结"发展到了新的阶段，中下层士人在"孝宣情结"的驱使下欲救时弊。他们多取孝宣政治的精髓，重新设计政治体制，虽累上章奏，但由于这一时期的士人群体间所产生的巨大沟壑，加之外戚、宦官的交替掌权，这些凝聚"孝宣情结"的建议大多没有得到皇帝的回应，最终也只能流于一纸空文，偶有实践机会，也往往受制于其他势力而中辍。士人因此意志消沉，志趣转变。曹胜高指出："普通的士人在失落、无奈之后，作为朝政的旁观者，客观理性反思汉政，将社会思考、治道省思、文化批判寄托于著述之中，而不再寻求获得皇权的认同，转而将立言作为不朽之盛事，不在意飞黄腾达之权势，而求以文章流传于后世。"②这是诸如王符、崔寔等一批士人的选择，而残酷的现实也促使另一批士人将目光投向疆场，欲立功以避祸，如曹操初"欲为一郡守，好作政教，以建立名誉，使世士明知之"③，后因世路艰难，更有志于为国家讨贼立功，只求他日墓道题言"汉故征西将军曹侯之墓"④而已。王夫之云："桓、灵之世，士大夫而欲有为，不能也。君必不可匡者也；朝廷之法纪，必不可正者也；郡县之贪虐，必不可问者也。士大夫而欲有为，唯拥兵以戮力于

① 《后汉书》志一三《五行志一》，第3284页。
② 曹胜高：《天下共治与两汉政论的直言》，《西南大学学报》2017年第1期。
③ 《三国志》卷一《武帝纪》，第32页。
④ 《三国志》卷一《武帝纪》，第32页。

边徼;其次则驱芟盗贼于中原;名以振,功以不可掩,人情以归往,暗主权阉抑资之以安居而肆志。故虽或忌之,或潜之,而终不能陷之于重辟。于是天下知唯此为功名之径而祸之所及者鲜也,士大夫乐习之,凡民亦竞尚之,于是而盗日起,兵日兴,究且瓜分鼎峙,以成乎袁、曹、孙、刘之世。故国恒以弱丧,而汉以强亡。"[①] 以曹操为代表的汉末士人的这一转变在王夫之眼中竟成了东汉灭亡的线索之一,令人唏嘘不已。士人的"孝宣情结"没能拯救国家,呼唤中兴的努力也最终化为泡影,东汉王朝积重难返,不可避免地迎来了它的挽歌。

---

① [清] 王夫之著,舒士彦点校:《读通鉴论》卷八,第221页。

第四章 政治重生与功用流变：
"孝宣情结"的异变

第一节 建安前后的东汉政局与
魏蜀创业君臣的选择

一、建安前后的东汉政局

中平六年（189）四月丙辰灵帝驾崩，皇子刘辩即位，何太后临朝，外戚何进掌权。何进及其僚属有意清理宦官势力，却如窦武一般犹豫不决，反为宦官占得先机。八月戊辰宦官设计斩杀何进，宫中大乱，袁术将虎贲火烧南宫，袁绍等人大肆屠戮宦官，"绍遂闭北宫门，勒兵捕宦者，无少长皆杀之。或有无须而误死者，至自发露然后得免。死者二千余人"①，中常侍段珪等挟持刘辩与刘协夜走小平津。先是，并州牧董卓应何进征召入朝，未及发作，何进败亡。闻见洛阳政变，董卓率军自北芒迎少帝还朝。数日之内，原本困扰东汉百余年的两大顽疾——外戚与宦官竟相继覆亡。董卓一跃成为洛阳最重要的势力，由是独掌大权，擅行废立，废杀少帝刘辩，改立弘农王刘协为帝。

---

① 《后汉书》卷六九《何进传》，第2252页。

　　董卓为防止宦官势力死灰复燃,有意拉拢士人,沿着何进的思路继续推进制度改革。何进秉政时曾主张尽诛诸常侍以下,选三署郎官入守宦官庐,受阻于宦官而不成。在中平六年八月的政变中,宦官集团覆灭,原本由宦官负责的宫廷宿卫系统因此出现了权力真空,何进改制的前提条件已经达成。为填补这一真空,重构皇帝权力结构,改革势在必行。先前救驾有功的闵贡出任郎中即是对应的调整。其年九月,改革更进一步,献帝初置侍中、给事黄门侍郎各六员,又特赐公卿以下至黄门侍郎每家一人得任郎官,以补充原由宦官所领诸署,于殿上侍卫。[1]李贤注云:"灵帝熹平四年,改平准为中准,使宦者为令。自是诸内署令、丞悉以阉人为之,故今并令士人代领之。"[2]徐冲认为其时虽是董卓专权,但此项改革的主持者无疑是以王允为首的儒学士人官僚。[3]这一改革使士人重新掌握了近侍之权,并从制度上限制了宦官的权力,宦官此后很长一段时间都不再是主要的政治力量。[4]董卓也借此实现了与士人的短暂合作,得以在洛阳站稳脚跟。

　　而外戚亦元气大伤,何氏兄弟身死,何太后又被董卓鸩杀,之后诸如董承、伏完等外戚皆无力影响朝政。不过,东汉中央前后实际的掌权者如董卓、曹操都没有在制度上针对外戚做相应的调整。董卓自认为与董太后同族,曹操更是在建安末年成为外戚。二人本有意

---

①　《后汉书》卷九《献帝纪》,第367页。
②　《后汉书》卷九《献帝纪》,第367—368页。
③　徐冲:《"汉魏革命"再研究:君臣关系与历史书写》,北京大学博士学位论文,2008年,第26—27页。
④　延康元年(220)二月壬戌,魏王曹丕著令限制宦人为官者不得过诸署令,进一步压缩了阉宦的上升空间。《三国志》卷二《文帝纪》,第58页。徐冲指出,此次关于侍中、给事黄门侍郎的官制改革,正是儒学士人几十年来意欲以其所秉持的意识形态对汉代皇帝权力结构进行重构愿望的实践。徐先生认为其时士人有意跳出汉代传统皇帝权力结构的禁锢,重构皇帝权力结构,发人深思,可参见徐冲:《"汉魏革命"再研究:君臣关系与历史书写》,北京大学博士学位论文,2008年,第25—34页。

攀附皇室,应是不做调整的重要原因。东汉遗留的外戚问题要到汉魏嬗代之后,才由曹丕从制度上予以解决。[①]

虽然外戚与宦官先后覆灭,但东汉王朝仍处于风雨飘摇之际。董卓擅权,天下沸腾。初平元年(190)正月,山东诸州郡持不合作态度的士人起兵讨董,董卓为避山东诸郡兵锋,焚毁洛阳,挟持献帝迁都长安。董卓在西都政由己出,荒淫无度,又使原本暂时与之妥协的西迁士人不满。司徒王允联合吕布等人谋刺董卓。初平三年(192)四月辛巳董卓被刺身死,其麾下凉州诸将群龙无首,又走投无路,遂反攻长安,祸乱国家。长安的东汉朝政由原董卓麾下的部将李傕、郭汜把持,此二将一人质天子,一人质公卿,争权夺利,纷争不休。山东诸郡则自相攻伐,不思进取。兴平二年(195)七月甲子车驾东归洛阳,李傕、郭汜等人纵兵追击,王师先胜后败。车驾狼狈,至陕县,不及休整,连夜渡河幸安邑。次年正月癸酉天子于安邑郊祀上帝,大赦天下,并改元建安。同年七月献帝才得以辗转还都。其后曹操挥师入洛,拱卫京师,始掌大权。洛阳残破,不久曹操便迁汉都于许县。东汉王朝由此开启了崭新的,也是最后的一幕。

这一时期东汉士人的"孝宣情结"出现了新的变化,笔者称之为"异变"。东汉中央与地方脱节的矛盾逐渐恶化,使得分裂成为这一时期的主题,加之东汉中后期"孝宣情结"在皇帝与中下层士人间出现的割裂以及其人救弊不成后对现实政治的失望,使得"孝宣情结"出现了异变的现象:从对王朝的归属与对治道的认同走向了更加纯粹的治道认同与异象比附。因孝宣政治与多种政治符号在内的形象建构二位一体而缘起的"孝宣情结",在东汉末年又重

---

① 《三国志》卷二《文帝纪》,第80页;徐冲:《中古时代的历史书写与皇帝权力起源》,第142—143页。

新分化为国家治道与政治符号的松散集合。原本用以致国中兴,带有强烈汉家归属感的"孝宣情结",与彼时士人不再有志于匡扶汉室,反而期待更易神器的心理不同,但孝宣政治中所内含的循名责实、兼杂王霸的政治思想、政治实践以及具有特殊含义的政治符号,在东汉末年纷乱的政局中仍具有重要的现实意义,被其时的士人广泛地运用到了现实政治中,反过来加速了东汉的分裂和灭亡。

王夫之云:"读崔寔之政论,而世变可知矣。譬德教除残为粱肉治疾,申韩之绪论,仁义之蟊贼也。其后荀悦、钟繇申言之,而曹孟德、诸葛武侯、刘先主决行之于上,君子之道诎,刑名之术进,激于一时之诡随,而启百年严酷之政,亦烈矣哉!"① 王文所提及的曹操、刘备、诸葛亮三人,皆是汉魏之际的风云人物,他们的崛起便与认同宣帝纯粹的治道有关。吕思勉有云:"汉治自永初而后,纵弛极矣。外戚专权,宦竖窃柄,官方不肃,处士横议,盖自朝宁宫禁学校之中,无一以国事为念者。一时通达治体之士,若王符、仲长统、崔寔等,咸欲以综核名实之治救之,当时莫能行,然三国开创之君臣,实皆用此以致治。"② 吕先生对其时刑名法术之走向的认识可谓高屋建瓴。孙家洲认为东汉后期的政论家面对行之已久却陷入困境的统治思想和统治方法,选择了任法术、重刑罚的道路,由此进入了一个政治文化发展的新阶段,曹操、诸葛亮一类人物以此驰其雄才。循名责实、重实轻名的政治主张,再度引起了社会的广泛关注。这是汉末社会批判思潮的重大收获,也是汉魏之交名理之学的主要内容,它从一个方面,反映出汉魏之交的社会变迁。③ 秦涛在梳理名法学于

---

① [清] 王夫之著,舒士彦点校:《读通鉴论》卷八,第215页。
② 吕思勉:《魏晋法术之学上》,《吕思勉读史札记》,上海:上海古籍出版社,2005年,第952页。
③ 孙家洲:《两汉政治文化窥要》,第201页。

两汉间的流变后认为:"名法学在两汉由人事作用于制度,内化为汉家制度的内法精神。"①而汉末名法思潮与名法之治,恰是秦先生眼中汉家制度"内法"精神的外显。②阎步克认为:"汉初之儒法互补尚处于摇摆不定的状态,荀子所代表的现世化的倾向未能抑制西汉后期的'奉天法古'运动。但世入东汉,荀子所开启的王霸并用、礼法兼综趋势,事实上是真正化为了帝国政治文化精神的主调,以及士人运思立论之潜在参考了。"③据此可知,风行于东汉末年的政治文化存在向上回溯的变动,而孝宣政治的精神正在这一射程之内。

诚然,本书将此时所见的诸如考课名实、严刑峻法等具体措施划归孝宣政治的范畴之下似有失偏颇。这些措施的原初思想并非来自宣帝,彼时士人提出如此救世主张也有更加原始的起源,如陈寿即云曹操揽申、商之法术。但不能否认的是,在其时诸如仲长统、徐幹等人眼中,宣帝的确是这种政治模式的典型代表。士人在政治发展的脉络中寻找治国故事时,孝宣政治必然是他们关注的焦点。建安时王修为司金中郎将,任职长久,屡不得迁,曹操担心王修误会,就引孝宣故事云:"昔宣帝察少府萧望之才任宰相,故复出之,令为冯翊。从正卿往,似于左迁。上使侍中宣意曰:'君守平原日浅,故复试君三辅,非有所间也。'孤揆先主中宗之意,诚备此事。既君崇勋业以副孤意。公叔文子与臣俱升,独何人哉!"④曹操熟悉并运用宣帝故事,倒亦可管窥一时风貌。

---

① 秦涛:《汉末三国名法之治源流考论》,西南政法大学硕士学位论文,2011年,第55页。
② 秦涛:《汉末三国名法之治源流考论》,西南政法大学硕士学位论文,2011年,第55页。
③ 阎步克:《士大夫政治演生史稿》,第393页。
④ 《三国志》卷一一《王修传》,第348页。

二、魏蜀创业君臣的选择：孝宣政治的部分回归

（一）曹魏创业时期政治管窥

1. 曹操兼杂王霸的政治思想

建安以后，曹操进入中央，掌握大权。后人论及曹操，多言其重法术，如晋武帝时，傅玄上疏总结前世政治得失有云："近者魏武好法术，而天下贵刑名；魏文慕通远，而天下贱守节。"[①]陈寿评曰："汉末，天下大乱，雄豪并起，而袁绍虎视四州，强盛莫敌。太祖运筹演谋，鞭挞宇内，揽申、商之法术，该韩、白之奇策，官方授材，各因其器，矫情任算，不念旧恶，终能总御皇机，克成洪业者，惟其明略最优也。抑可谓非常之人，超世之杰矣。"[②]又《文心雕龙·论说篇》云："魏之初霸，术兼名法；傅嘏王粲，校练名理。"[③]

诚如诸人所言，曹操尤乐法术，其个性尚严，掾属办理公事，若不得指意，"往往加杖"[④]，有光武、汉明二帝躬好吏事之风。《三国志·曹冲传》记一事云："时军国多事，用刑严重。太祖马鞍在库，而为鼠所啮，库吏惧必死，议欲面缚首罪，犹惧不免。冲谓曰：'待三日中，然后自归。'冲于是以刀穿单衣，如鼠啮者，谬为失意，貌有愁色。太祖问之，冲对曰：'世俗以为鼠啮衣者，其主不吉。今单衣见啮，是以忧戚。'太祖曰：'此妄言耳，无所苦也。'俄而库吏以啮鞍闻，太祖笑曰：'儿衣在侧，尚啮，况鞍县柱乎？'一无所问。冲仁爱识达，皆此类也。凡应罪戮，而为冲微所辨理，赖以济宥者，前后数十。"裴注引

---

① 《晋书》卷四七《傅玄传》，第1317—1318页。
② 《三国志》卷一《武帝纪》，第55页。
③ ［南朝梁］刘勰著，黄叔琳注，李详补注，杨明照校注拾遗：《增订文心雕龙校注》卷四《论说第十八》，第244页。
④ 《三国志》卷一二《何夔传》，第379页。

《魏书》曰:"冲每见当刑者,辄探睹其冤枉之情而微理之。及勤劳之吏,以过误触罪,常为太祖陈说,宜宽宥之。辨察仁爱,与性俱生,容貌姿美,有殊于众,故特见宠异。"[1]库吏稍有小过,曹操都会亲责库吏,且其人竟惧怕至此,又曹冲前后数十次为吏员辩解,彼时曹操执法之严,可见一斑。

曹操亲责吏事,还设置新官监督吏民,其有云:"刑,百姓之命也,而军中典狱者或非其人,而任以三军死生之事,吾甚惧之。其选明达法理者,使持典刑。"[2]故建安十九年(214)十二月乙未曹操特于军中设理曹掾属以典司法刑狱,其在丞相府亦设有理曹掾,高柔和裴潜曾任此职。曹操还置校事以为耳目,"刺举而辨众事"[3],使之监察官吏。嘉平年间,黄门侍郎程晓云:"初无校事之官干与庶政者也。昔武皇帝大业草创,众官未备,而军旅勤苦,民心不安,乃有小罪,不可不察,故置校事,取其一切耳,然检御有方,不至纵恣也。此霸世之权宜,非帝王之正典。"[4]其后校事官一路发展,弊端丛生,最终被废,姑且不论,但此官绝非无用。如魏国初建时颁令禁酒,尚书郎徐邈私犯酒禁至于大醉,校事赵达向他询问曹事,徐邈醉酒不知,答非所问。赵达向曹操汇报此事,曹操大怒。幸得度辽将军鲜于辅进言开解,徐邈才得以免遭刑罚。[5]汉魏时的尚书典掌机要,地位颇重,徐邈醉酒至此,岂能不误国事?校事以此上言,确在其职权范围之内。

曹操虽揽申、商之术,却不弃孔、孟之道。观青年曹操的仕宦经

---

① 《三国志》卷二〇《邓哀王冲传》,第580—581页。
② 《三国志》卷一《武帝纪》,第44页。
③ 《三国志》卷二四《高柔传》,第684页。
④ 《三国志》卷一四《程昱传附程晓传》,第430页。
⑤ 《三国志》卷二七《徐邈传》,第739页。

历可知一二。其时天下大乱，儒学陵替，"从初平之元，至建安之末，天下分崩，人怀苟且，纲纪既衰，儒道尤甚"①。曹操二十岁举孝廉为郎，拜洛阳北部尉，不避豪强，严格执法，得罪宠臣，迁为顿丘令，坐事免官，后以能明古学得拜议郎，屡上忠言，但多不为时君所重，故不复献言。黄巾乱起，曹操先为骑都尉讨贼，后为济南相治国，皆有功，为汉廷征还，欲改拜东郡太守，不就，称疾归乡里，结庐静居，读书射猎。裴注《魏书》云："于是权臣专朝，贵戚横恣。太祖不能违道取容。数数干忤，恐为家祸，遂乞留宿卫。拜议郎，常托疾病，辄告归乡里；筑室城外，春夏习读书传，秋冬弋猎，以自娱乐。"②建安十五年（210）十二月己亥，曹操作令尤追念彼时短暂的清闲时光云："故以四时归乡里，于谯东五十里筑精舍，欲秋夏读书，冬春射猎，求底下之地，欲以泥水自蔽，绝宾客往来之望，然不能得如意。"③

曹操精通古学，又好读书，隐居乡里时，读书、射猎两事皆不偏废，即使在军旅，仍以读书为乐。裴注《魏书》赞曹操云："是以创造大业，文武并施，御军三十余年，手不舍书，昼则讲武策，夜则思经传，登高必赋，及造新诗，被之管弦，皆成乐章。"④又曹丕《典论》自叙有云："上（曹操）雅好诗书文籍，虽在军旅，手不释卷，每每定省从容，常言人少好学则思专，长则善忘，长大而能勤学者，唯吾与袁伯业耳。"⑤曹操于军中手不释卷，倒与光武颇似。东晋谢石云："世不常治，道亦时亡。光武投戈而习诵，魏武息马以修学，惧坠斯文，若此之至也。"⑥谢石便将曹操与光武并提，美其二人于乱世之中仍不废儒

---

① 《三国志》卷一三《王朗传附王肃传》，第420页。
② 《三国志》卷一《武帝纪》，第4页。
③ 《三国志》卷一《武帝纪》，第32页。
④ 《三国志》卷一《武帝纪》，第54页。
⑤ 《三国志》卷二《文帝纪》，第90页。
⑥ 《宋书》卷一四《礼志一》，第364页。

道。曹氏诸子亦多好学。曹丕少读经史,遍读诸书,其自云:"余是以少诵诗、论,及长而备历五经、四部,《史》《汉》、诸子百家之言,靡不毕览。"①曹植"年十岁余,诵读诗、论及辞赋数十万言,善属文"②。曹衮幼时好学,十余岁亦善作文,"每读书,文学左右常恐以精力为病,数谏止之,然性所乐,不能废也"③。曹彰勇猛过人,志比卫、霍,不乐读书,曹操即责之曰:"汝不念读书慕圣道,而好乘汗马击剑,此一夫之用,何足贵也!"④曹操因此还督促曹彰阅读《诗》《书》。由此可知,曹氏诸子好学当受曹操的影响。

曹操严以治吏,却宽以待民,不失儒教之风。建安八年(203)七月曹操下令曰:"丧乱已来,十有五年,后生者不见仁义礼让之风,吾甚伤之。其令郡国各修文学,县满五百户置校官,选其乡之俊造而教学之,庶几先王之道不废,而有以益于天下。"⑤建安九年(204)曹操攻取邺城,即免去河北地区当年的租赋,又下令抑制豪强兼并,命令郡国守相督查,百姓由是归心。裴注引《魏书》所载彼时政令曰:"有国有家者,不患寡而患不均,不患贫而患不安。袁氏之治也,使豪强擅恣,亲戚兼并;下民贫弱,代出租赋,衒鬻家财,不足应命;审配宗族,至乃藏匿罪人,为逋逃主。欲望百姓亲附,甲兵强盛,岂可得邪!其收田租亩四升,户出绢二匹、绵二斤而已,他不得擅兴发。郡国守相明检察之,无令强民有所隐藏,而弱民兼赋也。"⑥从令文来看,亦旨在与民休息,其中"不患寡而患不均,不患贫而患不安"⑦的表述正是

① 《三国志》卷二《文帝纪》,第90页。
② 《三国志》卷一九《陈思王植传》,第557页。
③ 《三国志》卷二〇《中山恭王衮传》,第583页。
④ 《三国志》卷一九《任城威王彰传》,第555页。
⑤ 《三国志》卷一《武帝纪》,第24页。
⑥ 《三国志》卷一《武帝纪》,第26页。
⑦ 程树德撰,程俊英、蒋见元点校:《论语集释》卷三三《季氏》,北京:中华书局,1990年,第1137页。

孔门圣训。梁满仓认为:"曹操制定此令的根据是儒家理论'有国有家者,不患寡而患不均',目的是为了抑制豪强,扶助弱民。命令把汉代的比率田租改为定额田租,减轻了农民负担,调动了他们的生产积极性,使他们的基本生活条件得以保障。"①

在曹操身上,意识形态上的崇儒与国家治理中的用法并行不废,这正是"霸王道杂之"的重要体现。兼杂王霸的政治思想,使曹操在面对纷乱的政局时能灵活地运用儒法二术安邦定国,这也使其集团迅速地从汉末群雄之中脱颖而出,一跃成为最强大的势力。②

2. 曹操主政时期的制度设计与政治实践

(1)围绕吏治展开的制度设计

曹操集团在发展壮大的同时,革除汉末弊政、完成制度建设亦是亟待实现的政治目标。东汉中后期吏治崩坏,是国家衰落的缘由之一,重建吏治迫在眉睫。在吏治管理体系的设计上,彼时刘廙就认为州郡县长官小吏不得其人,是因乱世人才匮乏,并非举者不用心。若想解决这一问题,"其计莫如督之以法"③,所谓"督之以法",应指为规范吏治而以法督官,重建完善的考课制度。若不如此,"不尔而数转易,往来不已,送迎之烦,不可胜计。转易之间,辄有奸巧,既于其事不省,而为政者亦以其不得久安之故,知惠益不得成于己,而苟且之可免于患,皆将不念尽心于恤民,而梦想于声誉,此非所以为政之本意也"④。刘廙所指即是汉末之弊,官吏迁转无度,心神不定,自然不

---

① 梁满仓:《三国儒家思想的特点》,《襄樊学院学报》2011年第4期。
② 关于曹操的先行研究可谓汗牛充栋,与本节主题相关的如日本学者北原加织在梳理曹操诸史事后认为,曹操本是兼杂王霸,其结合儒家的王道与法家的霸道以致治,陈寿受现实政治环境的影响,将曹操刻画成一个偏重法术之人。可参见〔日〕北原加织:《曹操的霸道与王道》,楼劲主编:《魏晋南北朝时期的政治与社会》,北京:中国社会科学出版社,2020年,第38—57页。
③ 《三国志》卷二一《刘廙传》,第616页。
④ 《三国志》卷二一《刘廙传》,第616—617页。

会用心于百姓,反而汲汲于声誉以求再次迁转。地方上又经常送迎长吏,劳民伤财,难免会产生奸巧,长此以往,整个吏治体系崩坏也是可以预见的。

刘廙还认为,一个优秀的长吏需兼有奉法、忧公、恤民三项素养。此三者,"长吏执之不已,于治虽得计,其声誉未为美;屈而从人,于治虽失计,其声誉必集也"①,而国家以名声为黜陟的评判标准,"以州郡之毁誉,听往来之浮言"②,因此长吏只会追名逐誉,不会尽心致治。故刘廙针对这一问题提出了自己的建议:"长吏皆宜使小久,足使自展。岁课之能,三年总计,乃加黜陟。课之皆当以事,不得依名。事者,皆以户口率其垦田之多少,及盗贼发兴,民之亡叛者,为得负之计。"③刘廙建议曹操令地方官吏久任地方,保持稳定,使其能推行己政;又综核名实,将诸如户口、垦田数目、盗贼发兴、百姓亡叛等具体的、与国家基层稳定息息相关的事项纳入考课范畴,每年考课,三年合计其人治理地方的成绩,并以此来确定官吏的黜陟。刘廙的治吏构想,与宣帝的吏治之法相仿,并在此基础上做了更加明确的改进。这一建议颇称曹操心意。

魏明帝太和年间群臣大议考课之制。杜恕有云:"今奏考功者,陈周、汉之法为,缀京房之本旨,可谓明考课之要矣。于以崇揖让之风,兴济济之治,臣以为未尽善也。其欲使州郡考士,必由四科,皆有事效,然后察举,试辟公府,为亲民长吏,转以功次补郡守者,或就增秩赐爵,此最考课之急务也。臣以为便当显其身,用其言,使具为课州郡之法,法具施行,立必信之赏,施必行之罚。至于公卿及内职大

---

① 《三国志》卷二一《刘廙传》,第617页。
② 《三国志》卷二一《刘廙传》,第617页。
③ 《三国志》卷二一《刘廙传》,第617页。

臣,亦当俱以其职考课之也。"①彼时考课法的废立虽然存在争议,但议复考课者所构想的制度蓝图与宣帝的经典吏治却也是如出一辙。

东汉末年著名的政论家仲长统少时知名,为尚书令荀彧推举,任尚书郎,后参丞相曹操军事,有感于古今行事,自撰《昌言》,以针砭时弊,其友人缪袭称其才章足以媲美董仲舒、贾谊、刘向、扬雄诸人。根据仲长统仕宦的经历,祝总斌推测《昌言》中强调"政在一人"的论说或有投合曹操之意。②陈勇认同祝先生的看法,并由此以为《昌言》集中反映了曹操时代的政治理论,其政治学说的主要功用,就是为曹操的专权大造舆论。③除仲长统外,北海徐幹亦曾效力于曹操幕府,与曹丕相友。曹丕曾赞徐幹"独怀文抱质,恬淡寡欲,有箕山之志,可谓彬彬君子矣"④,更称其著《中论》二十余篇,"辞义典雅,足传于后"⑤。徐幹虽"清玄体道",但尤深慕颜渊、荀子之行,并非超然独立于世,行文多托古人以现其意,《中论》亦关涉现实政治。在这一前提下,分析两人的著述或可窥见其时曹操幕府主流的政治思想。

如前文所述,吏治建设离不开合理的俸禄制度,两人对汉吏薄俸的态度延续了东汉中后期士人的普遍认识。徐幹《爵禄》篇指明古今对爵禄不同的看法。在徐幹看来,古时爵位用以褒奖有德之人,俸禄则用以奉养有功之人,德高者理应爵崇,功高者自然禄厚。高爵厚禄赏赐得人,时人亦以此为美。而后世则不然,"爵人不以德,禄人不

①　《三国志》卷一六《杜畿传附杜恕传》,第500—501页。
②　祝总斌:《两汉魏晋南北朝宰相制度研究》,北京:北京大学出版社,2017年,第101页。
③　陈勇:《董卓、曹操与汉魏皇权》,中国魏晋南北朝史学会编:《魏晋南北朝史研究》,武汉:湖北人民出版社,1996年,第124—132页。
④　《三国志》卷二一《王粲传附徐幹传》,第602页。
⑤　《三国志》卷二一《王粲传附徐幹传》,第602页。

以功,窃国而贵者有之,窃地而富者有之,奸邪得顾,仁贤失志,于是则以富贵相诟病矣"[1]。爵禄失序,自然为君子所不齿,"爵禄之贱也,由处之者不宜也;贱其人,斯贱其位矣"[2],徐幹此说当有抨击东汉其时赏罚失序、下吏薄俸之意。

仲长统对崔寔的《政论》颇为推崇,曾有云:"凡为人主,宜写一通,置之坐侧。"[3]和崔寔一样,仲长统对汉吏薄俸亦颇有微词,认为此制危害国家。这一认识集中体现在《损益篇》中。是文直言汉末之弊,认为官吏皆君子,"非自农桑以求衣食者也"[4],需要有足够的俸禄满足其人的生活需要。而事实恰恰相反,故仲长统进而痛斥薄俸之害:"彼君子居位为士民之长,固宜重肉累帛,朱轮四马。今反谓薄屋者为高,藿食者为清,既失天地之性,又开虚伪之名,使小智居大位,庶绩不咸熙,未必不由此也。得拘洁而失才能,非立功之实也。以廉举而以贪去,非士君子之志也。夫选用必取善士,善士富者少而贫者多,禄不足以供养,安能不少营私门乎?从而罪之,是设机置穽以待天下之君子也。"[5]薄禄不仅使得社会求名风气泛滥,还使得官吏苟营私门,败坏政治,反而得不偿失。仲长统亦谈及东汉末年的战乱对中下级官吏的侵夺,《损益篇》再云:"盗贼凶荒,九州代作,饥馑暴至,军旅卒发,横税弱人,割夺吏禄,所恃者寡,所取者猥,万里悬乏,首尾不救,徭役并起,农桑失业,兆民呼嗟于昊天,贫穷转死于沟壑矣。"[6]寥寥数语,却是东汉末年社会失衡的真实写照。在仲长统看来,君子

---

[1] [魏]徐幹撰,孙启治解诂:《中论解诂·爵禄第十》,北京:中华书局,2014年,第172页。

[2] [魏]徐幹撰,孙启治解诂:《中论解诂·爵禄第十》,第171页。

[3] 《后汉书》卷五二《崔骃传附崔寔传》,第1725页。

[4] [汉]仲长统撰,孙启治校注:《昌言校注》,第297页。

[5] [汉]仲长统撰,孙启治校注:《昌言校注》,第297页。

[6] [汉]仲长统撰,孙启治校注:《昌言校注》,第301页。

治民,无暇专事农桑,故需要相对丰厚的俸禄来维持生活,以弥补其不事农桑的损失。对此,仲长统主张增加官俸,如此既可禁绝官吏违法犯罪,又可改变社会风气,最终达到政清人和的境界,所谓"奉禄诚厚,则割剥贸易之罪乃可绝也"①。由徐幹、仲长统之言可知曹操对吏治建设的态度。重建吏治应是曹操完成政权建设的首要任务,而宣帝经典吏治建设的精髓并没有丝毫褪色,这一时段士人对吏治建设的设想,不出孝宣政治之右。

(2)以重建选举、再造吏治为主的政治实践

曹操主政时期,士人纷纷设计政治体制以重建吏治,其所蕴含的政治思想颇有宣帝之风,而在彼时的具体政治实践中,同样可以看到孝宣故政的部分回归。首先,孝宣政治综核名实、信赏必罚的精神仍贯穿其中。以选举为例,东汉选举的腐败前文已有述及。东汉末年,百余年的儒风浸润,加之现实政治的影响,时人尤尚品评人物。选举偏重名声,以名取人,大多不问才能,"逮桓灵之间,主荒政缪,国命委于阉寺,士子羞与为伍,故匹夫抗愤,处士横议,遂乃激扬名声,互相题拂,品核公卿,裁量执政,婞直之风,于斯行矣"②。士人虽以救世中兴为初衷,却间接败坏了世风,致使时人盲目追求虚名。人才的名实错位严重影响了国家的统治。选举之风败坏,选举之权所托非人,又没有相应的考课惩治措施,致使其时选举很难选出优秀人才,国家的正常运转也因此难以为继。时有民谚曰:"举秀才,不知书;察孝廉,父别居。寒素清白浊如泥,高第良将怯如鸡。"③葛洪叹云:"历览前载,逮乎近代,道微俗弊,莫剧汉末也。……夫何哉?失人故也。"④葛

①　[汉]仲长统撰,孙启治校注:《昌言校注》,第297页。
②　《后汉书》卷六七《党锢列传》,第2185页。
③　杨明照:《抱朴子外篇校笺》(上)卷一五《审举》,第393页。
④　杨明照:《抱朴子外篇校笺》(下)卷三三《汉过》,第121—135页。

洪以为东汉之失,在于选举有阙,"进官,则非多财者不达也;狱讼,则非厚货者不直也。官高势重,力足拔才,而不能发毫厘之片言,进益时之翘俊也。其所用也,不越于妻妾之戚属;其惠泽也,不出乎近习之庸琐"①。重建完备的选举制度迫在眉睫。

有鉴于此,曹操对选举颇为重视。曹操本就深明此道,史称其"知人善察,难眩以伪"②,选才常不拘一格,"拔于禁、乐进于行陈之间,取张辽、徐晃于亡虏之内,皆佐命立功,列为名将;其余拔出细微,登为牧守者,不可胜数"③,又曾下著名的求才三令,不拘于名,以求天下贤才,还信任崔琰、毛玠、陈群、钟繇等人,任用法度,考课才能。王夫之云:"曹孟德心知摧折者之固为乱政,而标榜者之亦非善俗也,于是进崔琰、毛玠、陈群、钟繇之徒,任法课能,矫之以趋于刑名,而汉末之风暂息者数十年。"④

崔琰、毛玠二人于重建选举最为得力。崔琰初好侠,后折节尚学。毛玠则"少为县吏,以清公称"⑤,本欲避乱荆州,因刘表政令不明而作罢,后入曹操幕府为治中从事,曾谏曹操云:"夫兵义者胜,守位以财,宜奉天子以令不臣,修耕植,畜军资,如此则霸王之业可成也。"⑥曹操采纳其策,果成霸业。尔后崔、毛二人并典选举,综核名实,选任良吏,罢黜奸臣。裴注《先贤行状》载崔琰事云:"琰清忠高亮,雅识经远,推方直道,正色于朝。魏氏初载,委授铨衡,总齐清议,十有余年。文武群才,多所明拔。朝廷归高,天下称平。"⑦又《先贤行

① 杨明照:《抱朴子外篇校笺》(下)卷三三《汉过》,第122页。
② 《三国志》卷一《武帝纪》,第54页。
③ 《三国志》卷一《武帝纪》,第54页。
④ [清]王夫之著,舒士彦点校:《读通鉴论》卷一〇,第283页。
⑤ 《三国志》卷一二《毛玠传》,第374页。
⑥ 《三国志》卷一二《毛玠传》,第374—375页。
⑦ 《三国志》卷一二《崔琰传》,第369页。

状》记毛玠事曰:"玠雅亮公正,在官清恪。其典选举,拔贞实,斥华伪,进逊行,抑阿党。诸宰官治民功绩不著而私财丰足者,皆免黜停废,久不选用。于时四海翕然,莫不励行。至乃长吏还者,垢面羸衣,常乘柴车。军吏入府,朝服徒行。人拟壶飧之洁,家象濯缨之操,贵者无秽欲之累,贱者绝奸货之求,吏絜于上,俗移乎下,民到于今称之。"[1]又史载二人之事云:"其所举用,皆清正之士,虽于时有盛名而行不由本者,终莫得进。"[2]世子曹丕曾亲自拜诣毛玠,希望其能在选举上予以方便,毛玠竟以奉公为由推辞。[3]可知二人皆公正不阿,尽心选举。毛玠又以身作则,奉行勤俭,移风易俗,矫正时弊,"由是天下之士莫不以廉节自励,虽贵宠之臣,舆服不敢过度"[4]。在二人治下,选举遂清。曹操由是生发出"用人如此,使天下人自治,吾复何为哉"[5]的感慨。

其次,出于树立权威、巩固统治的考虑,正确治理新征服郡县亦是曹操集团需要完成的现实目标。彼时的地方治理中亦可窥见孝宣政治的残影,与前文所举刘厵的制度设计相仿,增良吏秩,使其久任地方的典型孝宣旧制即属此例。建安二年(197)袁术僭号,遣使告知吕布,并有意为其子求娶吕布之女。沛相陈珪闻袁术欲与吕布联合,恐为后患,便力劝吕布归顺国家,致使袁、吕两家交恶。陈珪又遣其子陈登入朝陈说吕布之害,曹操因此增陈珪秩中二千石,又拜陈登为广陵太守,将东方之事委托给陈氏父子,令其牵制吕布。[6]又建安十年(205)袁绍外甥高幹据并州而反,曹操以杜畿为河东太守。杜

---

[1]　《三国志》卷一二《毛玠传》,第375—376页。
[2]　《三国志》卷一二《毛玠传》,第375页。
[3]　《三国志》卷一二《毛玠传》,第375页。
[4]　《三国志》卷一二《毛玠传》,第375页。
[5]　《三国志》卷一二《毛玠传》,第375页。
[6]　《三国志》卷七《吕布传》,第224页。

畿智勇双全,单骑平定河东之乱,又治郡得法,崇尚宽惠,讲戎修武,兴复德教,深得民心。其后西州诸将反,河东不动如山,供给军队不止。国家平陇后,曹操即下令曰:"河东太守杜畿,孔子所谓'禹,吾无间然矣'。增秩中二千石。"①杜畿镇守河东十六年,考课常为天下第一。守相长期任职地方,君主增加其秩级以褒扬其功,这显然与宣帝经典的治吏举措相仿。西晋李重有云:"舜命九官,周公六职,秦采古制,汉仍秦旧,倚丞相,任九卿,虽置五曹、尚书令、仆射之职,始于掌封奏以宣内外,事任尚轻,而郡守牧民之官重,故汉宣称所与为治,唯良二千石,其有殊效者,辄玺书勉励,或赐爵进秩,礼遇丰厚,得为治大体,所以远踪三代也。及至东京,尚书虽渐优显,然令仆出为郡守,钟离意、黄香、胡广是也。郡守入为三公,虞延、第五伦、桓虞、鲍昱是也。近自魏朝名守杜畿、满宠、田豫、胡质等,居郡或十余年,或二十年,或秩中二千石假节,犹不去郡,或还不易方,此亦古人苟善其事,虽没世不徙官之义也。"②李重钩沉索隐,重建前代制度演进的脉络,宣帝的重要地位可见一斑。这也深刻地影响了曹魏早期的政权建设,如杜畿、满宠、田豫、胡质等一批良二千石的涌现,便是这一影响的真实写照。

曹操麾下群臣亦是兼杂王霸,灵活治郡。建安二年(197)赵俨任郎陵长,县中豪猾纵横,赵俨取其甚者判处极刑,又上表请以释放,由是恩威并著。曹袁争锋之时,赵俨行权变之法,建议李通、荀彧等人暂缓向阳安郡百姓征税,以安定民心,稳固后方。赵俨之议为曹操所纳,退还绵绢,于是百姓欢喜,郡内遂平。③何夔之事与赵俨颇似,

---

① 《三国志》卷一六《杜畿传》,第496页。
② [晋]李重:《杂奏议》,[清]严可均辑:《全晋文》卷五三,北京:中华书局,1958年,第1764—1765页。
③ 《三国志》卷二三《赵俨传》,第668页。

其时长广"郡滨山海,黄巾未平,豪杰多背叛"①,何夔就任太守,恩威并施,或出兵征讨,或恩德抚之,接连平定了境内三股不同的势力,使长广重回安定。后曹操始制新科,颁布于诸州郡,又收租税绵绢。何夔以为长广初定,不可卒绳以法,即云:"愚以为此郡宜依远域新邦之典,其民间小事,使长吏临时随宜,上不背正法,下以顺百姓之心。比及三年,民安其业,然后齐之以法,则无所不至矣。"②何夔旨在安定百姓,便宜行事,曹操听从其言。后海贼郭祖劫掠青州诸郡,曹操因何夔先前在长广树有威信,故拜其为乐安太守以御敌,何夔到乐安数月后诸郡皆平。又裴潜先为代郡太守,治郡得法,威服北方,后入丞相府为理曹掾。曹操褒扬裴潜治郡之功,裴潜自道治术云:"潜于百姓虽宽,于诸胡为峻。今计者必以潜为理过严,而事加宽惠;彼素骄恣,过宽必弛,既弛又将摄之以法,此讼争所由生也。以势料之,代必复叛。"③裴潜治理代郡,分而治之,张弛有度,继任者不解裴潜之意,张弛无度,难堪其任,后不出裴潜所料,代郡乌丸果然反叛。

　　宣帝时循吏治郡的故事也常为其人所征引,如曹操平袁氏后,命高柔为菅长,菅县吏民颇闻其名,个中奸吏欲自退,高柔行丙吉不案吏之故事,不问旧事,诸奸吏感悟而自励,皆成佳吏。④又曹操征汉中后以杨阜为武都太守,武都与刘备辖境接壤,首当其冲,杨阜请依孝宣时龚遂故事,安抚百姓而已。龚遂以为治乱民犹治乱绳,不可急,当先缓之而后治,又得一切便宜从事,其治渤海如此,果有循吏之名。杨阜如龚遂故事,"为政举大纲而已"⑤,治郡得法,在百姓间颇有威

---

① 《三国志》卷一二《何夔传》,第379页。
② 《三国志》卷一二《何夔传》,第380页。
③ 《三国志》卷二三《裴潜传》,第672页。
④ 《三国志》卷二四《高柔传》,第683页。
⑤ 《三国志》卷二五《杨阜传》,第704页。

信，刘备取汉中后威逼下辩，曹操欲徙民内迁以避锋芒，万余户百姓并不恋土，"襁负而随之"①，可见杨阜治郡之功。以上诸官吏治郡县，无不体现着恩威并施、权法并用的精神。

东汉末世失之于宽，尤为世人所知。裴注《三国志·吴主传》引《吴录》记有一事，可观世风。建安初年的某日，正在整齐风俗的华歆路遇时年十一岁的吴郡沈友，颇为惊异，便请他登车交谈，沈友对云："君子讲好，会宴以礼，今仁义陵迟，圣道渐坏，先生衔命，将以裨补先王之教，整齐风俗，而轻脱威仪，犹负薪救火，无乃更崇其炽乎！"②蓬头稚子尚知儒术不足以救乱世，曹操乃超世之杰，又怎会不晓其中利害？官渡战前郭嘉为曹操分析战争前景时，曾历数曹袁两方十胜十败。裴注《傅子》载其对云："汉末政失于宽，绍以宽济宽，故不摄，公纠之以猛而上下知制，此治胜三也。"③郭嘉以为汉末政治失之于宽，袁绍以宽救宽，难以为继，曹操以猛纠之，正可救世。曹操于建安八年（203）五月庚申令中有所谓"治平尚德行，有事赏功能"④之语。魏国初建，曹操下令褒扬丞相理曹掾高柔有曰："夫治定之化，以礼为首。拨乱之政，以刑为先。"⑤仲长统于其时亦有云："德教者，人君之常任也，而刑罚为之佐助焉。古之圣帝明王所以能亲百姓，训五品，和万邦，蕃黎民，召天地之嘉应，降鬼神之吉灵者，实德是为，而非刑之攸致也。至于革命之期运，非征伐用兵则不能定其业，奸宄之成群，非严刑峻法则不能破其党。时势不同，所用之数亦宜异也。"⑥

---

① 《三国志》卷二五《杨阜传》，第704页。
② 《三国志》卷四七《吴主传》，第1117页。
③ 《三国志》卷一四《郭嘉传》，第432页。
④ 《三国志》卷一《武帝纪》，第24页。
⑤ 《三国志》卷二四《高柔传》，第683—684页。
⑥ ［汉］仲长统撰，孙启治校注：《昌言校注》，第321页。原文"非征伐用兵则不能定其业奸宄之成群"云云无句读，据严可均所辑《全后汉文》改。可参见［汉］仲长统：《昌言上》，［清］严可均辑：《全后汉文》卷八八，第948页。

可见,曹操清楚理乱当以刑法、治平则儒术为先的道理,而其时由百余年宽和行政所带来的乱世,唯有重法先行,辅以儒术,方能致治。

就东汉末年的曹操集团而言,在具体的政治实践中既重视选举,讲求综核名实,招揽大批人才,又通过对征服地方的得当治理,使得百姓归心。傅嘏云:"自建安以来,至于青龙,神武拨乱,肇基皇祚,扫除凶逆,芟夷遗寇,旌旗卷舒,日不暇给。及经邦治戎,权法并用,百官群司,军国通任,随时之宜,以应政机。"①曹操重视法术之功用,却又不偏废儒术,亦并未追求统一的治术,而是因时因地调整,此倒并非申、商之常道,乃是自秦汉以来儒法合流的历史结果。曹操政治思想与政治实践的结合,在笔者看来,可以视为孝宣政治的回归。但受限于时代背景,这种回归与经典的孝宣政治,甚至是东汉初年基于孝宣政治发展而来的建武永平之政相比都是不完整的,是不充分的回归。

（二）蜀汉创业时期政治管窥

三国除曹魏外,蜀汉政治亦颇具特色。标榜汉家正统的蜀汉创业君臣如刘备、诸葛亮自然对"霸王道杂之"的汉家制度倾心有加。蜀汉制度"犹略祖东京"②,于三国之中变更最少,即是一明证。王夫之有云:"起于学士大夫、习经术、终陟大位者三:光武也,昭烈也,梁武帝也。故其设施与英雄之起于草泽者有异,而光武远矣。昭烈习于儒而淫于申、韩,历事变而权术荡其心,武侯年少而急于勋业,是以刑名乱之。"③在王夫之的认识中,千年来只有汉光武帝刘秀、汉昭烈帝刘备、梁武帝萧衍三人初为儒生,后登九五,故其人行政与草莽英

---

① 《三国志》卷二一《傅嘏传》,第623页。
② ［清］洪饴孙:《三国职官表序》,二十五史刊行委员会编集:《二十五史补编》,第2731页。
③ ［清］王夫之著,舒士彦点校:《读通鉴论》卷六,第146页。

雄不同,只因其后刘备浸淫于申韩之术,故不及光武。王夫之又认为魏、蜀皆行申、韩之法。其文云:"曹氏始用崔琰、毛玠,以操切治臣民,而法粗立。王道息,申、韩进,人心不固,而国祚不长,有自来也。诸葛之相先主也,淡泊宁静,尚矣。而与先主皆染申、韩之习,则且与曹氏德齐而莫能相尚。"①这一认识颇有见地,刘备和诸葛亮对法术的推崇,确实与曹操相类。陈寅恪敏锐地发现西晋时吴、蜀故人对洛阳统治政权的态度不同,认为:"虽与被征服时间之长短有关,然非其主因,其主因在两国统治者之阶级性各殊所致。蜀汉与曹魏固是死敌,但曹操出身寒族,以法术为治,刘备虽自云汉之宗室,然渊源既远,不能纪其世数,与汉之光武迥异,实亦等于寒族,诸葛亮为诸葛丰之后,乃亦家世相传之法家,故两国施政之道正复相同。"②陈先生从魏、蜀两国创业君主的阶级性质入手,又指明琅琊诸葛氏世传法学,以为魏、蜀两国政道相同,皆用法术为治。唐长孺亦有此说,认为曹操与诸葛亮政治主张基本一致,皆出于法家。③前贤所论颇是,但法术之外,蜀汉君臣治道犹有一说。

1. 刘备的政治思想与政治实践

刘备虽号称出身西汉宗室,却是疏属,至东汉末年更已与平民无异。刘备少时以贩履织席为业,曾求学于当世名儒卢植,但其性不乐读书,尤喜游侠,"不甚乐读书,喜狗马、音乐、美衣服。……好交结豪侠,年少争附之"④。黄巾乱起,刘备东征西讨,屡立战功,周历三县,后转投公孙瓒,为别部司马,再因战功试守平原令,更领平原相,治郡颇得人心。《三国志·先主传》云:"郡民刘平素轻先主,耻为之下,使客

---

① [清]王夫之著,舒士彦点校:《读通鉴论》卷一〇,第276页。
② 陈寅恪:《述东晋王导之功业》,《金明馆丛稿初编》,第56—57页。
③ 唐长孺:《魏晋南北朝史论丛》,北京:中华书局,2011年,第293页。
④ 《三国志》卷三二《先主传》,第871—872页。

刺之。客不忍刺,语之而去。其得人心如此。"裴注引《魏书》曰:
"刘平结客刺备,备不知而待客甚厚,客以状语之而去。是时人民饥
馑,屯聚钞暴。备外御寇难,内丰财施,士之下者,必与同席而坐,同
簋而食,无所简择。众多归焉。"①刘备治郡内外兼顾,既整军备战,又
颇得民心,当是兼综王霸二道。

其后刘备或寄人篱下,或颠沛流离,并无一块长期稳固的地
盘,所得土地人民多是得而复失。直到赤壁之战后刘备才时来运
转,短短十余年间便跨州连郡,南面称孤。刘备最终能割据一方,
登九五之位,取益州为关键一步。这一战略构想发端于诸葛亮隆
中对所谓"跨有荆益"之说,但建安十六年(211)刘璋邀刘备入蜀
击张鲁时,因荆州新定多务,故起初诸葛亮留镇荆州,未随刘备一
道入川。庞统与法正则于此时并为刘备之双翼,助其翻然翱翔于
西蜀。

姑且不谈法正,由庞统与刘备关于是否应取益州的谈话,可见其
治道之变。庞统力劝刘备"权借"益州,刘备再三推辞,裴注引《九
州春秋》载刘备辞说云:"今指与吾为水火者,曹操也,操以急,吾以
宽;操以暴,吾以仁;操以谲,吾以忠;每与操反,事乃可成耳。今以
小故而失信义于天下者,吾所不取也。"②此言不假,建安十三年
(208),曹操兵锋直指荆州。大军未到,刘表却染病身死,次子刘琮即
位,左右见状,劝谏刘琮归顺,于是刘琮便向曹操请降。刘备只得溃
退,"琮左右及荆州人多归先主。比到当阳,众十余万,辎重数千两,
日行十余里,别遣关羽乘船数百艘,使会江陵"③,有人劝刘备放弃十
余万手无寸铁,又严重拖慢行军速度的荆州百姓,速保江陵,刘备

---

① 《三国志》卷三二《先主传》,第872—873页。
② 《三国志》卷三七《庞统传》,第955页。
③ 《三国志》卷三二《先主传》,第877页。

云："夫济大事必以人为本,今人归吾,吾何忍弃去!"①裴注引习凿齿之语曰："先主虽颠沛险难而信义愈明,势逼事危而言不失道。追景升之顾,则情感三军;恋赴义之士,则甘与同败。观其所以结物情者,岂徒投醪抚寒含蓼问疾而已哉!其终济大业,不亦宜乎!"②曹操谋臣傅幹亦曾称刘备"宽仁有度"③。刘备本欲视曹操为参照,反其道而行之,以收众心。可知刘、曹二人起初治道相左。庞统却有不同见解,其对曰:"权变之时,固非一道所能定也。兼弱攻昧,五伯之事。逆取顺守,报之以义,事定之后,封以大国,何负于信?今日不取,终为人利耳。"④庞统认为非常之时不能拘泥于一道,兼弱攻昧,是春秋五霸之事,又举汤、武逆取顺守,以大国优封前朝宗室之故事,以示此举不失于义。于是刘备遂行庞统之议,入川取益州。此当为刘备治道之一变。

刘备定蜀至其去世,前后时间不长,《蜀书》又颇简略,刘备治蜀之事不详。《三国志·简雍传》倒记有一事,彼时天旱禁酒,酿酒者被刑,有官吏从百姓家中搜出酿酒工具,论者就认为此人应与酿酒者同罪,宜加以刑罚,若非简雍以他事开解,想必其人难逃刑罚。⑤又裴注《后主传》引《华阳国志》曰:"丞相亮时,有言公惜赦者,亮答曰:'治世以大德,不以小惠,故匡衡、吴汉不愿为赦。先帝亦言吾周旋陈元方、郑康成间,每见启告,治乱之道悉矣,曾不语赦也。若刘景升、季玉父子,岁岁赦宥,何益于治!'"⑥刘备主政,重刑慎赦,其以申、韩之法治国可为一观。

---

① 《三国志》卷三二《先主传》,第877页。
② 《三国志》卷三二《先主传》,第878页。
③ 《三国志》卷三二《先主传》,第883页。
④ 《三国志》卷三七《庞统传》,第955页。
⑤ 《三国志》卷三八《简雍传》,第971页。
⑥ 《三国志》卷三三《后主传》,第903页。

刘备称帝不及三月便挥师向东,兵败夷陵后又常驻永安,不久便染病身故。在病重托孤之际,刘备敕遗诏于刘禅,建议其可自行阅读《汉书》《礼记》《六韬》《商君书》以及诸子之说,又言听闻诸葛亮为刘禅抄写《申子》《韩非子》《管子》《六韬》一份,未及送达却遗失于道,于是鼓励刘禅主动去学习此类知识。①由此可见刘备对申、韩之术的推崇。王夫之云:"先主习于申、韩而以教子,其操术也,与曹操同,其宅心也,亦仿佛焉。"②可惜后主于此建树无多。

2. 诸葛亮的政治思想与政治实践

诸葛亮为千古名臣,前贤时彦对其政治思想与政治实践的研究可谓汗牛充栋。③又因孔明独掌大权在刘备去世后,稍稍超出了本书所框定的时间范围,故不拟展开。不过,诸葛亮之治道在汉魏禅代前倒有一事可说,事见裴注《蜀记》。西晋初年扶风王司马骏镇关中,某日与幕府诸士大夫议论诸葛亮生平事迹。论者多非诸葛亮,金城郭冲条陈诸葛亮隐事有五,称其天下奇才,为众人所服。其一事云:"亮刑法峻急,刻剥百姓,自君子小人咸怀怨叹,法正谏曰:'昔高祖入关,约法三章,秦民知德,今君假借威力,跨据一州,初有其国,未垂惠抚;且客主之义,宜相降下,愿缓刑弛禁,以慰其望。'亮答曰:'君知其一,未知其二。秦以无道,政苛民怨,匹夫大呼,天下土崩,高祖因之,可以弘济。刘璋暗弱,自焉已来有累世之恩,文法羁縻,互相承

①　《三国志》卷三二《先主传》,第891页。
②　[清]王夫之著,舒士彦点校:《读通鉴论》卷一〇,第287页。
③　其中较为经典的有:周一良《论诸葛亮》(《历史研究》1954年第3期)、王利器《试论诸葛亮的政治思想》(成都市诸葛亮研究会编:《诸葛亮研究》,成都:巴蜀书社,1985年,第18—33页)、李伯勋《诸葛亮用人观与政治思想探》(《诸葛亮集笺论》,西安:陕西人民出版社,1997年,第300—306页)等,牟发松《标榜风流　远明管乐——略论诸葛亮的名士风范》(《汉唐历史变迁中的社会与国家》,上海:上海人民出版社,2011年,第384—395页)一文亦有讨论诸葛亮的政治思想,具有重要的参考价值。

奉,德政不举,威刑不肃。蜀土人士,专权自恣,君臣之道,渐以陵替;宠之以位,位极则贱,顺之以恩,恩竭则慢。所以致弊,实由于此。吾今威之以法,法行则知恩,限之以爵,爵加则知荣;荣恩并济,上下有节。为治之要,于斯而著。'" ①

裴松之对郭冲此说颇为怀疑,其难曰:"案法正在刘主前死,今称法正谏,则刘主在也。诸葛职为股肱,事归元首,刘主之世,亮又未领益州,庆赏刑政,不出于己。寻冲所述亮答,专自有其能,有违人臣自处之宜。以亮谦顺之体,殆必不然。又云亮刑法峻急,刻剥百姓,未闻善政以刻剥为称。" ②后世史家则有不同看法,元人苟宗道注郝经《续后汉书·诸葛亮传》云:"世期辨冲二事,其刺客一节则得之,谓法正比昭烈即位已卒,且诸葛亮未领益州,为不然。时昭烈取益州,以亮为军师将军署左将军府事镇守成都,以为璋父子威令不行,将骄卒惰,故励威严,以兴衰激懦,救弊之政也,其答正之语,得为治之要矣,岂必即位领益州,然后为之哉。" ③

苟宗道之说颇是,这需要结合东汉末年一个相对长时段的益州地方政治来观察。灵帝时四方扰攘,宗室刘焉以刺史威轻,建议朝廷选重臣为牧伯镇之。刘焉本欲避世难,求牧交阯,后听闻侍中董扶称益州分野有天子气,便有意为牧益州,加之彼时益州刺史郤俭贪残放滥,不得民心,汉廷即拜刘焉为益州牧。刘焉初治益州即宽猛并济,"抚纳离叛,务行宽惠,阴图异计" ④,又杀州中豪强,以立威刑,遂定益州。尔后刘焉病死,益州大吏巴西赵韪等贪其子刘璋温仁,上表公推"性宽柔,无威略" ⑤的刘璋为益州刺史。来自东州(南阳、三辅)的流

---

① 《三国志》卷三五《诸葛亮传》,第917页。
② 《三国志》卷三五《诸葛亮传》,第917页。
③ [元]郝经:《续后汉书》卷一五《诸葛亮传》,清道光二十一年刻本,叶7a—b。
④ 《三国志》卷三一《刘焉传》,第866—867页。
⑤ 《三国志》卷三一《刘璋传》,第869页。

民本为刘焉所用,后竟反客为主,侵暴益州人。刘璋不能禁止,政令多阙,致使益州吏民怨声载道。赵韪素得民心,又为刘璋器重,故因势而起,向荆州请和,又联合州中大姓起兵讨伐刘璋,益州大乱。刘璋驰还成都守备,东州兵亦畏赵韪之威,故同心共助刘璋,最终一道平定了赵韪之乱。

　　益州暂平,刘璋却没能彻底解决历史遗留问题。此战中东州兵为刘璋戡乱,自然矜功伐能。张松劝刘璋请刘备入川的理由之一,便是益州诸将恃功骄豪有贰心。观张松所提益州诸将,庞羲与刘璋有旧,裴注引《英雄记》曰:"庞羲与璋有旧,又免璋诸子于难,故璋厚德羲,以羲为巴西太守,遂专权势。"①《三国志·刘焉传》云:"议郎河南庞羲与焉通家,乃募将焉诸孙入蜀。"②此当为一人,并非益州人士。又李异原为赵韪部将,后杀赵韪以邀功,两人皆与此次内乱有关。而刘备入蜀同样带来了大批旧部,史家称之为荆州集团,加之益州原本存在的益州集团和东州集团,巴蜀区区一州之地竟同时有三个势力共存。以刘备为首的荆州集团自然居首位,东州、益州则居于下流。③

---

① 《三国志》卷三一《刘璋传》,第869页。
② 《三国志》卷三一《刘焉传》,第867页。
③ 田余庆曾撰文谈论蜀汉主客之争,颇有见解,可参见田余庆:《李严兴废与诸葛用人》,《秦汉魏晋史探微》(重订本),第190—207页。尹韵公论及蜀国灭亡的原因时就提到了荆州地主集团、东州地主集团和益州土著集团,这三大集团的分合是蜀汉灭亡的原因之一,可参见尹韵公:《谈蜀国灭亡的原因》,《文史哲》1982年第5期。高敏从兵制的角度讨论东州兵及其与益州土著的矛盾,可详参高敏:《汉魏之际的几支特殊世兵——青州兵、徐州兵与东州兵》,中国魏晋南北朝史学会编:《魏晋南北朝史研究》,第40—54页。朱子彦和边锐合作的《诸葛亮接班人与蜀汉政权存亡》(《探索与争鸣》2007年第10期)以及自撰之《孟达败亡之因——蜀汉政权内部的集团斗争》(《探索与争鸣》2009年第11期)两文都涉及三大集团斗争之事,并认为这样的斗争影响了蜀汉的历史发展,值得关注。又有白杨、黄朴民(《论蜀汉政权的政治分化》,《中国史研究》2008年第4期)、安剑华(《"东州士"与蜀汉政权》,《成都大学学报》2010年第6期)、贾海鹏(《三国时期吴蜀两国人才的地理分布及其政治影响》,湖南师范大学硕士学位论文,2012年)等相关论作可供参考。

针对益州复杂的现实政治环境,诸葛亮用严法治之可谓正得其要。

诸葛亮亦并非不识他术,观其所撰诸治国方略可知一二,如《论诸子》即有云:"商鞅长于理法,不可以从教化。"[1]又有《便宜十六策》,其中不乏举措、考黜、赏罚等治国要术,主张选贤任能,明赏罚,定黜陟。[2]由此推之,诸葛亮重刑罚当是其治国的一个面相。整体而言,当仍是兼杂王霸之术。陈寿评曰:"诸葛亮之为相国也,抚百姓,示仪轨,约官职,从权制,开诚心,布公道;尽忠益时者虽雠必赏,犯法怠慢者虽亲必罚,服罪输情者虽重必释,游辞巧饰者虽轻必戮;善无微而不赏,恶无纤而不贬;庶事精练,物理其本,循名责实,虚伪不齿;终于邦域之内,咸畏而爱之,刑政虽峻而无怨者,以其用心平而劝戒明也。可谓识治之良才,管、萧之亚匹矣。然连年动众,未能成功,盖应变将略,非其所长欤!"[3]陈寿后又整理诸葛亮遗文,上表论及诸葛亮治蜀之事有云:"及备殂没,嗣子幼弱,事无巨细,亮皆专之。于是外连东吴,内平南越,立法施度,整理戎旅,工械技巧,物究其极,科教严明,赏罚必信,无恶不惩,无善不显,至于吏不容奸,人怀自厉,道不拾遗,强不侵弱,风化肃然也。"[4]

陈寿认为诸葛亮治国循名责实,赏罚必信,这与班固对汉宣帝的评价相类,可知诸葛亮治蜀亦是奉行此政,一如孝宣政治。田余庆认为:"乱世创业君臣,执名实刑赏以驭天下,强调循名责实,信赏必罚,以立威权。名实刑赏,是他们巩固团结的主要手段,可以说,这是东汉末年群雄争竞以来具有时代特点的现象。诸葛亮以法治蜀,也是

---

[1] [三国]诸葛亮著,段熙仲、闻旭初编校:《诸葛亮集·文集》卷二《论诸子》,第48页。

[2] 史家关于《便宜十六策》是否为诸葛亮所撰尚有争议,李伯勋撰文认为当为诸葛亮原作,笔者认同这一说法,可参见李伯勋:《诸葛亮集笺论》,第355—366页。

[3] 《三国志》卷三五《诸葛亮传》,第934页。

[4] 《三国志》卷三五《诸葛亮传》,第930页。

如此。"①李伯勋在讨论诸葛亮用人观和政治思想时认为:"汉代学术思想主儒,但统治阶级治国的政治思想制度却始终是儒法兼用。汉宣帝明言:'汉家自有制度,本以霸王道杂之,奈何纯任德教,用周政乎!'而以'兴复汉室'为己任的诸葛亮对汉家'制度'自然明白且确有因袭,他治蜀的实践主要是儒法兼用。"②秦涛撰文总结蜀汉制度中的郑玄学说因素,认为郑学对蜀汉制度的影响有两处可约略言之,其一是蜀汉文教制度之儒风蔚然,其二则是蜀汉法治政策之宽严相济。③蜀汉政治中的孝宣因素,由此可略见一斑。当然,和曹操一样,刘备、诸葛亮的政治思想和政治实践的结合与经典的孝宣政治相比同样是不充分的,这一点是需要说明的。

第二节　谶纬异象与汉魏嬗代

一、两汉间孝宣谶纬异象的功用流变

　　除开治道认同,比附宣帝特殊的政治符号也是这一时段东汉士人异变的"孝宣情结"的重要表现形式。此时"孝宣情结"的异变,使得原有旧因素的新变化影响了整个历史进程的发展。"孝宣情结"本缘起于东汉士人对孝宣政治的认同,虽侧重于宣帝的政治思想和政治实践,但宣帝登基前后频繁出现的谶纬祥瑞异象,亦是"孝宣情结"缘起过程中不可缺少的一部分。正是通过这类政治符号的塑

① 田余庆:《李严兴废与诸葛用人》,《秦汉魏晋史探微》(重订本),第203页。
② 李伯勋:《诸葛亮用人观与政治思想探》,《诸葛亮集笺论》,第304页。需要说明的是,笔者与李伯勋先生的思想取径不同,李先生的思路应是汉政兼用儒法,诸葛亮要光复汉室,故诸葛亮要沿袭汉政,笔者则认为诸葛亮从实际出发以儒法治国,并非盲目模仿汉政,倒是殊途同归。
③ 秦涛:《蜀汉法制"郑义"发微》,《许昌学院学报》2014年第1期。

造,宣帝得以顺利地完成从庶民到天子的跳跃,巩固皇权。政治符号自身也因此成为极具宣帝个人色彩的标志之一。汉成帝时刘向上封事即有云:"物盛必有非常之变先见,为其人微象。孝昭帝时,冠石立于泰山,仆柳起于上林。而孝宣帝即位……"①每每出现诸如大石自立、虫叶成字、凤凰、神爵等异象谶纬祥瑞时,很难让人不联想到汉宣帝。

谶纬祥瑞异象具有两面性,太平盛世,这类政治符号可强化皇权,尚不足以影响国家的统治,但在天下纷乱、民心浮动时,则有危国乱家之嫌。魏斌指出,东汉帝国崩坏后兴起的诸政权对待符瑞的态度比较复杂,他们大都借助符瑞以寻求正统性支持,又不得不提防其潜在的政治危险。②这类用以建构宣帝天命所归形象的政治符号对后世国家来说恰是一种隐患。刘病已即位前的异象符瑞本被视为权力转换的要素,儒生眭弘初解异象即认为此状有王者易姓、匹夫为天子之意。于是眭弘上书提议汉帝当传国于贤人而自退,其说在当时被视为谋逆之语,眭弘也因而伏诛。只是后来宣帝即位,将这一异象符瑞转变为神化自身的工具,以建构并巩固自身权力来源的合法性。③至王朝末季,天下动摇,有心之人便将和汉宣帝相类的谶纬异象祥瑞,即被时人默认为新主将出的神谕,与自身际遇联系在一起,宣示自己天命所归,反而不利于国家的稳定。

汉哀帝时便有此状。刘欣以旁支入继,又体弱多病,帝位并不稳

---

① 《汉书》卷三六《楚元王传附刘向传》,第1961页。
② 魏斌:《孙吴年号与符瑞问题》,《中国中古史研究》编委会编:《中国中古史研究·第一卷:中国中古史青年学者联谊会会刊》,北京:中华书局,2011年,第134—153页(原文载于台湾《汉学研究》2008年第27卷第1期,第31—55页)。此外王安泰《"恢复"与"继承":孙吴的天命正统与天下秩序》(《厦门大学学报》2016年第5期)一文也值得关注。
③ 《汉书》卷七五《眭弘传》,第3153—3154页。

固,虽以强硬手段治国,却并未消解藩王近臣的觊觎之意,其个人的衰弱反而助长了乱臣的野心。哀帝曾自云:"朕居位以来,寝疾未瘳,反逆之谋相连不绝,贼乱之臣近侍帷幄。"①可知其时形势之复杂。建平三年(前4),东平国辖县无盐危山上的土地突然凸起,覆草成路,如驰道一般平坦,又瓠山(报山)大石转侧起立,高九尺六寸,较原址移开一丈,有四尺之宽。东平王刘云与王后谒亲自至立石之处祭祀,又于宫中起土山,选巨石雕成瓠山立石之象,捆扎黄倍草作神像,一并祭祀。②驰道乃天子所行之道,他人未经特许不得借道通行乃至横穿。如成帝在东宫时曾受元帝急召,不敢横穿驰道,绕道而行。元帝听闻此状,特著令允许太子横穿驰道,以示嘉奖。无盐危山突然自动出现了只有皇帝才能通行的驰道,隐隐有此地当出天子行之之意。但在这一事件中,危山土地自成驰道并未得到广泛关注,仅被作为异象,实因其缺乏明确的政治内涵,不为时人所认同,大石自立却因其曾预示着宣帝的即位而得到了普遍关注。京房《易传》解此异象云:"石立如人,庶士为天下雄。立于山,同姓;平地,异姓。立于水,圣人;于泽,小人。"③这一解说使得大石自立的政治话语,跳脱出了眭弘构建的话语体系,不再限于泰山这一特定地点,而是泛化为一般的、公式化的预兆。

大石自立,首先预示着庶民将起,其次根据其出现地点的不同,将有不同的人崛起。东平王宫中又有如伍宏、高尚等精通灾异之士,自当深谙其道。东平王刘云以此寄托皇帝之梦,其与王后亲自前往祭祀,并在宫中造景祠祭。此番举动的知识来源正是宣帝故事,大石自立是汉宣帝兴起之征,在辖境内出现的同样异象,必然意味着相同

---

① 《汉书》卷八六《王嘉传》,第3492页。
② 《汉书》卷八〇《东平思王刘云传》,第3325—3326页。
③ 《汉书》卷二七中上《五行志中上》,第1400页。

的政治前景。这一认识显然已经成为时人的共识。尔后儒生息夫躬
为求封侯,欲告发此事,与孙宠密谋云:"上亡继嗣,体久不平,关东诸
侯,心争阴谋。今无盐有大石自立,闻邪臣托往事,以为大山石立而
先帝龙兴。东平王云以故与其后日夜祠祭祝诅上,欲求非望。而后
舅伍宏反因方术以医技得幸,出入禁门。霍显之谋将行于杯杓,荆轲
之变必起于帷幄。事势若此,告之必成;发国奸,诛主雠,取封侯之
计也。"①曾为博士弟子,习《春秋》,又博览群书的息夫躬明确指出无
盐出现大石自立的异象后,有奸臣将其类比大山石立而宣帝龙兴之
故事。东平王更因此图谋不轨。于是息夫躬、孙宠、右师谭通过中常
侍宋弘告发东平王谋反之事。哀帝穷治其狱,东平王自杀,其同党皆
伏诛。由此,本意为强调汉宣帝具有获得政权合法性、巩固汉家天下
的祥瑞异象,却在王朝末季成为同姓/他姓觊觎神器的心理暗示。

两汉之际,关于宣帝的谶纬异象再次出现。其时海内纷扰,群雄
无不欲逐鹿天下,割据蜀地的公孙述便借谶纬异象扩大影响。起初
李熊劝公孙述即大位,公孙述尚云:"帝王有命,吾何足以当之?"②其
后公孙述自立为天子,尤好图书谶纬,汲汲于符瑞,他引《录运法》
"废昌帝,立公孙"③及《括地象》"帝轩辕受命,公孙氏握"④等语以合
其姓氏,试图用谶纬来强调其称帝的合法性,以迷惑民心。光武还特
致书公孙述,明言图谶所谓公孙是指汉宣帝,是书更自署名"公孙皇
帝",以消解公孙述的政治影响。⑤

自两汉之际公孙述僭号至初平元年(190)公孙度见冠石之祥,

---

① 《汉书》卷四五《息夫躬传》,第2180页。
② 《后汉书》卷一三《公孙述传》,第535页。
③ 《后汉书》卷一三《公孙述传》,第538页。
④ 《后汉书》卷一三《公孙述传》,第538页。
⑤ 《后汉书》卷一三《公孙述传》,第538页。

这百余年间竟无他人再提及宣帝登基前所见谶纬异象之事，亦有原因。东汉士人的"孝宣情结"集中于对孝宣政治的认同与对汉家天下的归属。东汉皇帝权力交接的总体平稳当是宣帝之谶纬异象不常被时人视为权力转换要素的原因之一。东汉虽然"皇统屡绝"，但外戚专权、女主临朝这一特殊权力托管模式的结构性存在，使得东汉的皇位继承，除顺帝即位前有西钟之谋，曾喋血宫廷外，其余诸帝均是和平交接。不过，孝宣故事仍在其中发挥着作用。若是皇帝无子或其子难继，皇后就会主动拣选外藩入替。如外藩王子先前已有爵位，只需遣外戚持节以王青盖车迎王子入宫登基即可，若是无爵王子，则要因循宣帝故事。

东汉一代外立者四帝，即由诸侯王子嗣入继大统者有四人，分别是安帝、质帝、桓帝、灵帝，其中桓、灵二帝在继帝位前皆已经继承父爵，并非白衣，故此二帝皆由彼时外戚以王青盖车相迎，入宫登基为帝。而安帝和质帝在入宫前皆为无爵王子，故二帝即位流程皆依宣帝先拜侯爵再登御座的故事。《后汉书·安帝纪》云："（延平元年）八月，殇帝崩，太后与兄车骑将军邓骘定策禁中。其夜，使骘持节，以王青盖车迎帝，斋于殿中。皇太后御崇德殿，百官皆吉服，群臣陪位，引拜帝为长安侯。"李贤注曰："不即立为天子而封侯者，不欲从微即登皇位。"[1]刘祜虽贵为清河王刘庆长子，但无爵位，故需先拜为长安侯，再为皇帝，如汉宣帝。何焯即引宣帝经历，认为此是汉家故事。[2]杨树达注《后汉纪》安帝即位条云："宣帝将立，先封阳武侯，此用其故事也。"[3]又《后汉书·质帝纪》载质帝登基始末云："冲帝不豫，大将军梁冀征帝到洛阳都亭。及冲帝崩，皇太后与冀定策禁中，丙辰，使

---

① 《后汉书》卷五《安帝纪》，第203—204页。
② ［清］何焯著，崔高维点校：《义门读书记》卷二一《后汉书》，第357页。
③ ［晋］袁宏撰，周天游校注：《后汉纪校注》卷一五《孝殇皇帝纪》，第428页。

冀持节,以王青盖车迎帝入南宫。丁巳,封为建平侯,其日即皇帝位,年八岁。"①质帝先拜建平侯,再登帝位,也如宣帝故事。

这一即位流程也意味着安帝和质帝缺乏天命,因此和宣帝一样,建构天命,自证合法性亦是二帝需要完成的关键一步。安帝在潜邸时,"数有神光照室,又有赤蛇盘于床笫之间"②,联系到日后安帝践祚,即可知此神异的出现是出于建构皇帝获得政权合法性的需要。后世曹魏高贵乡公曹髦曾自叙云:"昔帝王之生,或有祯祥,盖所以彰显神异也。"③金霞认为在这则史料中,神光自然象征着天命,而安帝所谓赤蛇之祥与汉高祖刘邦以赤帝子斩蛇"断蛇著符,旗帜上赤,协于火德"一脉相承,安帝以此来宣扬"自然之应,得天统矣"④。这倒与前文班固将宣帝与高帝比德的叙事有几分相似。至于质帝,似并无符瑞,可能是因其数忤权臣,且享国日浅,来不及建构获得政权的合法性,故不见于史册。

总之,尽管东汉"皇统屡绝",但不同于王朝更替,东汉皇位的交接相对平稳,仍在一家一姓之中传递,并无旁落,自然就不太需要异象来烘托其人获得政权的合法性。即使是外藩入继,其宗室的身份,本就与异姓嬗代不同,且利用异象符瑞亦是为巩固统治而非转移权力。东汉末年,神州大乱,汉家天下的意识再次出现松动,匹夫群起,纷纷觊觎神器。本自东汉以来几不闻于世的,带有汉宣帝个人标识的谶纬异象便被识者重新利用,成为割据地方和变易神器的暗示。

---

① 《后汉书》卷六《质帝纪》,第276页。
② 《后汉书》卷五《安帝纪》,第203页。
③ 《三国志》卷四《高贵乡公髦纪》,第138页。
④ 金霞:《两汉魏晋南北朝祥瑞灾异研究》,北京师范大学博士学位论文,2005年,第54页。

二、"冠石之祥"与匹夫裂土

东汉末年天下分崩，前一阶段中下层士人救弊不成，与汉家走向决裂，在这一过程中，"孝宣情结"发生了异变，转而成为汉魏嬗代的助推器。士人或以所出异象比附宣帝故事，或举宣帝时的异象谶纬以证神器可变，都毫无例外地推动了国家分崩、汉魏嬗代的历史进程。此番举动于现有史料所见有两则，其一便是公孙度割据辽东之事。

中平六年（189）九月甲戌，董卓擅行废立，废少帝刘辩为弘农王，立刘协为帝，且先后鸩杀何太后、弘农王，独揽大权。初平元年（190）正月山东州郡起兵讨伐董卓，中原纷扰，二月董卓为避关东兵锋，迁汉都至长安。这一变故致使中央朝廷与边远州郡的联系受到了极大的阻碍。幽州便深受此影响，其地本就远离东汉京师洛阳，董卓迁都长安，更是直接在空间上增加了其与行政中心的距离。东州诸郡起兵讨董，又使道路不通，"关东义兵起，卓遂劫帝西迁，征虞为太傅，道路隔塞，信命不得至"[1]，"其后关东州郡各举义兵，卒相攻伐，天子西移，王政隔塞"[2]。时任幽州牧的宗室刘虞有意派遣田畴至长安沟通朝廷，田畴"更上西关，出塞，傍北山，直趣朔方，循间径去，遂至长安致命"[3]，绕远路，取道塞外，方才至西京交通。可知其时的幽州几乎处于完全隔绝的状态。

国家政令不通，道路隔绝，使得幽州成为一座"孤岛"。中央权力在幽州的缺位，客观上扩大了地方的自主权，反而使幽州获得了发展的机会。旧时幽州常年需要内地财政补贴，"旧幽部应接荒外，资

---

[1] 《三国志》卷八《公孙瓒传》，第241页。
[2] 《后汉书》志一七《五行志五》，第3345页。
[3] 《三国志》卷一一《田畴传》，第340页。

费甚广,岁常割青、冀赋调二亿有余,以给足之"①,彼时道路隔绝,致使他州委输不至,因此幽州只得自谋生路。刘虞开上谷胡市,通渔阳盐铁,成功使幽州摆脱了难以自给的困境,"民悦年登,谷石三十"②。青、徐二州大批流民北徙,在幽州安居乐业。地方的离心倾向也因此增加。辽东太守公孙度便有意趁此乱局割境自立。辽东郡远在幽州治所蓟县千里之外,与高句丽接壤,本就难以管理,时天下扰乱,更是鞭长莫及,"时王室方乱,度恃其地远,阴独怀幸"③。

公孙度出身低微,少时得到玄菟太守公孙域的帮助,得以就师学文,曾任尚书郎、冀州刺史,后因谣言罢官,董卓擅权时复起为辽东太守。公孙度本是玄菟小吏,不能服众,任辽东太守时竟为郡民所轻,更不消想建立王业。于是公孙度一方面行严法清理郡内豪族,"先时,属国公孙昭守襄平令,召度子康为伍长。度到官,收昭,笞杀于襄平市。郡中名豪大姓田韶等宿遇无恩,皆以法诛,所夷灭百余家,郡中震栗。……故河内太守李敏,郡中知名,恶度所为,恐为所害,乃将家属入于海。度大怒,掘其父冢,剖棺焚尸,诛其宗族"④,又以征伐立威,"东伐高句骊,西击乌丸,威行海外"⑤,建立起了局部的政治、军事优势。另一方面,汉室倾颓,王政不行,公孙度便有意寻求谶纬异象来证明其割据辽东乃至自立为王的合法性。初平元年襄平县延里出现了大石异象,《三国志·公孙度传》云:

初平元年,度知中国扰攘,语所亲吏柳毅、阳仪等曰:"汉祚

---

① 《后汉书》卷七三《刘虞传》,第2354页。
② 《后汉书》卷七三《刘虞传》,第2354页。
③ 《后汉书》卷七四下《袁绍传附袁谭传》,第2418—2419页。
④ 《三国志》卷八《公孙度传》,第252页。
⑤ 《三国志》卷八《公孙度传》,第252页。

将绝,当与诸卿图王耳。"时襄平延里社生大石,长丈余,下有三小石为之足。或谓度曰:"此汉宣帝冠石之祥,而里名与先君同。社主土地,明当有土地,而三公为辅也。"度益喜。①

裴注引《魏书》云:"度语毅、仪:'《谶书》云孙登当为天子,太守姓公孙,字升济,升即登也。'"②孙登为天子之谶语见于《春秋纬》,流行于东汉,如建武二年(26)十一月,铜马、青犊、尤来余贼于上郡共同推举孙登为天子。李贤认为《春秋保乾图》有"贼臣起,名孙登,巧用法,多技方"之语,故群贼立孙登以应谶。③又安帝时有翟酺,嫉妒太史令孙懿,亦提及此谶云:"图书有汉贼孙登,将以才智为中官所害。"李贤引《春秋保乾图》解此谶语曰:"汉贼臣,名孙登,大形小口,长七尺九寸,巧用法,多技方,《诗》《书》不用,贤人杜口。"④谶书云孙登当为天子,公孙度自忖本姓公孙,字升济,升即有登之意,应合谶纬,遂有意图谋王业。恰巧此时襄平延里社庙出现了冠石异象。其里与公孙度之父公孙延同名。又巨石出于里社,社乃土地之主,《说文解字》云:"社,地主也。"⑤支撑大石的三块小石则被视作三公,三石鼎足寓意三公相辅。拥有天下土地,而得三公辅佐者即天子,由是沉寂多时的孝宣神谕复活,时人即将此异象比附汉宣帝冠石之祥。⑥辽东小民公孙度所遇异象确与宣帝相同,加之京房《易传》解

---

① 《三国志》卷八《公孙度传》,第252页。
② 《三国志》卷八《公孙度传》,第253页。
③ 《后汉书》卷一上《光武帝纪上》,第31页。
④ 《后汉书》卷四八《翟酺传》,第1602页。
⑤ [汉]许慎撰,[清]段玉裁注,许惟贤整理:《说文解字注》,南京:凤凰出版社,2015年,第12页。
⑥ 所谓冠石,臣瓒注前文刘向封事曰:"冠山下有石自立,三石为足,一石在上,故曰冠石也。"《汉书》卷三六《楚元王传附刘向传》,第1961页。襄平大石自立之象确有三小石为足,与宣帝故事相同。

说,使得这一在平地上出现的异象似乎预示着公孙氏取代刘氏的政治前景。这正可弥补公孙度缺乏统治合法性的先天劣势,给其带来了强烈的心理暗示,史载其得此消息后"益喜"。于是公孙度便以此为缘饰,蛊惑一方百姓,称雄辽东。

公孙度依靠先前建立起来的局部政治、军事优势和这一昭示天命的谶纬祥瑞,割据辽东以自专,其分辽东郡为辽西中辽郡,设置太守管理,又越过渤海征服东莱诸县,分置营州刺史,建立起了一个地跨幽、青二州的独立政权。公孙度又自立为辽东侯、平州牧,追封其父公孙延为建义侯。[①]此外,公孙度还重建了其控制区的政治话语体系,"立汉二祖庙,承制设坛墠于襄平城南,郊祀天地,藉田,治兵,乘鸾路,九旒,旄头羽骑"[②]。汉二祖当指高祖刘邦和世祖刘秀,虽立二祖庙,但公孙度此举如两汉之际群雄纷立汉家宗庙一般,看似心存汉室,实则自有打算。观其所置舆服即可知其诚心不款,所谓"乘鸾路,九旒,旄头羽骑"云云,皆是天子仪仗。

鸾路当指以鸾鸟图案所饰之车。元始五年(5)王莽因功所受九命之锡,被视为后世九锡形成"萌芽期"的产物。[③]其中便有"鸾路乘马",颜师古注"鸾路"为"路车之施鸾者也"[④],又《续汉书·舆服志》刘昭注"天子玉路"引《释名》曰:"天子所乘曰路,路亦军事也,谓之路,言行路也。"[⑤]可知鸾路当指以鸾鸟图案所饰之车,天子所乘。

九旒有两意,一指旌旗之垂者。旒又作游,《说文解字》云:"游,

① 《三国志》卷八《公孙度传》,第252页。
② 《三国志》卷八《公孙度传》,第252页。
③ 刘凯:《九锡渊源考辨》,《中国史研究》2018年第1期。
④ 《汉书》卷九九上《王莽传上》,第4075页。
⑤ 《后汉书》志二九《舆服志上》,第3644页。

旌旗之流也。"①李贤注《后汉书·清河孝王庆传》云："旒有九旒,天子制也。"②二指祭礼所冠之冕旒。《礼记·玉藻》云："天子玉藻,十有二旒。"③阎步克认为自新莽以后十几个世纪的冕服兴衰变异,即当以王莽时"车服黻冕,各有差品"为发端。④汉明帝时以《尚书》《周礼》《礼记》为本,制冕服,稍有损益,推行六冕同制,《续汉书·舆服志》云："冕皆广七寸,长尺二寸,前圆后方,朱绿里,玄上,前垂四寸,后垂三寸,系白玉珠为十二旒,以其绶采色为组缨。三公诸侯七旒,青玉为珠;卿大夫五旒,黑玉为珠。"刘昭注云:"《独断》曰'三公诸侯九旒,卿七旒',与此不同。"⑤李贤注《后汉书·郭贺传》云:"旒谓冕前后所垂玉也,天子十二旒,上公九旒。"⑥如此来看,三公诸侯冕旒则有七和九两说。阎步克认为九旒之说为是。⑦笔者亦认同这一看法。

此九旒之意可结合公孙度所置他物如旄头羽骑来推断。旄头之说屡见于前史,试举一二。汉武帝时东方朔盛赞刘彻之功德,举古代贤士以为公卿百官,其中以羿为旄头,颜师古注引应劭语曰:"羿善射,故令为旄头。今以羽林为之,发正上向而长衣绣衣,在乘舆车前。"⑧可知旄头羽林为天子前驱。武帝驾崩后,昭帝即位,燕王刘旦因己不得立,便有意谋反,大肆招揽死士奸人,制造甲兵,多次检阅军队,更僭越礼制,仿天子之制,"建旌旗鼓车,旄头先驱,郎中侍从者著

① 〔汉〕许慎撰,〔清〕段玉裁注,许惟贤整理:《说文解字注》,第545页。
② 《后汉书》卷五五《清河孝王庆传》,第1804页。
③ 〔清〕孙希旦撰,沈啸寰、王星贤点校:《礼记集解》卷二九《玉藻第十三之一》,第774页。
④ 阎步克:《服周之冕:〈周礼〉六冕礼制的兴衰变异》,北京:中华书局,2009年,第169页。
⑤ 《后汉书》志三〇《舆服志下》,第3663—3664页。
⑥ 《后汉书》卷二六《蔡茂传附郭贺传》,第909页。
⑦ 阎步克:《服周之冕:〈周礼〉六冕礼制的兴衰变异》,第186、218—225页。
⑧ 《汉书》卷六五《东方朔传》,第2862页。

貂羽,黄金附蝉,皆号侍中"①,颜师古注云:"凡此旄头先驱,皆天子之制。"②又《后汉书·光武帝纪》云:"(建武)二十八年春正月己巳,徙鲁王兴为北海王,以鲁国益东海。赐东海王强虎贲、旄头、钟虡之乐。"李贤注引《汉官仪》曰:"旧选羽林为旄头,被发先驱。"又引魏文帝《列异传》曰:"秦文公时梓树化为牛,以骑击之,骑不胜,或堕地髻解被发,牛畏之,入水,故秦因是置旄头骑,使先驱。"③可知旄头羽林为骑兵。公孙度所置旄头羽骑应与旄头羽林、旄头先驱相同,当是在天子仪仗中担任乘舆先驱的骑兵。

　　旄头、鸾辂、龙旂是东汉天子的标准仪仗,这类组合常见于史籍,如永平元年(58)五月戊寅,东海王刘强去世,明帝派司空冯鲂持节治丧,并赐升龙旄头、銮辂、龙旂。④刘强虽为废太子,却谦恭有礼,故明帝特赐以天子仪仗。东平宪王刘苍去世后,章帝赐予"鸾辂乘马,龙旂九旒,虎贲百人"⑤。又清河孝王刘庆去世后,邓后也曾赐"龙旂九旒,虎贲百人"⑥,仪比东海恭王。故公孙度乘鸾路,置旄头羽骑,日常出行应不会冠祭礼时三公诸侯所冠之九旒冕,此九旒应指天子龙旗上的丝质垂饰,如此形成相对完整的天子出行仪仗。

　　公孙度虽立汉家宗庙,却僭越行礼,显然已经主动脱离了东汉王朝的控制,汉臣的身份名存实亡。史称:"度偏据僻陋,然亦郊祀备物,皆为改汉矣。"⑦尔后曹操有意拉拢公孙度,上表献帝封公孙度为武威将军,又拜其为永宁乡侯。公孙度对此不屑一顾,更有

① 《汉书》卷六三《燕刺王旦传》,第2753—2754页。
② 《汉书》卷六三《燕刺王旦传》,第2754页。
③ 《后汉书》卷一下《光武帝纪下》,第79页。
④ 《后汉书》卷二《明帝纪》,第99页;《后汉书》卷四二《东海恭王强传》,第1424页。
⑤ 《后汉书》卷四二《东平宪王苍传》,第1441页。
⑥ 《后汉书》卷五五《清河孝王庆传》,第1804页。
⑦ 《宋书》卷二五《天文志三》,第736页。

"我王辽东,何永宁也"①的狂言,将印绶藏于武库而不用,拒不接受汉廷的册封。至此,辽东非复汉有。东汉灭亡后,公孙氏斡旋于魏、吴之间,两国皆以高官重爵招诱辽东,却仅是羁縻而已。魏明帝时公孙渊反叛,司马懿远征辽东,斩渊屠城,方才使中央政权时隔五十年后重新控制辽东。②公孙度利用异象,比附宣帝故事,缘饰其武装割据辽东的事实,虽只是东汉末年国家逐渐分裂的一个缩影,但同时东汉士人异变的"孝宣情结"的具象化,显然推动了国家分崩、汉魏嬗代的进程。

三、"字成木叶"与汉魏禅代

延康元年(220)十月汉献帝以众望在魏,有意禅位,诏书数下。曹丕再三上书辞让,最终接受了刘协的禅让,于十月辛未登坛受禅为皇帝,改元黄初。至此,东汉王朝灭亡,取而代之的则是新生的曹魏王朝。自建安元年(196)曹操迁汉都于许县,至延康元年曹丕代汉,曹氏历经二十四年,终于完成了从汉臣到魏帝的身份转变。③关于汉魏嬗代,素来不乏史家关注,相关论著堪称宏富,于权力转换背后诸如礼制、官制等制度因素的研究尤为突出。④公孙度割据辽

① 《三国志》卷八《公孙度传》,第253页。
② 《三国志》卷八《公孙度传》,第254—261页。
③ 在徐冲看来,这样的身份转换是一个去臣化的进程,可参见徐冲博士论文《"汉魏革命"再研究:君臣关系与历史书写》及由此修改而成的《中古时代的历史书写与皇帝权力起源》一书。
④ 卫广来关注在汉魏皇权嬗代中起作用的求才三令因素,可参见卫广来:《求才令与汉魏嬗代》,《历史研究》2001年第5期。又如徐冲的博士论文《"汉魏革命"再研究:君臣关系与历史书写》之学术史回顾,即专门讨论"汉魏革命",综合中外学者的既往研究,勾勒出了"汉魏革命"的框架,虽成文较早,但仍具有极高的参考价值,可参见徐冲:《"汉魏革命"再研究:君臣关系与历史书写》,北京大学博士学位论文,2008年。刘啸则关注汉魏禅代前后的官爵问题,详见刘啸:《从汉官爵到魏官爵:曹氏父子建国的道路》,《史学月刊》2012年第7期。一些学者不仅仅关注延康元年十月曹丕代汉这一狭义上的汉魏革命,更将其（转下页）

东,有东汉士人异变的、具象化的"孝宣情结"混杂其中。殊不知,作为东汉王朝真正的终点,汉魏禅代亦少不了这一特殊政治文化的推动。

诚然,延康元年的曹魏集团经过二十余年的经营,在汉朝的实际控制区内已经取得了具有压倒性优势的政治、军事力量,远非辽东一偏远边郡可比,这是其能够完成代汉的主要原因。但在权力中心完成王朝更替和割据地方毕竟不是一个概念,其中多有牵绊。曹操本已经具备了代汉的客观条件,最终却没能再进一步。后世史家便认为曹操忌惮舆论而没有自行禅代,司马光云:"以魏武之暴戾强伉,加有大功于天下,其蓄无君之心久矣,乃至没身不敢废汉而自立,岂其志之不欲哉?犹畏名义而自抑也。"[①]周一良认为:"绝非曹氏司马氏的政治、军事力量不足以夺取政权,而是舆论压力使他们不敢贸然从事。"[②]此外,彼时曹魏集团的统治亦难说稳固。建安二十五年(220)正月庚子曹操在洛阳病殁,一时间"朝野危惧"[③],看似强大的曹魏集团竟有土崩瓦解之象,着实可叹。"时太子在邺,鄢陵侯未到,士民颇苦劳役,又有疾疠,于是军中骚动"[④],群臣恐天下大乱,不欲发丧,贾逵力排众议,主张发丧,令内外入临,安抚其人。[⑤]不料彼时屯驻洛阳的青徐军队却直接哗变,"建安二十四年,霸遣别军在洛。会太祖崩,霸所部及青州兵,以为天下将乱,皆鸣鼓

（接上页）视为一个连续、动态、多维的政治工程,如陈勇《董卓进京述论》(《中国史研究》1995年第4期)和陶贤都《汉魏皇权嬗代与士人心态》(《南都学坛》2003年第5期)等文。

① 《资治通鉴》卷六八《汉纪六〇》"献帝建安二十四年",第2218页。
② 周一良:《魏晋南北朝史学与王朝禅代》,《北京大学学报》1987年第2期。
③ 《晋书》卷一《宣帝纪》,第3页。
④ 《三国志》卷一五《贾逵传》,第481页。
⑤ 《三国志》卷一五《贾逵传》,第481—482页。

擅去"①,可知其时情形之危急。最终曹丕虽顺利即位为魏王,完成了权力的平稳交接,暂时稳住了局势,但隐患未除,内有分裂势力,外有刘、孙强敌。自王爵再进一步,代汉称帝以立威是解决问题的途径之一,魏王曹丕显然也不满足于现状。诸侯王与天子虽仅一阶之隔,但君臣的身份转换仍然充满危险。曹操虽一统北方,兼修仁政,却仍为士人所不服。既有的政治、军事实力尚不能保证曹操顺利完成升阶,更遑论功德皆逊于其父的曹丕。在笔者看来,曹丕最终能够完成禅代,一定程度上有赖于政治话语的构建。在汉魏禅代的过程中,曹魏群臣先后劝进十七次,曹丕回令十八次,通过曹魏君臣层累地完成的禅代政治话语,推动了曹丕从汉臣到魏帝的身份转换。而在此期间,不同于公孙度事,异变的"孝宣情结"的抽象化,也发生了作用。②

(一)文德远洽:曹魏代汉的天命建立

延康元年(220)十月,张鲁旧臣,左中郎将李伏上表曹丕,拉开了汉魏禅代进程的序幕。是表以故事开篇,称先前武都李庶、姜合曾属意曹丕,认为其名合符谶,将定天下,并指出姜说更影响了张鲁对曹操集团的认识,为张鲁的东归埋下伏笔。之后李伏因曹丕即位后屡致祥瑞,天下太平,推知姜合的预言应验,故上表庆贺。此表隐隐

---

① 《三国志》卷一八《臧霸传》,第538页。田余庆《汉魏之际的青徐豪霸》一文对青徐豪霸势力的变化有精到的分析,其中对曹操去世后曹丕处理青徐军队的过程颇有创见,可参见田余庆:《汉魏之际的青徐豪霸》,《秦汉魏晋史探微》(重订本),第97—128页。

② 需要指出的是,虽有前例,但起初曹魏君臣在构建禅代政治话语时,对要素的确定并无明确的先后顺序,而是随着构建的进行逐步调整完善的。故行文依照表注《献帝传》所见往来文书的先后展开叙述。关于汉魏禅代间的诏册表文,日本学者渡邉义浩颇有研究,渡邉氏通过解构由《隶释》《文帝纪》裴注整理而成的《魏公卿上尊号奏》,来讨论汉魏革命的正统性,颇为巧妙,但对此前曹魏君臣往来诏册表文的关注稍显不足,可参见〔日〕渡邉义浩:《後漢における「儒教國家」の成立》,东京:汲古书院,2009年。

有劝进之意。^①有学者指出,李伏的上表还暗含原始道教对曹魏代汉合法性的认同。^②

开启王朝更替这样的权力转移,政治话语的构建尤为重要。仇鹿鸣指出:"我们不难注意到中古时期执掌国柄的权臣往往必须借助某种政治话语的生产与传播来掩饰权力转移的实质。曹操、曹丕父子'是儿欲踞吾著炉火上耶''尧舜之事,吾知之矣'这两句相反相成的妙语,无不暗示了在皇权移易的过程中,如何恰当地表达与呈现天命有归的正当性,其意义并不下于对实际权力的操控。政治话语的构建或许只是对于权力的缘饰,但丧失道德合法性的政治权力无法长期维系,如果仅有合法性,而缺少支撑它的权力,则会瓦解。"^③以东汉末年袁术僭号为例可知一二。其时袁术自称天子,孙策使张纮作书责让袁术,并与之绝交,张纮列举九条理由以示神器不可妄夺,其四有云:"天下神器,不可虚干,必须天赞与人力也。殷汤有白鸠之祥,周武有赤乌之瑞,汉高有星聚之符,世祖有神光之徵,皆因民困悴于桀、纣之政,毒苦于秦、莽之役,故能芟去无道,致成其志。今天下非患于幼主,未见受命之应验,而欲一旦卒然登即尊号,未之或有,四也。"^④张纮道出了王朝嬗代的两个基本要素:天赞和人力。在他的

---

① 《三国志》卷二《文帝纪》,第62—63页。
② 吉川忠夫注意到曹丕的禅让革命与天师道教团的关系,认为天师道教团对曹丕禅代的承认与拥戴有利于其对内外显示神性。可参见[日]吉川忠夫著,王启发译:《六朝精神史研究》,南京:江苏人民出版社,2012年,第66—85页。姜生指出:"(李伏)此表对于曹丕代汉建国,具有重大的神学合法性认证意义。表文将道教内部对曹魏代汉合法性的认同,从曹操转换到曹丕。在汉末多极争命的政治环境下,李伏作为天师道高层人物,对天命的转移作如此叙述,对于保证曹魏天命拥有权的连续性,无疑具有重大意义。"姜先生从宗教神学视角来分析这一文本可谓别开生面,由此也可一窥曹魏政权在汉魏禅代中层层重构政治秩序的过程,参见姜生:《曹操与原始道教》,《历史研究》2011年第1期。
③ 仇鹿鸣:《长安与河北之间:中晚唐的政治与文化》,北京:北京师范大学出版社,2018年,第175页。
④ 《三国志》卷四六《孙策传》,第1106页。

认识中,天赞即指谶纬异象,人力应指苦于暴政而归附圣主的百姓。[1]
在其时盛行的天人感应思想的影响下,天赞(谶纬异象)亦是君主善
政的一个参照系,创业之君修仁政,得民心,自会招致祥瑞。

　　构建政治话语,便是曹丕为超越功德不比其父的局限,充分凭借
既有的,占据压倒性优势的政治、军事实力更进一步,完成代汉事业
的重要准备。金霞认为:"两汉魏晋南北朝时期合法性不足的继位帝
王,其塑造合法性权威的最基本的手法就是通过圣德渲染及祥瑞现
象构拟其天命授受的神话,从而以天命所归的借口弥补其血缘关系
的不足。"[2]曹魏的建国道路上不乏谶纬异象,如"黄龙见谯王者兴"
的预言与"代汉者当涂高"的谶语,都曾推动了曹魏的去臣化进程,
可曹丕并不满足于此。以下将按照时间顺序,简要列出延康元年
(220)自曹丕即位为魏王至其代汉称帝间,《三国志·文帝纪》所载
除官职变动、丧葬事宜外的重要史事,以备后文讨论:

　　　　二月:己卯,濊貊、扶馀单于、焉者、于阗王皆各遣使奉献。

　　　　三月:黄龙见谯。

　　　　四月:丁巳,饶安县言白雉见。

---

[1]　侯旭东敏锐地发现汉人关于秦亡汉兴有"天命"说与"逐鹿"说两种不同的解
　　说,并指出"天命"与"逐鹿"的对立,是命运(determinism and fatalism)与人力
　　(human agency)的对立。当然侯先生也认为两者亦有交集。从天命者并不排斥
　　个人力量,信奉"逐鹿"说者则在突出个人力量与作用的同时,亦以天命缘饰。
　　可参见侯旭东:《逐鹿或天命:汉人眼中的秦亡汉兴》,《中国社会科学》2015年
　　第4期。张纮此说显然讲求二者的统合,且特别提及因君主暴虐而怨声载道的
　　百姓,可知此人力除开个人能力,当有百姓归附、人心所向之意。此外,人力亦应
　　包含军政实力一说。百姓归附,自然可以在一定程度上转化为军政力量。金霞
　　认为:"我国古代政权的合法性基础,表现于超现实的神圣天命和现实的政治与
　　军事权威。"这一认识无出张纮之右。可参见金霞:《两汉魏晋南北朝祥瑞灾异
　　研究》,北京师范大学博士学位论文,2005年,第57页。
[2]　金霞:《两汉魏晋南北朝祥瑞灾异研究》,北京师范大学博士学位论文,2005年,
　　第52页。

五月：冯翊山贼郑甘、王照率众降，皆封列侯；卢水胡率其属来降；酒泉黄华、张掖张进等各执太守以叛。金城太守苏则讨进，斩之。华降。

六月：辛亥，治兵于东郊；庚午，遂南征。

七月：四日戊寅，黄龙见（许芝上言）；孙权遣使奉献。蜀将孟达率众降。武都氐王杨仆率种人内附，居汉阳郡。甲午，军次于谯，大飨六军及谯父老百姓于邑东。

八月：石邑县言凤皇集。

十月：癸卯，令曰："诸将征伐，士卒死亡者或未收敛，吾甚哀之；其告郡国给槥椟殡敛，送致其家，官为设祭。"①

可以看到，曹丕即王位不到一年，推行仁政，抚恤军士，平定叛乱，致使外夷归附，贼寇俯首，敌国臣服，祥瑞频出。前文已述，能否宾服四夷已然是汉人评判圣主的一个重要标准，《论语》便有"远人不服，则修文德以来之"②云云，曹丕深明此理。七月孟达来降，曹丕颇为得意，自书王令云："吾闻凤沙之民自缚其君以归神农，豳国之众襁负其子而入丰、镐，斯岂驱略迫胁之所致哉？乃风化动其情而仁义感其衷，欢心内发使之然也。以此而推，西南将万里无外，权、备将与谁守死乎？"③曹丕能怀柔远方，抚和戎狄，屡致祥瑞，可谓文德远洽。

---

① 《三国志》卷二《文帝纪》，第57—63页。其中延康元年四月饶安所言灵物或有出入，《宋书》记为白虎。《宋书·符瑞上》云："四月，饶安言白虎见。"（《宋书》卷二七《符瑞志上》，第775页）又《宋书·符瑞中》云："汉献帝延康元年四月丁巳，饶安县言白虎见。又郡国二十七言白虎见。"（《宋书》卷二八《符瑞志中》，第807页）本书仍采用时代更早的陈寿《三国志》之说，以为白雉。从之后太史丞许芝的上言来看，其时"是以黄龙数见，凤皇仍翔，麒麟皆臻，白虎效仁，前后献见于郊甸；甘露醴泉，奇兽神物，众瑞并出"（《三国志》卷二《文帝纪》，第64页），可知其时祥瑞频出，不独文中所载。
② 程树德撰，程俊英、蒋见元点校：《论语集释》卷三三《季氏》，第1137页。
③ 《三国志》卷二《文帝纪》，第60—61页。

李伏以此为由,先言祥瑞,虽首起劝进之议,却不明大体。曹氏本出身低微,在袁绍这类高门看来,更是"赘阉遗丑"。想要实现从平民到皇帝的飞跃,就必须完成获得政权合法性的建构,而谶纬异象确实是这一建构的重要因素。但对于曹氏来说,首先需要借助前世受命传说,即以异象符瑞完成从匹夫到天子之身份转换的故事,来构建曹魏的政治话语,以生成全新的政治序列,再以异象符瑞来渲染盛世光景。于是曹丕下王令婉拒,将功劳归于曹操,亦明确推辞禅代之举。

第二次刘廙、辛毗、刘晔、桓阶、陈矫、陈群、王毖、董遇等人联名上表,便有意修正这一认识,裴注《三国志·文帝纪》引《献帝传》云:

> 魏王侍中刘廙、辛毗、刘晔、尚书令桓阶、尚书陈矫、陈群、给事黄门侍郎王毖、董遇等言:"臣伏读左中郎将李伏上事,考图纬之言,以效神明之应,稽之古代,未有不然者也。故尧称历数在躬,璇玑以明天道;周武未战而赤乌衔书;汉祖未兆而神母告符;孝宣仄微,字成木叶;光武布衣,名已勒谶。是天之所命以著圣哲,非有言语之声,芬芳之臭,可得而知也,徒县象以示人,微物以效意耳。自汉德之衰,渐染数世,桓、灵之末,皇极不建,暨于大乱,二十余年。天之不泯,诞生明圣,以济其难,是以符谶先著,以彰至德。殿下践阼未期,而灵象变于上,群瑞应于下,四方不羁之民,归心向义,唯惧在后,虽典籍所传,未若今之盛也。臣妾远近,莫不凫藻。"[1]

刘廙等人的上书是对李伏的补充,其文历数前代君主得符谶之事,于

---

[1] 《三国志》卷二《文帝纪》,第63页。

汉家则提及高祖、孝宣、光武三帝。此三帝均起自民间,皆是以白衣登极,故并有神异。刘邦有赤帝子斩白蛇的传说,刘询有字成木叶之异象,光武有诸如"刘秀发兵捕不道"[①]的谶语。所谓"天之不泯,诞生明圣,以济其难,是以符谶先著,以彰至德"之说,即指通过谶纬符瑞传达天命,来强化皇帝获得政权合法性的建构渊源有自,故迹可寻。群臣的上言显然包含了并非以匡扶汉室为初衷的、异变的"孝宣情结",其中曹丕并无具体的、对应孝宣神谕的异象,群臣则通过援引相对抽象的、宣帝应异象谶纬由匹夫至天子的故事,以证神器可夺,来减轻曹丕的心理负担与外部的舆论压力,劝其进位为天子。

曹丕的回令颇有深意,其令曰:"犁牛之駁似虎,莠之幼似禾,事有似是而非者,今日是已。睹斯言事,良重吾之德。"[②]在与士人达成共识,打通以谶纬符瑞完成自匹夫到天子之身份转换的道路后,曹丕就需要明确的、具体的、由自身仁政所产生的谶纬符瑞。第三次太史丞许芝上书联系时事,详细列举了魏代汉之谶纬符瑞,即是以刘廙等人所援引,包括宣帝应异象谶纬由匹夫至天子在内的故事为渠,引曹丕仁政所致谶纬异象之水,浇灌汉魏禅代这朵奇葩。太史丞辅佐太史令执掌天时、星历等,于谶纬符瑞有权威解释权,由其发起的关于谶纬符瑞的解释就具有天然的公信力。在许芝描绘的图景中,曹魏俨然已经获得了天命的认可。

(二)国家昏乱:东汉统治合法性的消解

自许芝上书之后,魏国群臣转而从两方面进一步推进政治话语的构建,其一便是继承并发展刘廙等人的认识,开启了逐渐剥离汉家影响的进程,并历数东汉之罪,力图消解汉朝继续统治的合法性。

---

①　《后汉书》卷一上《光武帝纪上》,第21页。
②　《三国志》卷二《文帝纪》,第63页。

　　首先，逐渐剥离汉家影响是政治话语生成的必要条件。许芝的上书虽仍提及刘邦受命时有白蛇之征和五星之应，但宣帝和光武的故事已不见于上书。时人对包括汉高、孝宣、光武三帝个人之异象符瑞的征引首先都没有跳脱出汉家窠臼，这般故事无外乎仍在汉朝政治话语的框架内。而且曹丕想要完成的，从汉臣向魏帝身份的和平转变，与三帝殊途。三帝事迹虽能为曹魏提供受命传说，以打通权力转换的上升道路，却不能导引曹丕最终走易姓禅代一途代汉。故曹魏在利用完汉家故事后，就必须放弃这一部分的异象祥瑞。此后曹魏群臣十余次的上言，多以上古尧舜禹禅让故事为核心展开，而不再谈及高祖、孝宣、光武应符瑞之故事，实际上即是有意将汉魏嬗代导向禅让，欲法尧禅舜，依舜禅禹。见于河南繁城的《受禅表碑》有云："且有熊之兴，地出大蝼；夏后承统，木荣冬敷；殷汤革命，白狼衔钩；周武观□，□□□□。"[1] 其文亦止于周武王，而不下顺至汉。可知曹魏最终的代汉政治话语中已然不见汉家因素。

　　其次，汉室的渐次衰微亦是魏臣着重叙述的对象。国家昏乱的认识则应来源于建安二十四年（219）曹魏群臣在曹操主政时期的劝进。其时孙权击斩关羽，上书称臣，并言说天命，曹操将孙权的书信遍示群臣，并感叹云："是儿欲踞吾著炉火上邪！"[2] 陈群、桓阶因而上书奏云："汉自安帝已来，政去公室，国统数绝，至于今者，唯有名号，尺土一民，皆非汉有，期运久已尽，历数久已终，非适今日也。是以桓、灵之间，诸明图纬者，皆言'汉行气尽，黄家当兴'。殿下应期，十分天下而有其九，以服事汉，群生注望，遐迩怨叹，是故孙权在远称臣，此天人之应，异气齐声。臣愚以为虞、夏不以谦辞，殷、周不吝诛

---

①　毛远明编著：《汉魏六朝碑刻校注》（第二册），北京：线装书局，2009年，第187—189页。
②　《三国志》卷一《武帝纪》，第52页。

放,畏天知命,无所与让也。"①陈群、桓阶提及东汉自安帝以后势衰,劝曹操应仿效舜、禹、汤、武以革汉命,只是曹操未行。延康元年形势变化,故魏臣重提旧事,如第四次辛毗、陈群、桓阶等数人奏曰:"今汉室衰替,帝纲堕坠,天子之诏,歇灭无闻,皇天将舍旧而命新,百姓既去汉而为魏,昭然著明,是可知也。先王拨乱平世,将建洪基;至于殿下,以至德当历数之运,即位以来,天应人事,粲然大备,神灵图籍,兼仍往古,休徵嘉兆,跨越前代;是芝所取中黄、运期姓纬之谶,斯文乃著于前世,与汉并见。由是言之,天命久矣,非殿下所得而拒之也。"②陈群、桓阶此番劝进,在原书的基础上,更添两代魏王的武功文治,对汉朝衰落的认识,则如出一辙。

又第五次司马懿等数人云:"今汉室衰,自安、和、冲、质以来,国统屡绝,桓、灵荒淫,禄去公室,此乃天命去就,非一朝一夕,其所由来久矣。殿下践阼,至德广被,格于上下,天人感应,符瑞并臻,考之旧史,未有若今日之盛。"③贬汉扬魏之意跃然纸上。连献帝的诏册亦明言汉道衰微:"汉道陵迟,为日已久,安、顺已降,世失其序,冲、质短祚,三世无嗣,皇纲肇亏,帝典颓沮。暨于朕躬,天降之灾,遭无妄厄运之会,值炎精幽昧之期。变兴辇毂,祸由阉宦。董卓乘衅,恶甚浇、豷,劫迁省御,火扑宫庙,遂使九州幅裂,强敌虎争,华夏鼎沸,蝮蛇塞路。当斯之时,尺土非复汉有,一夫岂复朕民?"④

魏臣对汉道陵迟的反复强调,既是为剥离汉朝影响,生成代汉的政治话语,又以消解汉朝继续统治的合法性为目的。前文所举张纮责袁术书,其第二条曰:"昔成汤伐桀,称有夏多罪;武王伐纣,曰殷

---

① 《三国志》卷一《武帝纪》,第52—53页。
② 《三国志》卷二《文帝纪》,第66页。
③ 《三国志》卷二《文帝纪》,第66页。
④ 《三国志》卷二《文帝纪》,第67页。

有罪罚重哉。此二王者,虽有圣德,宜当君世;如使不遭其时,亦无由兴矣。幼主非有恶于天下,徒以春秋尚少,胁于强臣,若无过而夺之,惧未合于汤、武之事,二也。"①汤、武革命因国家纷乱而发,桀、纣、秦、莽皆行无道之政,商汤、周武、汉祖、光武方才师出有名。如此,乱国(暴君)当是权力转换的重要因素之一,张纮认为其时刘协受制于权臣,并非无道之君,汤、武虽是圣主,但若生于清平盛世亦无由建功。故袁术僭号不合汤、武故事。初平元年,因刘协身陷董卓之手,袁绍有意另立皇帝,曹操亦曾致书斥责。裴注《魏书》载其文云:"董卓之罪,暴于四海,吾等合大众、兴义兵而远近莫不响应,此以义动故也。今幼主微弱,制于奸臣,未有昌邑亡国之衅,而一旦改易,天下其孰安之? 诸君北面,我自西向。"②曹操就认为献帝微弱,只是受制于权臣,并无昌邑王旧日亡国之行,袁绍等人的盲目另立,只会导致天下大乱。刘协虽无暴行,但自安帝以来,东汉的衰落是显而易见的,国将不国,早就失去了继续统治的合法性,这就需要新生的魏国来承担治民的重任。魏臣在建构政治话语的过程中,扩大了乱国的概念,使这一要素达成。

(三)武功宣畅:政治话语构建的完成

另一方面,魏臣开始将曹操的武功加入政治话语的叙述中,辅以曹丕的文德,构成一个整体,称颂两任魏王的武功文治,昭示汉家治国无道,理应由曹魏代之。刘廙等人的上书虽已揭示汉家衰落已久的事实,却急于证明曹丕招致祥瑞的文德,直接跳过了曹魏的创业阶段,稍有不足。而恰是彼时汉室陵迟,曹魏才得以乘机崛起。国家无道,新主率领军队救弊,拯国家于不坠,则可建立不世之武功。这在

---

① 《三国志》卷四六《孙策传》,第1105—1106页。
② 《三国志》卷一《武帝纪》,第8页。

两汉之际便有先例。彼时光武平定河北，声威远震，群臣累上奏书劝进，其中有云："大王初征昆阳，王莽自溃；后拔邯郸，北州弭定；参分天下而有其二，跨州据土，带甲百万。言武力则莫之敢抗，论文德则无所与辞。"[1]稍后班彪作《王命论》有曰："由是言之，帝王之祚，必有明圣显懿之德，丰功厚利积累之业，然后精诚通于神明，流泽加于生民，故能为鬼神所福飨，天下所归往，未见运世无本，功德不纪，而得屈起在此位者也。"[2]"明圣显懿之德"应即文德。而所谓"丰功厚利积累之业"当指武功，而由文德和武功带来的则是天赞和人力。由此推之，张纮对变易神器的认识有班彪的影子。

东汉末年，兵戈四起，此说更为时人所笃信。新主以武力戡乱，实乃大功，兼有文德，足以变易神器。灵帝时阎忠即因皇甫嵩击破黄巾，认为其"今身建不赏之功，体兼高人之德"[3]，理应代汉自立。皇甫嵩推辞不敢。建安时张纮曾以"自古帝王受命之君，虽有皇灵佐于上，文德播于下，亦赖武功以昭其勋"[4]之语劝谏孙权。建安十九年（214）七月曹操南征孙权，参军傅幹亦曾谏云："治天下之大具有二，文与武也；用武则先威，用文则先德，威德足以相济，而后王道备矣。"[5]反观袁术，于此数者皆不具备，自家亦有反对之声。兴平二年（195）冬，天子于东归洛阳途中，丧师曹阳，几不得全。[6]袁术召集群臣商议云："今刘氏微弱，海内鼎沸。吾家四世公辅，百姓所归，欲应天顺民，于诸君意如何？"[7]群臣默然。主簿阎象进言曰："昔周自后

---

① 《后汉书》卷一上《光武帝纪上》，第21页。
② 《汉书》卷一〇〇上《叙传上》，第4208页。
③ 《后汉书》卷七一《皇甫嵩传》，第2303页。
④ 《三国志》卷五三《张纮传》，第1245页。
⑤ 《三国志》卷一《武帝纪》，第43页。
⑥ 《后汉书》卷九《献帝纪》，第278页。
⑦ 《三国志》卷六《袁术传》，第209页。

稷至于文王，积德累功，三分天下有其二，犹服事殷。明公虽奕世克昌，未若有周之盛；汉室虽微，未若殷纣之暴也。"①阎象所谓袁术不盛（缺武功，无文德）和汉室无恶（国家尚平）的认识亦与张纮相同。袁术虽然遭到僚属的反对，颇为不悦，但仍一意孤行，于是用河内张炯之符命以僭号称帝。裴注引《典略》云："术以袁姓出陈，陈，舜之后，以土承火，得应运之次。又见《谶》文云：'代汉者，当涂高也。'自以名字当之，乃建号称仲氏。"②袁术自以为身应符谶，辅以祖上旧德，强行僭号，结果未几而亡。

曹丕即位后专修善政，追求谶纬异象以强化自身的天命，虽有文德，但于武功方面尚显不足。这促使曹丕主动寻求立功机会。延康元年六月曹丕曾挥师南下。诸史对此次南征的目的语焉不详。何焯认为："丕将行禅代之事，而治兵以备非常，又欲饰其迹，托之南征。"③田余庆推测曹丕甫一继王位便率军南征，并非警戒孙吴，而是有意刺探青徐二州虚实，以为日后曹魏王朝完全控制青徐打下基础。④笔者倒认为，曹丕刚刚即位便兴师动众，似有欲速建武功以便完成禅代之意。只是勋业难速成，南征前霍性劝谏曹丕应即罢兵，韬光养晦，更修仁政，曹丕不听，竟诛杀霍性。此事和前揭傅幹谏曹操所谓"公神武震于四海，若修文以济之，则普天之下，无思不服矣"⑤之说相同，但曹氏父子皆不听劝阻，军遂无功。不过，建安十九年的曹操于武功方面已是"十平其九"，而曹丕想要在短时间内超越其父显然不太可能，其怒杀霍性，在笔者看来正是急于建立勋业的表现。结果曹丕决

①　《三国志》卷六《袁术传》，第209页。
②　《三国志》卷六《袁术传》，第210页。
③　［清］何焯著，崔高维点校：《义门读书记》卷二六《三国志》，第430页。
④　田余庆：《汉魏之际的青徐豪霸》，《秦汉魏晋史探微》（重订本），第106页。
⑤　《三国志》卷一《武帝纪》，第43页。

然起兵,耀武长江,却落得临戎不武之讥。

霍性虽死,但他的看法却为曹丕所认同。此番南征虽然无功而返,但七月孙权便遣使奉献,远人服膺,施行仁政的目的基本达成。但由于缺乏武功,曹丕最终代汉还是借用其父曹操之武功。对于曹魏集团而言,曹操御军三十余年,在创业阶段扫平北方群雄,建立不世武功,正可用以构建政治话语。于是魏臣重新审定曹魏的创业历史,将曹操的功绩明确为克定祸乱,填充入政治话语之中,以弥补曹丕武功不足的事实。魏臣所上表文多称颂魏武之武功,其后汉帝禅位诏书也只提曹操武功,不及曹丕,如裴注引袁宏《汉纪》载献帝诏曰:"朕在位三十有二载,遭天下荡覆,幸赖祖宗之灵,危而复存。然仰瞻天文,俯察民心,炎精之数既终,行运在乎曹氏。是以前王既树神武之绩,今王又光曜明德以应其期,是历数昭明,信可知矣。夫大道之行,天下为公,选贤与能,故唐尧不私于厥子,而名播于无穷。朕羡而慕焉,今其追踵尧典,禅位于魏王。"[1]曹操基本翦除北方群雄,统一北中国,是"树神武之绩",曹丕推行仁政,屡致符瑞,即"光曜明德以应其期"。由此,在汉魏禅代之前,曹操的武功与曹丕的文德实已共同构成了曹魏代汉的主要动力,而魏臣,甚至汉献帝又将这种事实固定在汉魏禅代间的相关诏册表文中。

由前举魏臣数次上言可见,其人对汉魏禅代政治逻辑的认识是在构建政治话语的过程中逐渐发展完善的。起初几次上书劝进,魏臣尚未形成完整的认识,虽于劝进表文中先后提及文德、乱国、武功三个禅代要素,却没有完全按照历史进程将其固定在文本中,只是零星提及其中一个或两个要素,较为分散。第四次辛毗、陈群、桓阶等数人的上言实已粗具完整代汉政治话语的雏形,却又过于简略。经

---

① 《三国志》卷二《文帝纪》,第62页。

过魏臣十余次的劝进,在第十六次,即魏臣在禅代前最后一次的完整上书中,就已经可以明显地看到其人有意根据历史发展的时间顺序,先后详述代汉政治话语的三个要素,其文云:

> 且汉政在阍宦,禄去帝室七世矣,遂集矢石于其宫殿,而二京为之丘墟。当是之时,四海荡覆,天下分崩,武王亲衣甲而冠胄,沐雨而栉风,为民请命,则活万国,为世拨乱,则致升平,鸠民而立长,筑官而置吏,元元无过,罔于前业,而始有造于华夏。陛下即位,光昭文德,以翊武功,勤恤民隐,视之如伤,惧者宁之,劳者息之,寒者以暖,饥者以充,远人以德服,寇敌以恩降,迈恩种德,光被四表;稽古笃睦,茂于放勋,网漏吞舟,弘乎周文。①

联系历史进程,因其数人所言,魏能代汉的理由已经明确为三点:汉室无德(乱国),魏武王兴兵救弊(武功),曹丕修仁政致祥瑞(文德),乱国、武功、文德,易姓的三个要素都已具备。于是,在曹魏群臣第十七次劝进后,曹丕终于在繁阳接受了汉献帝的禅让,成功完成了从汉臣到魏帝的身份转换。裴注引《魏氏春秋》曰:"帝升坛礼毕,顾谓群臣曰:'舜、禹之事,吾知之矣。'"②曹丕此语表明,曹魏最终剥离汉家因素,如舜、禹故事,走禅让一途代汉。

这一政治话语由此成为曹魏的重要意识形态。黄初二年(221)孙权向曹魏称臣,曹丕封其为吴王。刘晔以为不可,进言有云:"先帝征伐,天下兼其八,威震海内,陛下受禅即真,德合天地,声暨四远,此

---

① 《三国志》卷二《文帝纪》,第74页。
② 《三国志》卷二《文帝纪》,第75页。

实然之势,非卑臣颂言也。"① 显然,刘晔已将曹操的武功(隐含乱国)与曹丕的文德视为曹魏开国的必要条件。一个完整的,符合历史发展事实的,格式化的禅代/自立政治话语也最终形成。景初元年(237)公孙渊自立为燕王,借大司马长史郭昕、参军柳浦等七百八十九人之口上书曹叡自行申辩,其文云:"渊祖父度初来临郡,承受荒残,开日月之光,建神武之略,聚乌合之民,扫地为业,威震耀于殊俗,德泽被于群生。辽土之不坏,实度是赖。孔子曰:'微管仲,吾其被发左衽。'向不遭度,则郡早为丘墟,而民系于虏廷矣。遗风余爱,永存不朽。度既薨殂,吏民感慕,欣戴子康,尊而奉之。"② 辽东臣民在叙述公孙氏祖先故事时,已然自觉将乱国、武功与文德三种要素统合,以构建公孙氏历代合法割据辽东的政治话语。尔后魏晋南北朝的禅代更无不受其影响。

　　徐冲在梳理曹丕旌表东汉二十四贤的史事后认为,汉魏革命之际魏王曹丕对于前朝"二十四贤"的表彰,实际上表达了新王朝的统治群体对于汉代皇帝权力结构中外戚与宦官权力的直接否定与新王朝正当性之出自的确认。③ 在这一意义上,徐先生认为可将此"二十四贤"视为曹魏王朝之"先贤";曹丕对其人的彰表,与曹魏王朝成立后一系列改造汉代传统、重构新型皇帝权力结构的政治举措是同一种意识形态的表现。④ 如此,汉魏禅代过程中构建相关政治话语及其格式化的渐进形成也可视为权力转化的重要组成部分,东汉士人异变的"孝宣情结"不可否认地推动了汉魏嬗代的进程。

---

① 《三国志》卷一四《刘晔传》,第447页。
② 《三国志》卷八《公孙度传附公孙渊传》,第258页。
③ 徐冲:《中古时代的历史书写与皇帝权力起源》,第223页。
④ 徐冲:《中古时代的历史书写与皇帝权力起源》,第223页。

冯渝杰指出:"汉末思潮错综交织,却在总体上呈现出由'辅汉'而'代汉'的变化趋势,即从维护汉家合法性依旧为汉末思潮之主流到宣布汉家气行已尽,德运已终的变化过程。"[①] 在东汉末年思潮剧烈变动的过程中,士人的"孝宣情结"也出现了新的变化。原本用以建构宣帝中兴圣主形象的谶纬异象,因其内涵的深入人心,此时竟一变而成为地方割据的暗示与他姓代汉的基石。此异变的"孝宣情结"可按其作用分为具象和抽象二途,一是如公孙度所为,直接以其时所出具体的大石自立异象比附宣帝故事,以示其天命所归;二则如曹丕之行,以抽象的,宣帝应异象谶纬由匹夫至天子的受命故事为可以易姓禅代的证明。由于现实政治的目标逐渐走向代汉而非扶汉,在此期间士人所表现出的"孝宣情结"早已不同于东汉初年的传统情感。但不得不承认,异变的"孝宣情结"在剧烈变动的社会思潮中,一定程度上推动了汉魏禅代的历史进程。如此,东汉王朝很难再延续下去了,只得走向最后的灭亡。

---

① 冯渝杰:《"致太平"思潮与黄巾初起动机考——兼及原始道教的辅汉情结与终末论说》,《学术月刊》2018年第5期。

结　论

　　自光武帝龙飞白水，至汉献帝繁阳禅位，一百九十五载风流故事，"总被雨打风吹去"。细数东汉漫长的历史，可见其国家政治的变化发展与汉宣帝有着千丝万缕的联系，这是本书以东汉士人的"孝宣情结"为研究对象的重要原因。东汉士人对汉宣帝、宣帝朝辅臣及其所共同构成之政治的认同感与归属感在本书中被定义为"孝宣情结"，这种特殊情感是如何产生的，这一政治文化在发展变化的同时与东汉政治的互动，都是值得关注的问题。

　　依笔者陋见，东汉士人的"孝宣情结"经历了缘起、发展、分化和异变四个阶段，贯穿王朝始终，与东汉政治不可避免地产生了纠葛。东汉初年，汉德重开，君主励精图治，群下延颈举踵。在经历了西汉末年复行周政的失败后，东汉的创业者将目光投向了更远的西汉盛世，汉宣帝兼杂王霸的汉家典型政治就进入了东汉士人的视野。汉家开基以来便有兼综王霸之意，其后主导的政治思想虽有所不同，但始终都是在"霸王道杂之"这条基线附近波动。汉武帝罢黜百家，表章《六经》，实为外儒内法。宣帝继承了武帝的衣钵，在位期间对内兼用儒法，整顿吏治，调整武帝以来的弊政；对外承武帝奋击之威，审时度势，宾服四夷。宣帝的文治武功一举扭转了武帝末年以来的颓势,使西汉王朝再次走向兴盛,后世美其名曰"中兴",宣帝也因此成为西汉的中兴圣主。包括"霸王道杂之"的政治思想和带有宣帝朝特色的,以加俸、增秩、赏金、升官等主要举措为组成部分的吏治建设,即政治实践在内的孝宣政治成为东汉士人"孝宣情结"产生的缘由之一。而西汉时人对宣帝形象的层累建构亦促成了东汉士人"孝宣情结"的缘起。关于宣帝的形象建构,若抛开"天子气"不论,实际上自其登基前天下出现谶纬异象起就已经开始了。宣帝登基后屡致祥瑞,又通过更改年号、遍赐民爵等举措来强化圣主仁君这一印象。宣帝驾崩后,士人上谥号"孝宣",以褒扬其使四夷宾服,致天下太平之功。不过,这一进程此后却一度中止,直至元始四年汉平帝为宣帝上中宗庙号,宣帝的中兴形象,在经历了漫长且充满波折的建构后,才暂时告一段落。谶纬、祥瑞、谥号、庙号,一系列的政治符号都指向一个事实,即宣帝为汉朝的中兴圣主。同样中兴的背景,又使得东汉士人对宣帝更增添一分认同。

成熟的孝宣政治与经西汉漫长的层累建构后逐渐成形的宣帝中兴形象二位一体,东汉士人的"孝宣情结"即缘起于此。自王莽乱国之后,宣帝的政治地位长期没有得到承认,故东汉前期士人致力于重塑宣帝形象。上层士人如皇帝,有意拔高宣帝地位,以政治重构的形式将宣帝的中兴形象永久地融入国家精神之内。光武改革宗庙制度,确立了宣帝在汉家宗庙中的独特地位,又更换太子以保持国家政治未来的前进方向。出于社会现实的需要,光武、明帝在文化上崇儒,却不偏废霸术。二帝均重视吏治建设,在具体的政治实践中复行孝宣政治,如增加吏俸、推行久任制等,使得东汉初年国家一片欣欣向荣之景。下层士人如文士则通过历史书写的形式,以文本为载体最终固定了宣帝唯一中兴圣主的形象,其中又以《汉书》最为典型。《汉书》中所见的宣帝形象,与其说是西汉真实的汉宣帝,倒不如说是东汉人眼中的汉宣帝，与东汉政治的绞缠使得《汉书》中的宣帝形象明显带有东汉士人的"孝宣情结"。班固整理并书写汉史，使汉宣帝得以齐功周宣王，比德汉高祖。《汉书》又通过构建汉武帝与汉元帝的形象来烘托汉宣帝，使得宣帝唯一中兴圣主的形象得以最终固定。这一时期是东汉士人之"孝宣情结"的发展阶段。

明帝以降，章帝继体，虽与明帝并称明章之治，但细究东汉衰亡之由，首推章帝。章帝推崇儒术，重视教化，固然可赞，但其为惩明帝苛政之失，奉行宽政，主动放松了对官吏的监督与惩罚。而自东汉开国起便由中央推动，在地方上出现的吏化趋向，其所带有的巨大惯性并没有因国家政治的转向而就此停止，加之章帝自断詧策，关键环节的断裂致使原本的平衡被打破，东汉中央与地方不可避免地出现了脱节的趋势。章帝又纵容外戚发展，使得继任的和帝不得不借助宦官之手巩固皇权。由此外戚、宦官两大势力崛起。章、和之世的东汉王朝，虽仍是继续向上发展，但也已经看到了山巅的无限风光。

和帝之后，东汉中央便陷入了外戚、宦官迭兴的死循环。皇帝多是幼年即位，权假他姓，又多不永年。可以说，这一时段的东汉皇帝大多已经失去了开国前两代君主的锐意进取之志，在他们身上几乎已经看不到"孝宣情结"了。这一特殊政治文化从东汉初年的君臣皆尚，逐渐分化，至此时仅存于中下层士人之间。东汉中后期朝堂之上政治黑暗，皇权为外戚、宦官所侵，地方政治亦有崩溃之趋势，统治者的过分纵容与治吏严法的缺失也使得前世"宽以治吏，严以待民"的错位政治愈演愈烈，以苛刻为能的官吏暴虐百姓，并借此晋升，一心图治的官吏却迁转不得，俸禄低微。激化的社会矛盾又将汉王朝推到了历史的十字路口。

在国家逐渐衰微的大背景下，东汉初年对"孝宣情结"的铺垫，士人对汉宣帝所创造之中兴盛世的向往以及拯救时弊的需要，使得此时的一批士人,在"孝宣情结"的驱使下,活跃于朝堂之上,纷纷进言,阐释自己对政治的理解。士人们希望君主能够限制宦官,打击外戚,重振皇权,以比隆宣帝,又依照孝宣政治设计新制,欲纠正地方弊政,远追宣帝中兴之轨,其中又以再造吏治为首要任务,如提高吏俸,推行久任制,严格官吏的选拔等一系列带有孝宣政治特色的建议时常被提及;又有士人僻处一室,著书立说,观其文字可知其人对孝宣中兴的无限向往;另有士人更在具体实践中推行孝宣政治,并取得了一定的成效。只是东汉中后期国家陵迟,外戚、宦官势力的掣肘使得士人的宏愿未能实现。士人们由此心灰意冷,旨趣转变。

东汉末年,士人们的"孝宣情结"出现了明显的异变,宣帝中兴汉朝的幻景与汉朝难以复兴之现实的抵牾使得"孝宣情结"从对王朝的归属与对治道的认同走向了更加纯粹的治道认同与异象比附。因孝宣政治与多种政治符号在内的形象建构二位一体而缘起的"孝宣情结",在东汉末年又重新分化为治道与政治符号的松散集合。宣帝兼杂王霸的政治思想与政治实践,成为汉末群雄经营地方的重要参考,三国创业君臣如曹操、刘备、诸葛亮等人儒法兼用,重塑吏治,最终从并起的汉末英豪中脱颖而出,三分东汉天下。而原本用以构建宣帝中兴形象的谶纬异象也不可避免地在社会思潮的剧烈变动中滑向异变的深渊,反而成为地方割据乃至士人最终完成王朝禅代之权力转换的工具。

综上,这样一条曲折的,关于"孝宣情结"的发展变化脉络虽算不上清晰可见,但拨开历史的迷雾,仍可发现它的草蛇灰线。东汉士人的"孝宣情结"这种特殊的政治文化与东汉近二百年的政治演进有着难以割裂的联系,使得东汉士人产生"孝宣情结"的孝宣政治,其内核是"霸王道杂之"的政治思想和带有宣帝朝特色的,以吏治建设为核心的政治实践,将其展开即是汉家制度的基准线,代表着汉代政治的理性传统。这一内在逻辑使得孝宣政治在某种意义上即是抽象的汉家制度的真实投影。故就政治文化而言,时人对孝宣政治的认识与态度,将在很大程度上影响国家走向兴与亡这两个截然相反的结果。东汉历史的发展证明此非虚言。西汉政治整体上在这条"霸王道杂之"的基准线附近波动,直至后期的急剧变化才最终导致国家灭亡。在汉家制度的巨大引力下,东汉在开国五十年内重回这条轨道,之后却开始转向,内部分化,逐渐脱轨。士人虽意欲使国家政治重新转轨,前仆后继却不能得,直到东汉末年才由三国创业君臣在各自的实际控制区内实现了部分回归。随着受禅台上燎烟腾空,禅让礼毕,东汉也由此灭亡了。然而"孝宣情结"却没有因此泯灭在历史的滚滚长河之中。几经淘洗,分别由后人对汉宣帝治道的认同以及对汉宣帝异象的比附所形成的政治结晶,反而历久弥新,对中国古代王朝政治产生了极其深远的影响。不过这倒是轶出了本书的预期构想,成了另外一个问题。

参 考 文 献

（一）基本史料

［春秋］孙武撰，［三国］曹操等注，杨丙安校理：《十一家注孙子校理》，北京：
　　中华书局，2016年。

［汉］司马迁撰，［宋］裴骃集解，［唐］司马贞索隐，［唐］张守节正义：《史记》，
　　北京：中华书局，1959年。

［汉］桓谭撰，朱谦之校辑：《新辑本桓谭新论》，北京：中华书局，2009年。

［汉］班固：《汉书》，北京：中华书局，1962年。

［汉］班固撰，［清］王先谦补注，上海师范大学古籍研究所整理：《汉书补注》，
　　上海：上海古籍出版社，2012年。

［汉］许慎撰，［清］段玉裁注，许惟贤整理：《说文解字注》，南京：凤凰出版社，
　　2015年。

［汉］王符著，［清］汪继培笺，彭铎校正：《潜夫论笺校正》，北京：中华书局，
　　2014年。

［汉］应劭撰，王利器校注：《风俗通义校注》，北京：中华书局，2010年。

［东汉］刘珍等撰，吴树平校注：《东观汉记校注》，北京：中华书局，2008年。

［汉］崔寔、［汉］仲长统撰，孙启治校注：《政论校注　昌言校注》，北京：中华
　　书局，2012年。

［东汉］刘熙撰，［清］毕沅疏证，［清］王先谦补，祝敏彻、孙玉文点校：《释名疏

证补》,北京:中华书局,2008年。

[东汉]荀悦、[东晋]袁宏撰,张烈点校:《两汉纪》,北京:中华书局,2017年。

[汉]荀悦撰,[明]黄省曾注,孙启治校补:《申鉴注校补》,北京:中华书局,2012年。

[魏]徐幹撰,孙启治解诂:《中论解诂》,北京:中华书局,2014年。

[三国魏]曹植著,赵幼文校注:《曹植集校注》,北京:中华书局,2016年。

[三国]诸葛亮撰,段熙仲、闻旭初编校:《诸葛亮集》,北京:中华书局,2014年。

[晋]陈寿撰,[宋]裴松之注:《三国志》,北京:中华书局,1982年。

[晋]袁宏撰,周天游校注:《后汉纪校注》,天津:天津古籍出版社,1987年。

[南朝宋]范晔撰,[唐]李贤等注:《后汉书》,北京:中华书局,1965年。

[梁]沈约:《宋书》,北京:中华书局,1974年。

[南朝梁]刘勰著,黄叔琳注,李详补注,杨明照校注拾遗:《增订文心雕龙校注》,北京:中华书局,2012年。

[唐]欧阳询撰,汪绍楹校:《艺文类聚》,上海:上海古籍出版社,1999年。

[唐]魏徵等:《隋书》(修订本),北京:中华书局,2019年。

[唐]房玄龄等:《晋书》,北京:中华书局,1974年。

[唐]刘知幾撰,[清]浦起龙通释,王煦华整理:《史通通释》,上海:上海古籍出版社,2009年。

[唐]杜佑撰,王文锦等点校:《通典》,北京:中华书局,2016年。

[后晋]刘昫等:《旧唐书》,北京:中华书局,1975年。

[宋]李昉等:《太平御览》,北京:中华书局,1960年。

[宋]司马光编著:《资治通鉴》,北京:中华书局,2011年。

[宋]蔡絛撰,冯惠民、沈锡麟点校:《铁围山丛谈》,北京:中华书局,1983年。

[宋]王观国撰,田瑞娟点校:《学林》,北京:中华书局,1988年。

[宋]洪适:《隶释·隶续》,北京:中华书局,1986年。

[宋]洪迈撰,孔凡礼点校:《容斋随笔》,北京:中华书局,2005年。

[宋]朱熹:《四书章句集注》,北京:中华书局,1983年。

[宋]叶适:《习学记言序目》,北京:中华书局,1977年。

［宋］王应麟著，［清］翁元圻辑注，孙通海点校：《困学纪闻注》，北京：中华书局，2016年。

［宋］马端临著，上海师范大学古籍研究所、华东师范大学古籍研究所点校：《文献通考》，北京：中华书局，2011年。

［元］郝经：《续后汉书》，清道光二十一年刻本。

［明］方孝孺著，徐光礼大校点：《逊志斋集》，宁波：宁波出版社，2000年。

［明］胡应麟：《少室山房笔丛》，上海：上海书店出版社，2009年。

［清］王夫之著，舒士彦点校：《读通鉴论》，北京：中华书局，2013年。

［清］王夫之著，王孝鱼点校：《张子正蒙注》，北京：中华书局，1975年。

［清］黄生撰，［清］黄承吉合按，刘宗汉点校：《字诂义府合按》，北京：中华书局，1984年。

［清］彭定求等编：《全唐诗》，北京：中华书局，1960年。

［清］何焯著，崔高维点校：《义门读书记》，北京：中华书局，1987年。

［清］孙希旦撰，沈啸寰、王星贤点校：《礼记集解》，北京：中华书局，1989年。

［清］王鸣盛撰，黄曙辉点校：《十七史商榷》，上海：上海古籍出版社，2016年。

［清］纪昀等总纂：《景印文渊阁四库全书》，台北：台湾商务印书馆，1986年。

［清］钱大昕著，方诗铭、周殿杰校点：《廿二史考异：附三史拾遗、诸史拾遗》，上海：上海古籍出版社，2004年。

［清］钱大昕：《十驾斋养新录（附余录）》，陈文和主编：《嘉定钱大昕全集》（增订本）第三册，南京：凤凰出版社，2016年。

［清］赵翼著，王树民校证：《廿二史劄记校证》，北京：中华书局，2013年。

［清］赵翼撰，栾保群点校：《陔余丛考》，北京：中华书局，2019年。

［清］孙星衍等辑，周天游点校：《汉官六种》，北京：中华书局，1990年。

［清］孙星衍撰，陈抗、盛冬铃点校：《尚书今古文注疏》，北京：中华书局，1986年。

［清］严可均辑：《全上古三代秦汉三国六朝文（附索引）》，北京：中华书局，1958年。

［清］陈立撰，吴则虞点校：《白虎通疏证》，北京：中华书局，1994年。

［清］李慈铭撰，由云龙辑：《越缦堂读书记》，北京：中华书局，2006年。

［清］孙诒让撰，孙启治点校：《墨子间诂》，北京：中华书局，2001年。

［清］苏舆撰，钟哲点校：《春秋繁露义证》，北京：中华书局，2015年。

［清］王先谦：《后汉书集解》，北京：中华书局，1983年。

［清］王先慎撰，钟哲点校：《韩非子集解》，北京：中华书局，2013年。

二十五史刊行委员会编集：《二十五史补编》，上海：开明书店，1936年。

中国社会科学院考古研究所编：《居延汉简甲乙编》，北京：中华书局，1980年。

周天游辑注：《八家后汉书辑注》，上海：上海古籍出版社，1986年。

程树德撰，程俊英、蒋见元点校：《论语集释》，北京：中华书局，1990年。

杨明照：《抱朴子外篇校笺》（上），北京：中华书局，1991年。

张舜徽主编：《二十五史三编》，长沙：岳麓书社，1994年。

徐蜀选编：《二十四史订补》，北京：书目文献出版社，1996年。

杨明照：《抱朴子外篇校笺》（下），北京：中华书局，1997年。

《十三经注疏》整理委员会整理：《十三经注疏·春秋公羊传注疏》，北京：北京
　　大学出版社，1999年。

何清谷：《三辅黄图校释》，北京：中华书局，2005年。

毛远明编著：《汉魏六朝碑刻校注》，北京：线装书局，2009年。

王利器校注：《盐铁论校注》，北京：中华书局，2015年。

张栻著，邓洪波校补：《南轩先生文集》，长沙：湖南大学出版社，2015年。

张德芳：《居延新简集释》（七），兰州：甘肃文化出版社，2016年。

中国社会科学院语言研究所词典编辑室编：《现代汉语词典》（第7版），北京：商
　　务印书馆，2016年。

陈宏天、高秀芳点校：《苏辙集》，北京：中华书局，2017年。

程俊英、蒋见元：《诗经注析》，北京：中华书局，2017年。

黄晖：《论衡校释（附刘盼遂集解）》，北京：中华书局，2017年。

（二）论著

漆侠等：《秦汉农民战争史》，北京：生活·读书·新知三联书店，1962年。

陈直:《汉书新证》,天津:天津人民出版社,1979年。

劳榦:《秦汉史》,台北:中国文化大学出版部,1980年。

谢天佑、简修炜:《中国农民战争简史》,上海:上海人民出版社,1981年。

高敏:《秦汉史论集》,郑州:中州书画社,1982年。

安作璋、熊铁基:《秦汉官制史稿》,济南:齐鲁书社,1984年。

陈启云:《汉晋六朝文化・社会・制度——中华中古前期史研究》,台北:新文
　　丰出版社,1986年。

[美]加布里埃尔・A・阿尔蒙德、小G・宾厄姆・鲍威尔著,曹沛霖等译:《比
　　较政治学:体系、过程和政策》,上海:上海译文出版社,1987年。

邢义田:《秦汉史论稿》,台北:东大图书公司,1987年。

吴树平:《秦汉文献研究》,济南:齐鲁书社,1988年。

孟祥才:《中国农民战争史・秦汉卷》,武汉:湖北人民出版社,1989年。

[英]崔瑞德、[英]鲁惟一编,杨品泉等译:《剑桥中国秦汉史》,北京:中国社
　　会科学出版社,1992年。

刘泽华主编,孙立群、马亮宽著:《士人与社会・秦汉魏晋南北朝卷》,天津:天
　　津人民出版社,1992年。

[日]東晋次:《後漢時代の政治と社会》,名古屋:名古屋大学出版会,1995年。

李伯勋:《诸葛亮集笺论》,西安:陕西人民出版社,1997年。

黄今言、邵鸿、卢星、赵明:《东汉军事史》,北京:军事科学出版社,1998年。

翦伯赞:《秦汉史》,北京:北京大学出版社,1999年。

陈启云著,高专诚译:《荀悦与中古儒学》,沈阳:辽宁大学出版社,2000年。

李开元:《汉帝国的建立与刘邦集团:军功受益阶层研究》,北京:生活・读
　　书・新知三联书店,2000年。

于迎春:《秦汉士史》,北京:北京大学出版社,2000年。

孙家洲:《两汉政治文化窥要》,济南:泰山出版社,2001年。

王彦辉:《汉代豪民研究》,长春:东北师范大学出版社,2001年。

[日]五井直宏著,姜镇庆、李德龙译:《中国古代史论稿》,北京:北京大学出版
　　社,2001年。

马彪：《秦汉豪族社会研究》，北京：中国书店出版社，2002年。

卫广来：《汉魏晋皇权嬗代》，太原：书海出版社，2002年。

张鹤泉：《汉明帝研究》，长春：吉林文史出版社，2002年。

林剑鸣：《秦汉史》，上海：上海人民出版社，2003年。

余英时：《士与中国文化》，上海：上海人民出版社，2003年。

陈梦家：《汉简缀述》，北京：中华书局，2004年。

陈业新：《灾害与两汉社会研究》，上海：上海人民出版社，2004年。

［日］西嶋定生著，武尚清译：《中国古代帝国的形成与结构：二十等爵制研究》，北京：中华书局，2004年。

韩星：《儒法整合：秦汉政治文化论》，北京：中国社会科学出版社，2005年。

廖伯源：《简牍与制度》，桂林：广西师范大学出版社，2005年。

吕思勉：《吕思勉读史札记》，上海：上海古籍出版社，2005年。

吕思勉：《秦汉史》，上海：上海古籍出版社，2005年。

汪受宽：《谥法研究》，上海：上海古籍出版社，2005年。

杨鸿年：《汉魏制度丛考》，武汉：武汉大学出版社，2005年。

朱红林：《张家山汉简〈二年律令〉集释》，北京：社会科学文献出版社，2005年。

长沙市文物考古研究所、中国文物研究所编：《长沙东牌楼东汉简牍》，北京：文物出版社，2006年。

劳榦：《古代中国的历史与文化》，北京：中华书局，2006年。

廖伯源：《使者与官制演变：秦汉皇帝使者考论》，台北：文津出版社，2006年。

柳春新：《汉末晋初之际政治研究》，长沙：岳麓书社，2006年。

杨权：《新五德理论与两汉政治："尧后火德"说考论》，北京：中华书局，2006年。

周长山：《汉代地方政治史论：对郡县制度若干问题的考察》，北京：中国社会科学出版社，2006年。

方诗铭、方小芬编著：《中国史历日和中西历日对照表》，上海：上海人民出版社，2007年。

郭善兵：《中国古代帝王宗庙礼制研究》，北京：人民出版社，2007年。

吕思勉：《吕思勉中国文化史　中国政治思想史讲义》，天津：天津古籍出版社，

　　2007年。

王子今：《秦汉时期生态环境研究》，北京：北京师范大学出版社，2007年。

严耕望：《中国地方行政制度史·秦汉地方行政制度》，上海：上海古籍出版社，
　　2007年。

袁延胜：《中国人口通史·东汉卷》，北京：人民出版社，2007年。

张小锋：《西汉中后期政局演变探微》，天津：天津古籍出版社，2007年。

朱红林：《张家山汉简〈二年律令〉研究》，哈尔滨：黑龙江人民出版社，2008年。

陈直：《居延汉简研究》，北京：中华书局，2009年。

［日］渡邉義浩：《後漢における「儒教國家」の成立》，东京：汲古书院，
　　2009年。

楼劲、刘光华：《中国古代文官制度》（修订本），北京：中华书局，2009年。

［日］小嶋茂稔：《漢代国家統治の構造と展開》，东京：汲古书院，2009年。

阎步克：《服周之冕：〈周礼〉六冕礼制的兴衰变异》，北京：中华书局，2009年。

阎步克：《品位与职位：秦汉魏晋南北朝官阶制度研究》，北京：中华书局，
　　2009年。

［德］马克斯·韦伯著，洪天富译：《儒教与道教》，南京：江苏人民出版社，
　　2010年。

钱穆：《国史大纲》，北京：商务印书馆，2010年。

［日］尾形勇著，张鹤泉译：《中国古代的"家"与国家》，北京：中华书局，
　　2010年。

侯外庐等：《中国思想通史》（第二卷），北京：人民出版社，2011年。

金观涛、刘青峰：《兴盛与危机：论中国社会超稳定结构》，北京：法律出版社，
　　2011年。

廖宜方：《唐代的历史记忆》，台北：台湾大学出版中心，2011年。

牟发松：《汉唐历史变迁中的社会与国家》，上海：上海人民出版社，2011年。

唐长孺：《魏晋南北朝史论丛》，北京：中华书局，2011年。

唐长孺：《魏晋南北朝隋唐史三论》，北京：中华书局，2011年。

田余庆：《秦汉魏晋史探微》（重订本），北京：中华书局，2011年。

王惟贞:《东汉皇权的深化与局限:明、章二帝巩固政权的措施》,新北:花木兰文化出版社,2011年。

邢义田:《天下一家:皇帝、官僚与社会》,北京:中华书局,2011年。

邢义田:《治国安邦:法制、行政与军事》,北京:中华书局,2011年。

白杨:《诸葛亮治蜀与蜀汉政治生态演变研究》,北京:中国社会科学出版社,2012年。

黄惠贤、陈锋主编:《中国俸禄制度史》(修订版),武汉:武汉大学出版社,2012年。

[日]吉川忠夫著,王启发译:《六朝精神史研究》,南京:江苏人民出版社,2012年。

[德]马克思、[德]恩格斯著,中共中央马克思恩格斯列宁斯大林著作编译局译:《马克思恩格斯选集》,北京:人民出版社,2012年。

王刚:《学与政:汉代知识与政治互动关系之考察》,哈尔滨:黑龙江人民出版社,2012年。

于振波:《简牍与秦汉社会》,长沙:湖南大学出版社,2012年。

[日]冨谷至著,刘恒武、孔李波译:《文书行政的汉帝国》,南京:江苏人民出版社,2013年。

葛兆光:《中国思想史》,上海:复旦大学出版社,2013年。

李学铭:《东汉史事述论丛稿》,台北:万卷楼图书股份有限公司,2013年。

刘太祥:《汉代政治文明》,郑州:河南大学出版社,2013年。

王子今:《秦汉交通史稿》,北京:人民大学出版社,2013年。

辛德勇:《建元与改元:西汉新莽年号研究》,北京:中华书局,2013年。

熊铁基:《汉代学术史论》,北京:高等教育出版社,2013年。

张俊民:《简牍学论稿:聚沙篇》,兰州:甘肃教育出版社,2013年。

朱子彦:《汉魏禅代与三国政治》,上海:东方出版中心,2013年。

曹金华:《后汉书稽疑》,北京:中华书局,2014年。

邓小南:《祖宗之法:北宋前期政治述略》(修订版),北京:生活·读书·新知三联书店,2014年。

［日］渡邊將智：《後漢政治制度の研究》，东京：早稻田大学出版部，2014年。

吕思勉：《三国史话》，北京：中华书局，2014年。

徐复观：《两汉思想史》，北京：九州出版社，2014年。

陈侃理：《儒学、数术与政治：灾异的政治文化史》，北京：北京大学出版社，
　2015年。

陈寅恪：《金明馆丛稿初编》，北京：生活·读书·新知三联书店，2015年。

方诚峰：《北宋晚期的政治体制与政治文化》，北京：北京大学出版社，2015年。

孙英刚：《神文时代：谶纬、术数与中古政治研究》，上海：上海古籍出版社，
　2015年。

田天：《秦汉国家祭祀史稿》，北京：生活·读书·新知三联书店，2015年。

阎步克：《士大夫政治演生史稿》，北京：北京大学出版社，2015年。

杨东晨：《东汉兴亡史》，西安：陕西人民出版社，2015年。

杨际平：《中国财政通史·秦汉财政史》，长沙：湖南人民出版社，2015年。

［美］陆威仪著，王兴亮译：《早期中华帝国：秦与汉》，北京：中信出版社，
　2016年。

杨宽：《中国古代陵寝制度史研究》，上海：上海人民出版社，2016年。

赵国华主编：《东汉史研究》，武汉：湖北人民出版社，2016年。

［日］纸屋正和著，朱海滨译：《汉代郡县制的展开》，上海：复旦大学出版社，
　2016年。

高崇文：《古礼足征：礼制文化的考古学研究》，上海：上海古籍出版社，2017年。

［日］大庭脩著，徐世虹等译：《秦汉法制史研究》，上海：中西书局，2017年。

［日］金子修一著，肖圣中、吴思思、王曹杰译：《古代中国与皇帝祭祀》，上海：
　复旦大学出版社，2017年。

廖伯源：《制度与政治：政治制度与西汉后期之政局变化》，北京：中华书局，
　2017年。

沈刚：《汉代国家统治方式研究：列卿、宗室、信仰与基层社会》，北京：社会科学
　文献出版社，2017年。

［日］西嶋定生著，顾姗姗译：《秦汉帝国：中国古代帝国之兴亡》，北京：社会科

学文献出版社,2017年。

徐冲:《中古时代的历史书写与皇帝权力起源》,上海:上海古籍出版社,2017年。

阎步克:《波峰与波谷:秦汉魏晋南北朝的政治文明》(第二版),北京:中华书局,2017年。

阎步克:《从爵本位到官本位:秦汉官僚品位结构研究》(增补本),北京:生活·读书·新知三联书店,2017年。

杨树达:《汉书窥管》,北京:商务印书馆,2017年。

周振鹤、李晓杰、张莉:《中国行政区划通史·秦汉卷》,上海:复旦大学出版社,2017年。

朱绍侯:《军功爵制研究》,北京:商务印书馆,2017年。

祝总斌:《两汉魏晋南北朝宰相制度研究》,北京:北京大学出版社,2017年。

陈仲安、王素:《汉唐职官制度研究》(增订本),上海:中西书局,2018年。

[日]川胜义雄著,李济沧、徐谷芃译:《六朝贵族制社会研究》,上海:上海古籍出版社,2018年。

何兹全:《秦汉史略》,北京:北京出版社,2018年。

侯旭东:《宠:信—任型君臣关系与西汉历史的展开》,北京:北京师范大学出版社,2018年。

金春峰:《汉代思想史》,北京:中国社会科学出版社,2018年。

李健胜:《流动的权力:先秦、秦汉国家统治思想研究》,北京:中国社会科学出版社,2018年。

廖伯源:《秦汉史论丛续编》,北京:中华书局,2018年。

钱穆:《秦汉史》,北京:生活·读书·新知三联书店,2018年。

仇鹿鸣:《长安与河北之间:中晚唐的政治与文化》,北京:北京师范大学出版社,2018年。

萨孟武:《中国社会政治史·先秦秦汉卷》,北京:生活·读书·新知三联书店,2018年。

王保顶:《汉代士人与政治》,南京:江苏人民出版社,2018年。

王允亮:《俯仰在兹:先唐地理观念与文学论稿》,北京:科学出版社,2018年。

辛德勇:《制造汉武帝:由汉武帝晚年政治形象的塑造看〈资治通鉴〉的历史构建》(增订本),北京:生活·读书·新知三联书店,2018年。

薛梦潇:《早期中国的月令与"政治时间"》,上海:上海古籍出版社,2018年。

辛德勇:《海昏侯刘贺》,北京:生活·读书·新知三联书店,2019年。

陈苏镇:《〈春秋〉与"汉道":两汉政治与政治文化研究》,北京:中华书局,2020年。

刘泽华主编:《中国政治思想史》,杭州:浙江人民出版社,2020年。

杨勇:《历史多元视野中的盐铁会议与〈盐铁论〉》,北京:社会科学文献出版社,2021年。

袁宝龙:《秦汉时期政治文化体系的整合与建构》,北京:社会科学文献出版社,2021年。

(三)学术论文

顾颉刚:《五德终始下的政治和历史》,《清华学报》1930年第1期。

杨联陞:《东汉的豪族》,《清华学报》1936年第4期。

周一良:《论诸葛亮》,《历史研究》1954年第3期。

金观涛、刘青峰:《中国历史上封建社会的结构:一个超稳定系统》,《贵阳师院学报》1980年第1期。

金观涛、刘青峰:《中国历史上封建社会的结构:一个超稳定系统》(续),《贵阳师院学报》1980年第2期。

余行迈:《从尚书职权的变化看两汉中央集权制与外戚宦官专政的关系》,《江苏师院学报》1980年第3期。

聂崇岐:《汉代官俸质疑》,《宋史丛考》,北京:中华书局,1980年。

裘锡圭:《关于新出甘露二年御史书》,《考古与文物》1981年第1期。

朱绍侯:《对〈居延简册《甘露二年丞相御史律令》考述〉的商榷》,《河南师大学报》1982年第4期。

尹韵公:《谈蜀国灭亡的原因》,《文史哲》1982年第5期。

王利器:《试论诸葛亮的政治思想》,成都市诸葛亮研究会编:《诸葛亮研究》,成都:巴蜀书社,1985年。

周九香:《论汉宣帝》,中国秦汉史研究会编:《秦汉史论丛》第三辑,西安:陕西人民出版社,1986年。

罗庆康:《汉宣帝中兴管窥》,《求索》1987年第1期。

邓小南:《西汉官吏考课制度初探》,《北京大学学报》1987年第2期。

臧云浦:《略论东汉初年的改革》,《徐州师范学院学报》1987年第2期。

周一良:《魏晋南北朝史学与王朝禅代》,《北京大学学报》1987年第2期。

郑铁巨:《试论西汉宣帝时期的吏治》,《中南民族学院学报》1987年第3期。

周天游:《论东汉门阀形成的经济因素——东汉门阀问题研究之二》,《史林》1989年第S1期。

曹金华:《刘秀"柔道"思想述论》,《南都学坛》1990年第2期。

黄朴民:《东汉中晚期儒学反思律动》,《东岳论丛》1990年第3期。

周一良:《略论南朝北朝史学之异同》,《北京大学学报》1990年第3期。

王云度:《东汉史分期刍议》,《南都学坛》1991年第1期。

王彦辉:《东汉中后期改良思潮及改良活动浅议》,《东北师大学报》1992年第2期。

施丁:《班固与〈汉书〉的史学思想》,《历史研究》1992年第4期。

欧阳小桃:《汉末、曹魏时期的名实之争》,《江西社会科学》1992年第6期。

曹金华:《试析东汉政权长期"倾而未颠,决而未溃"之原因》,《江苏社会科学》1993年第3期。

曹金华:《"每事务于宽厚"的汉章帝》,《南都学坛》1994年第1期。

杨天宇:《汉代官俸考略》,《河南大学学报》1994年第1期。

赵明:《东汉对西羌长期作战的原因与教训》,《中国史研究》1994年第1期。

马育良:《论曹操对秦汉大一统思想文化模式的突破》,《许昌师专学报》1994年第2期。

沈星棣:《"霸王道杂之"的宏观管理思想——先秦秦汉时期治道的理论与实践》,《江西社会科学》1994年第12期。

秦学颀:《东汉前期的皇权与外戚》,《西南师范大学学报》1995年第1期。

陈勇:《董卓进京述论》,《中国史研究》1995年第4期。

陈勇:《论光武帝"退功臣而进文吏"》,《历史研究》1995年第4期。

朱绍侯:《刘秀与他的功臣们》,《中国史研究》1995年第4期。

张兆凯:《两汉俸禄制度研究》,《中国经济社会史研究》1996年第1期。

杨建宏:《论东汉明章时期柔道政策的两极分化》,《长沙大学学报》1996年第4期。

周国林:《刘秀治国方略述论》,《贵州文史丛刊》1996年第4期。

曹金华:《论东汉前期的"诸王之乱"》,《史学月刊》1996年第5期。

陈勇:《董卓、曹操与汉魏皇权》,中国魏晋南北朝史学会编:《魏晋南北朝史研究》,武汉:湖北人民出版社,1996年。

高敏:《汉魏之际的几支特殊世兵——青州兵、徐州兵与东州兵》,中国魏晋南北朝史学会编:《魏晋南北朝史研究》,武汉:湖北人民出版社,1996年。

孙家洲:《汉代"应验"谶言例释》,《中国哲学史》1997年第2期。

杨有礼:《秦汉俸禄制度探论》,《华中师范大学学报》1997年第2期。

陈新海:《试论东汉在青海地区的施政》,《青海社会科学》1997年第5期。

杨静婉:《浅谈汉宣帝的吏治整顿》,《湘潭大学学报》1997年第5期。

高荣:《东汉西北边疆政策述评》,《学术研究》1997年第7期。

张作耀:《曹操尚礼重法思想述论》,《东岳论丛》1998年第3期。

王晓毅:《司马懿与曹魏政治》,《文史哲》1998年第6期。

沈星棣:《两汉郡守"重于古诸侯"的因果探微》,《南昌大学学报》1999年第2期。

王健:《楚王刘英之狱探析》,《中国史研究》1999年第2期。

朱绍侯:《〈尹湾汉墓简牍〉是东海郡非常时期的档案资料》,《史学月刊》1999年第3期。

高兵:《东汉政治奔溃新论》,《东方论坛》1999年第4期。

杨振红:《汉代自然灾害初探》,《中国史研究》1999年第4期。

范学辉:《秦汉地方行政运行机制初探》,《文史哲》1999年第5期。

阎晓君:《两汉"故事"论考》,《中国史研究》2000年第1期。

张鹤泉:《论汉明帝》,《北华大学学报》2000年第2期。

宋超:《"霍氏之祸,萌于骖乘"发微:宣帝与霍氏家族关系探讨》,《史学月刊》
　2000年第5期。

肖阳光、冷鹏飞:《东汉楚王英谋逆案疑析》,《湖南行政学院学报》2000年第
　6期。

张小锋:《"公孙病已立"谶言的出现与昭帝统治局势》,《中国史研究》2001年第
　1期。

李军:《论东汉士人阶层的政治权力基础》,《浙江大学学报》2001年第3期。

卫广来:《求才令与汉魏嬗代》,《历史研究》2001年第5期。

崔向东:《河北豪族与两汉之际的社会政治》,《河北学刊》2002年第1期。

陈晓鸣:《筹边失当与东汉衰亡》,《江西师范大学学报》2002年第4期。

陈新岗:《论汉代诸子的"德治"与"法治"思想》,《东岳论丛》2002年第4期。

吕丽:《汉魏晋"故事"辨析》,《法学研究》2002年第6期。

章尚正:《汉唐图像褒奖功臣论》,《人文杂志》2002年第6期。

曹金华:《东汉前期统治方略的演变与得失》,《安徽史学》2003年第3期。

陶贤都:《汉魏皇权嬗代与士人心态》,《南都学坛》2003年第5期。

王柏中:《汉代庙制问题探讨》,《史学月刊》2003年第6期。

王军:《中国历史上俸禄制度研究及启示》,《经济研究参考》2003年第83期。

丁鼎:《试论"当涂高"之谶的作者与造作时代——兼与钟肇鹏先生商榷》,《烟
　台大学学报》2004年第1期。

王晓毅:《"因循"与建安至景初之际曹魏官方政治哲学》,《南京大学学报》2004
　年第6期。

杨生民:《汉宣帝时"霸王道杂之"与"纯任德教"之争考论》,《文史哲》2004年
　第6期。

安作璋、刘德增:《论"汉家制度"》,中国秦汉史研究会编:《秦汉史论丛》第九
　辑,西安:三秦出版社,2004年。

廖伯源:《辨"真二千石"为"二千石"之别称》,《史学月刊》2005年第1期。

曹旭东：《东汉初年西北边郡的省并与徙吏民问题》，《中国历史地理论丛》2005
　　年第2期。

李俊方：《两汉皇帝即位礼仪研究》，《史学月刊》2005年第2期。

王柏中：《试论传统祭祀的社会功能——以两汉国家祭祀为例》，《社会科学战
　　线》2005年第5期。

王素：《长沙东牌楼东汉简牍选释》，《文物》2005年第12期。

丁光勋：《论西汉经济之溃决——"汉室基祸之始"不自元帝》，《历史与档案》，
　　上海：上海三联书店，2005年。

蒋戎：《东汉时期"柔道行之"治边思想及其在东北地区的影响》，《东北史地》
　　2006年第5期。

靳宝：《范晔对东汉衰亡的记述与思考》，《唐都学刊》2006年第5期。

杨权：《"汉家尧后"说考论》，《史学月刊》2006年第6期。

杨民：《外籍蜀官与"霸王道杂之"的"汉家制度"》，《四川师范大学学报》2007
　　年第2期。

王勖：《羌汉战争与东汉帝国的东西矛盾》，《西北民族大学学报》2007年第5期。

徐芬：《论东汉末年的霸政观念与刑名之治的关系》，《山西师大学报》2007年第
　　5期。

朱子彦、边锐：《诸葛亮接班人与蜀汉政权存亡》，《探索与争鸣》2007年第10期。

王伟：《东汉治羌政策之检讨》，《中国边疆史地研究》2008年第1期。

［日］小林春樹：《〈漢書〉の谷永像について》，《東洋研究》第167号，2008年
　　1月。

徐冲：《"开国群雄传"小考》，《文史》2008年第2辑。

秦蓁：《溯源与追忆：东汉党锢新论》，《史林》2008年第3期。

于振波：《从尹湾汉简看两汉文吏》，《湖南大学学报》2008年第3期。

白杨、黄朴民：《论蜀汉政权的政治分化》，《中国史研究》2008年第4期。

韩星：《"霸王道杂之"：秦汉政治文化模式考论》，《哲学研究》2009年第2期。

王绍东：《论汉代"过秦"思想的历史局限》，《史学史研究》2009年第3期。

刘洁：《汉代祥瑞文化与"天人感应"说之关系》，《文博》2009年第4期。

袁礼华:《试析汉代的上封事制》,《江西社会科学》2009年第10期。

周群:《西汉二千石秩级的演变》,《史学月刊》2009年第10期。

朱子彦:《孟达败亡之因——蜀汉政权内部的集团斗争》,《探索与争鸣》2009年第11期。

严耕望:《秦汉郎吏制度考》,《严耕望史学论文集》,上海:上海古籍出版社,2009年。

戴卫红:《吐鲁番文书所见〈谥法〉残本略考》,《吐鲁番学研究》2010年第1期。

徐大同:《从政治学角度研究中国古代政治思想史——中国古代政治思想史的线索与特色》,《政治思想史》2010年第1期。

张小锋:《薄太后"配食"高庙与光武晚年政局》,《清华大学学报》2010年第1期。

徐冲:《"禅让"与"起元":魏晋南北朝的王朝更替与国史书写》,《历史研究》2010年第3期。

范兆飞:《汉魏之际的人物评论与士风变迁》,《人文杂志》2010年第5期。

黄前程:《汉魏之际的名法思想及其形成》,《贵州社会科学》2010年第5期。

赵光怀:《吏员制度与两汉政治》,《河南师范大学学报》2010年第5期。

安剑华:《"东州士"与蜀汉政权》,《成都大学学报》2010年第6期。

陈苏镇:《东汉的豪族与吏治》,《文史哲》2010年第6期。

[日]小林春树:《〈漢書〉帝紀の著述目的——〈高帝紀〉から〈元帝紀〉を中心として》,《東洋研究》第176号,2010年7月。

姜生:《曹操与原始道教》,《历史研究》2011年第1期。

田天:《东汉山川祭祀研究——以石刻史料为中心》,《中华文史论丛》2011年第1期。

朱圣明:《论汉匈关系中的三种"故事"》,《北方民族大学学报》2011年第1期。

朱子彦、王光乾:《曹魏代汉后的正统化运作——兼论汉魏禅代对蜀汉立国和三分归晋的影响》,《中国史研究》2011年第1期。

王永平:《孙吴统治者之文化特征及其与儒学士大夫之政治关系》,《南都学坛》2011年第2期。

梁满仓：《三国儒家思想的特点》，《襄樊学院学报》2011年第4期。

牟发松：《侠儒论：党锢名士的渊源与流变》，《文史哲》2011年第4期。

王允亮：《从"风角杀人"到党锢之祸》，《宁夏社会科学》2011年第5期。

赵国华：《东汉史研究需要补偏救弊》，《史学月刊》2011年第5期。

屈涛：《汉宣帝时期吏治考——"霸王道杂之"再认识》，《文教资料》2011年第6期。

［日］安部聪一郎：《日本魏晋南北朝史研究的新动向》，《中国中古史研究》编委会编：《中国中古史研究·第一卷：中国中古史青年学者联谊会会刊》，北京：中华书局，2011年。

魏斌：《孙吴年号与符瑞问题》，《中国中古史研究》编委会编：《中国中古史研究·第一卷：中国中古史青年学者联谊会会刊》，北京：中华书局，2011年。

李峰：《宣帝弊政及对西汉后期政局的影响》，《北方论丛》2012年第1期。

易闻晓：《论汉代赋颂文体的交越互用》，《文学评论》2012年第1期。

［日］中川祐志：《光武帝の宣帝観》，《史学論叢》第42号，2012年3月。

汪华龙：《"中兴"说的缘起与东汉士大夫的"中兴"理想》，《南都学坛》2012年第5期。

陈启云、张睿：《崔寔政治思想渊源新论》，《史学月刊》2012年第6期。

徐冲：《"二十四贤"与"汉魏革命"》，《社会科学》2012年第6期。

陈侃理：《读〈《春秋》与"汉道"〉》，《读书》2012年第7期。

刘啸：《从汉官爵到魏官爵：曹氏父子建国的道路》，《史学月刊》2012年第7期。

吴涛：《"霸王道杂之"与汉宣帝时期〈穀梁传〉的上升》，上海社会科学院《传统中国研究集刊》编辑委员会编：《传统中国研究集刊》第9、10辑，上海：上海人民出版社，2012年。

邬文玲：《〈甘露二年御史书〉校读》，徐世虹主编，中国政法大学法律古籍整理研究所编：《中国古代法律文献研究》第5辑，北京：社会科学文献出版社，2012年。

郎镝：《东汉震灾与王符的"荒政"批判——基于"短时段事件"的政治文化时空形态考察》，《延边大学学报》2013年第1期。

汪高鑫:《汉代社会与史学思想》,《史学史研究》2013年第1期。

薛来:《论汉明帝的性格及其成因与影响》,《咸阳师范学院学报》2013年第1期。

〔日〕中川祐志:《光武帝の宣帝観:補論》,《ゆけむり史学》第7号,2013年3月。

任攀:《敦煌汉简中有关汉代秩级"真二千石"的新发现》,《史学月刊》2013年第5期。

赵凯:《东汉顺帝"八使"巡行事件始末》,《南都学坛》2013年第5期。

雷戈:《三吏分治:西汉中后期吏治生态研究》,《史学月刊》2013年第9期。

龚留柱、张信通:《"汉家尧后"与两汉之际的天命之争——兼论中国古代的政治合法性问题》,《史学月刊》2013年第10期。

秦涛:《蜀汉法制"郑义"发微》,《许昌学院学报》2014年第1期。

孙正军:《中古良吏书写的两种模式》,《历史研究》2014年第3期。

曹胜高:《"霸王道"的学理形成与学说调适》,《中原文化研究》2014年第5期。

杨英:《曹操"魏公"之封与汉魏禅代"故事"——兼论汉魏封爵制度之变》,《苏州大学学报》2014年第5期。

张欣:《汉代公府掾史秩级问题考辨》,《中国史研究》2015年第1期。

夏炎:《环境史视野下"飞蝗避境"的史实建构》,《社会科学战线》2015年第3期。

侯旭东:《逐鹿或天命:汉人眼中的秦亡汉兴》,《中国社会科学》2015年第4期。

宋艳萍:《论"尧母门"对西汉中后期政治格局以及政治史观的影响》,《史学集刊》2015年第4期。

戴卫红:《魏晋南北朝帝王谥法研究》(上),《许昌学院学报》2015年第6期。

杜洪义:《论左雄的用人思想》,《辽宁师范大学学报》2015年第6期。

李峰:《汉宣帝与霍光的权力博弈探析》,《历史教学》(下半月刊)2015年第6期。

孙正军:《皇帝还是士人?》,《文汇报》2015年7月3日,第12版。

李峰:《政治博弈视域下汉宣帝微时史事辨析》,《贵州社会科学》2015年第10期。

李迎春:《论卒史一职的性质、来源与级别》,西北师范大学历史文化学院等编:

《简牍学研究》第6辑,兰州:甘肃人民出版社,2015年。

凌文超:《玺出襄阳:刘备称帝时的一个政治传说》,楼劲主编:《魏晋南北朝史的新探索:中国魏晋南北朝史学会第十一届年会暨国际学术研讨会论文集》,北京:中国社会科学出版社,2015年。

楼劲:《谶纬与北魏建国》,《历史研究》2016年第1期。

孙正军:《魏晋南北朝史研究中的史料批判研究》,《文史哲》2016年第1期。

戴卫红:《魏晋南北朝帝王谥法研究》(下),《许昌学院学报》2016年第3期。

[日]安部聪一郎撰,刘峰译:《日本学界"史料论"研究及其背景》,《中国史研究动态》2016年第4期。

孙正军:《通往史料批判研究之途》,《中国史研究动态》2016年第4期。

王刚:《身体与政治:南昌海昏侯墓器物所见刘贺废立及命运问题蠡测》,《史林》2016年第4期。

徐冲:《历史书写与中古王权》,《中国史研究动态》2016年第4期。

赵晶:《谫论中古法制史研究中的"历史书写"取径》,《中国史研究动态》2016年第4期。

王安泰:《"恢复"与"继承":孙吴的天命正统与天下秩序》,《厦门大学学报》2016年第5期。

林聪舜:《刘秀的"柔道"与刘恒的"岂不仁哉"》,《东汉史学术研讨会论文集》,2016年。

曲柄睿:《范晔〈后汉书〉光武守业诸臣传的编纂》,杨共乐主编:《史学理论与史学史学刊》第14卷,北京:社会科学文献出版社,2016年。

[美]巫鸿:《从"庙"至"墓"——中国古代宗教美术发展中的一个关键问题》,[美]巫鸿著,郑岩、王睿编:《礼仪中的美术:巫鸿中国古代美术史文编》,北京:生活·读书·新知三联书店,2016年。

曹胜高:《天下共治与两汉政论的直言》,《西南大学学报》2017年第1期。

田家溧:《秦汉时代政治话语中"宗庙"地位之变迁及原因》,《南都学坛》2017年第1期。

王文涛:《社会救助视角下的汉宣帝中兴》,《苏州大学学报》2017年第2期。

丁佳伟:《两汉诏令中的皇帝身份——从"奉宗庙"到"承大业"》,《史学月刊》
　　2017年第3期。

楼劲:《魏晋以来的"禅让革命"及其思想背景》,《华东师范大学学报》2017年
　　第3期。

曲柄睿:《第五伦形象建构与范晔对东汉、刘宋政治风格的认识》,《史学月刊》
　　2017年第3期。

陈君:《政治文化视野中〈汉书〉文本的形成》,《文学遗产》2017年第5期。

刘国忠:《五一广场东汉永初四年诏书简试论》,《湖南大学学报》2017年第5期。

王刚:《宗庙与刘贺政治命运探微》,《人文杂志》2017年第8期。

杨懿、章义和:《东汉王朝的治边策略与"鲜卑"的族群认同》,《学习与探索》
　　2017年第9期。

徐鹏:《两汉"上公"名号新探》,《历史教学》(下半月刊)2017年第11期。

曲柄睿:《汉书列传编纂研究》,香港浸会大学孙少文伉俪人文中国研究所主办:
　　《学灯》第二辑,上海:上海古籍出版社,2017年。

张强:《荆楚文化视野下的光武帝"柔道治国"》,江畅主编:《文化发展论
　　丛·湖北卷·2016》,北京:社会科学文献出版社,2017年。

刘凯:《九锡渊源考辨》,《中国史研究》2018年第1期。

于振波:《秦汉校长考辨》,《中国史研究》2018年第1期。

马德青:《汉代官吏"久抑不迁"现象探析》,《理论学刊》2018年第2期。

陈君:《知识与权力:关于〈汉书〉文本形成的几个问题》,《文学评论》2018年第
　　3期。

吕宗力:《谶纬与曹魏的政治与文化》,《许昌学院学报》2018年第3期。

李沈阳:《东汉"故事"考》,《南都学坛》2018年第4期。

徐冲:《〈献帝起居注〉与献帝朝廷的历史意义》,《华东师范大学学报》2018年第
　　4期。

代国玺:《"赤九"谶与两汉政治》,《文史哲》2018年第5期。

冯渝杰:《"致太平"思潮与黄巾初起动机考——兼及原始道教的辅汉情结与终
　　末论说》,《学术月刊》2018年第5期。

黄今言:《从海昏侯墓出土奏牍看刘贺的举动与失落》,《史学集刊》2018年第
　5期。

王剑峰:《战略透支与帝国衰毁:东汉帝国败亡的大战略机理透析》,《战略决策
　研究》2018年第6期。

徐冲:《〈献帝纪〉与〈献帝传〉考论》,《首都师范大学学报》2018年第6期。

侯婕:《昌邑王刘贺废立史实考——兼论霍光的真实形象》,中国历史文献研究
　会编:《历史文献研究》(总第41辑),扬州:广陵书社,2018年。

杨俊波:《宣帝政治合法性建构与宣元政治发微》,《咸阳师范学院学报》2019年
　第1期。

高海云:《试析东汉"博士倚席不讲"》,《史学月刊》2019年第2期。

王威:《东汉自然灾害史研究综述》,《农业灾害研究》2019年第2期。

余才林:《韩延寿为颍川太守考论——兼论汉初法治德治并行的治理模式》,《文
　史哲》2019年第2期。

赵逵夫、赵玉龙:《论王符对京房思想的继承与发展》,《安徽大学学报》2019年
　第2期。

刘晓航:《误判、轻视与放任——东汉朝廷在黄巾起义爆发前后的应对》,《咸阳
　师范学院学报》2019年第3期。

马宝记:《曹丕受禅台和"三绝碑"考论》,《许昌学院学报》2019年第3期。

李彦楠:《两汉行政故事变迁》,《史林》2019年第4期。

王尔:《"长安系士人"的聚散与东汉建武政治的变迁——从"二〈赋〉"说起》,
　《中国史研究》2019年第4期。

把梦阳:《王霸政治的历史经验与现实参照——崔寔政治思想再探简》,《北京师
　范大学学报》2019年第5期。

仇鹿鸣:《事件、过程与政治文化——近年来中古政治史研究的评述与思考》,
　《学术月刊》2019年第10期。

王尔:《"创革"与"中兴"的争议及整合——从东汉建武年间南顿四亲庙与封禅
　礼的议论谈起》,《史林》2020年第1期。

孙正军:《汉武帝朝的秩级整理运动——以比秩、中二千石、真二千石秩级的形

成为中心》,《文史哲》2020年第5期。

[日]北原加织:《曹操的霸道与王道》,楼劲主编:《魏晋南北朝时期的政治与
　　社会》,北京:中国社会科学出版社,2020年。

王尔:《"汉当自制礼":东汉前期"制汉礼"的逻辑理路及失败原因》,《中国文
　　化研究》2021年第3期。

李迎春:《从出土简牍看如淳"三辅尤异"说之讹——兼谈汉代仕进制度中的两
　　种"尤异"》,《西北师大学报》2022年第1期。

（四）学位论文

金霞:《两汉魏晋南北朝祥瑞灾异研究》,北京师范大学博士学位论文,2005年。

徐芬:《汉魏之际法家思想研究》,华中师范大学硕士学位论文,2005年。

徐冲:《"汉魏革命"再研究:君臣关系与历史书写》,北京大学博士学位论文,
　　2008年。

谢道光:《汉宣中兴研究》,西北师范大学硕士学位论文,2009年。

赵媛媛:《试论西汉政治文化模式的构建》,陕西师范大学硕士学位论文,
　　2009年。

秦涛:《汉末三国名法之治源流考论》,西南政法大学硕士学位论文,2011年。

贾海鹏:《三国时期吴蜀两国人才的地理分布及其政治影响》,湖南师范大学硕
　　士学位论文,2012年。

赵海青:《东汉后期重法思想探析》,山东师范大学硕士学位论文,2012年。

黄铭:《阳嘉新制与东汉中期政治研究》,湖南师范大学硕士学位论文,2013年。

孙志超:《先秦秦汉时期"王—霸"观念的演变》,华东师范大学硕士学位论文,
　　2014年。

齐继伟:《藩王太后与东汉外戚政治研究》,湖南师范大学硕士学位论文,
　　2015年。

秦丽:《东汉皇位继承问题研究》,华中师范大学硕士学位论文,2016年。

苏鑫:《汉代储君制度研究》,吉林大学博士学位论文,2016年。

苏小利:《论汉宣帝朝吏治建设的历史前提》,河南大学硕士学位论文,2017年。

后 记 一

　　行文至此，望着眼前起起伏伏的一湖春水，不禁感慨，"逝者如斯夫，不舍昼夜"，三年的时间竟如流水一般消逝了，但能以此篇文章作为结尾，倒也还算差强人意。

　　首先我要感谢我的导师章义和先生。三年前有幸投入先生门下，初入师门，先生便要求我每周阅读书籍，撰写读书心得。我自然不敢怠慢，读《后汉书》，写读书笔记。功不唐捐，正是这样从不间断的日积月累，才使这篇论文逐渐成型。先生之良苦用心，愚钝的我时至今日方才有所领悟。在先生身边的这三年，无论是为学，还是为人，我都从先生身上受益良多，于我个人而言，这些都是一辈子宝贵的财富。太史公有云："诗有之：'高山仰止，景行行止。'虽不能至，然心乡往之。"诚哉斯言。其次，感谢古代史教研室的牟发松、陈江、黄纯艳、孙竞昊、李磊、黄爱梅、王进锋、包诗卿、黄阿明、刘啸、金蕙涵等诸位老师在学业上的指导和生活上的照顾，这都使我受益匪浅。感谢陈俏巧、卢庆辉、姚立伟、王瀚尧、周莹、韩旭、赵义鑫、周凯、王治国、徐灏飞、林晨、姚瑜璐、雷启斌、张真、沈嘉文、王昊哲、罗诗承、袁蓉琳、李宝平等诸位同门几年来在学习和生活上对我的无私帮助。还要感谢我的朋友们，是你们让我感受到了友谊的珍贵。最后，我要感谢我的父母。我自知生性顽劣，二十余年来，他们一直默默地支持我，尊重我的选择，给予我足够的自由。以后的日子，当尽力回报这养育之恩。

这篇文章的构想始于杭州西湖边的孤山馆舍。现为浙江图书馆古籍部的馆舍，坐落在孤山脚下，至今已有百余年的历史。说到孤山，倒也有些故事。早年地理环境的天然隔绝使得这座小岛得了孤山之名，其后西泠桥和白堤的修建使之不再"孤独"。故而杭州民间素有"孤山不孤"之说。历代文人雅士贪恋西湖山水，流连于此，或赋笔吟笺，或结庐讲学，遂开孤山向学风气之先。依稀记得，文章动笔时馆舍门前游人如织，门内却甚是幽静。翻阅古籍泛黄的纸张，与古人交心，倒是使我对"孤山不孤"有了不同的理解。如此，文章在此搁笔倒也合情理。故地重游，已是暮春的某个傍晚。不巧因特殊原因，馆舍尚未开门。站在门前的我，正有些不知所措，忽闻背后人声，蓦然回首，却见远处夕阳西下，湖水粼粼。少时常读《三国演义》的我，对杨慎的《临江仙》印象深刻。细细一想，若再加上这曾和乐天春行，同林逋放鹤，与东坡对饮的苍翠孤山，却是有几分"青山依旧在，几度夕阳红"的意味。也好，就让这多少古今事，都付笑谈中吧。

2020年4月于孤山馆舍前　2021年10月补记

后 记 二

　　近日杭城暑热，又有琐事缠身，内心烦闷，遂决意放空一切，登西湖群山以自娱。由"老和云起"牌坊入山，两年未至，道旁古树苍翠依旧，顿觉清凉几分。拾级而上间，行人匆匆，山路虽不算崎岖，但见其人大多持手杖助力。回想修改书稿的这两年，大概就如登山一般，没有师长亲友的一路支持，显然难以攀登这座"高峰"。

　　首先要感谢导师章义和先生。先生气度恢弘，境界非凡，对论题方向的把握与拓展可谓高屋建瓴，每与先生促膝长谈，总有飘然凌云之感。先生对我有着更高的期待，所幸还能常在先生左右问学，当尽力而为，以不负师恩。其次，师兄姚立伟亦出力甚多。师兄为人质朴，做事认真。孔子讲益者三友，友直，友谅，友多闻，师兄一人而兼三道，可谓难得。关于小书的修改，师兄给了不少具体的建议，并且慷慨地提供藏书，以解我燃眉之急，实在令我难忘。再者，独学而无友，孤陋而寡闻，各位老师、同门、亲友的扶持，有如这奇石古树般，使我能在喧嚣之外，找到属于内心的一片宁静。

　　小书得以付梓，要感谢华东师范大学，感谢历史学系。若非学校、院系的大力支持，恐怕这个关于两汉的小故事也无人知晓，尤其要感谢瞿骏老师，使无学如我得负"光华"之名，诚惶诚恐。也要感谢上海古籍出版社的盛洁老师与黄芬师妹,两年来一直为我答疑解惑,审阅拙文、校对书稿,可谓不厌其烦,实在辛苦。由于我个人才识的浅薄,给她们添了不少麻烦,故在此一并致谢。小书所有的问题都由我自己承担。

最后,我想把这本小书献给父母。二十余年来一事无成,心中有愧,《孝经》有云:"身体发肤,受之父母,不敢毁伤,孝之始也。立身行道,扬名于后世,以显父母,孝之终也。"孝之始终,日后当常挂心间,身体力行。

思索之间,忽觉眼前豁然开朗,环顾四周,方知已行至半途,向东南眺望,只见西湖如镜,十万人家参差期间。偶感困倦,倚石小憩。先前学术志趣转移,时常翻阅宋以降诸儒所撰史书,每见序文有自比马、班之语,常暗笑其人迂阔,以为荒诞。待修改书稿,方知如今历史研究书法虽变,但司马迁所谓"究天人之际,通古今之变",仍是史家挥之不去的情结所在,昂扬向上,探求新知,当亦源于此。某种意义上来说,先贤倒是以另一种形式与马、班并成不朽。老子有云:"上士闻道,勤而行之;中士闻道,若存若亡;下士闻道,大笑之。"先前哂笑之意,不正如"下士闻道"一般吗?由是顿感惭愧,自认才疏,常生退意。今日想来,幸得师长亲友相助,才勉强成文。粗识汉道,倒也可稍慰平生。

远处钟声悠扬,是北高峰上的灵顺寺前,有人在敲钟祈福罢。古者行百里,尚视九十为半途,况今行裁半谷乎?是时候重新出发了,险峰之上,定有无限风光。

2022年8月于北高峰

图书在版编目（CIP）数据

"孝宣情结"与东汉政治 / 华东师范大学历史学系
主编；田丰著. —上海：上海古籍出版社，2022.11
（光华中国史学研究丛刊）
ISBN 978-7-5732-0439-4

Ⅰ.①孝…　Ⅱ.①华…　②田…　Ⅲ.①中国历史–研
究–东汉时代　Ⅳ.①K234.207

中国版本图书馆CIP数据核字（2022）第181355号

光华中国史学研究丛刊
"孝宣情结"与东汉政治
华东师范大学历史学系　主编
田　丰　著

上海古籍出版社出版发行
（上海市闵行区号景路 159 弄 1-5 号 A 座 5F　邮政编码 201101）
（1）网址：www. guji. com. cn
（2）E-mail: guji1 @ guji. com. cn
（3）易文网网址：www. ewen. co
启东市人民印刷有限公司印刷
开本 890 × 1240　1/32　印张 9.25　插页 3　字数 224,000
2022 年 11 月第 1 版　2022 年 11 月第 1 次印刷
ISBN 978-7-5732-0439-4

K · 3258　定价：78.00 元
如有质量问题，请与承印公司联系